行き詰まりの先にあるもの

——ディアコニアの現場から——

富坂キリスト教センター［編］

山本　光一　　橋本　　孝
長沢　道子　　難波　幸矢
向谷地悦子　　平田　　義
岡田　　仁

いのちのことば社

はじめに

この本は、二〇一一年の春に富坂キリスト教センターによって設置された「社会事業の歴史・理念・実践~ドイツ・ベーテル研究会」のメンバーによって執筆されました。

この会の設置の主旨は、ドイツ・ベーテルに学び、日本のキリスト教会が行ってきた社会事業の歴史と理念、実践を学びながら、この先、キリスト教会がどのような理念を持って社会事業を実践していくべきかを明らかにすることです。

富坂キリスト教センターがこの研究会のメンバーを選考するにあたって、重視したことは、実践者に加わっていただくことでした。「研究会」であるなら学識豊かな研究者たちの集まりであるのが一般的かもしれませんが、この研究会では現場で働く人々にメンバーになっていただきました。それぞれの現場で、社会事業の歴史と理念を踏まえながら、この先、キリスト教会がどのような理念を持って社会事業を実践していくべきかについて検討するのであれば、現場でさまざまな具体的問題に直面し、その限界を感じている方々が、一番それをよく知っておられると思ったからです。

この研究会で重視したことは、「現場での行き詰まり」でした。メンバーがそれぞれの現場で行き詰まっている事柄の中に私たちの将来に対する希望、展望があるのではないか。それを見いだしていこうと思ったのです。ですから、この本に書かれていることは、決してスマートなものではありません。言葉で表現することが難しいほどの、きわめて具体的な「行き詰まっている」事柄が書かれています。行き詰まりに直面し、それを自覚する時に、私たちは初めて希望の光を見いだす一歩を踏み出すのでしょう。私たちはそう信じてこの研究会を始めました。

研究会のメンバーは、橋本孝さん以外は全員が日本キリスト教団の教職と信徒です。このようなメンバー構成となったのは、この研究会が「この先キリスト教会がどのような理念を持って社会事業を実践していくべきかを明らかにする」ことを趣旨として設置されたからです。これはキリスト教会の宣教が今後どのように展開されるべきかという問題でもあります。この問題に取り組むことは当初から研究会の任務として設定されたものでもありました。

キリスト教会は社会事業を行うにあたってこれを奉仕として理解してきました。そうであるならば、教会においてディアコニア（奉仕）はどのような概念、意味で使われてきたのかも検討されなければなりません。

奉仕という言葉は、もともと神殿で行われる礼拝のさまざまな役割を担うことを指していました。しかし、イエス・キリストの出現によって、奉仕の現場は礼拝の場から日常の場へと劇的に変化します。イエス・キリストが病気の人に出会ってその人を癒す。社会から排除されてしまった人をその社会へと復帰させる。弱く小さくされた者と共に歩み人間としての輝きを取り戻す。それらの行いはすべて奉仕（ディアコニア）でした。

奉仕はまず神に仕える行為でした。そして、イエス・キリストによって人に仕える行為であることが示されました。キリスト教会が従事するさまざまな社会事業は、奉仕という言葉によって理解されてきましたが、この本においては、実際の奉仕の現場で何が起こっているのかが報告されています。

前述したように、奉仕を実践する現場においては、多くの人がそこで行き詰まり、苦悩しています。キリスト者として、人間としての資質が問われて苦悩しています。研究会はそこに大切な意義を見いだそうとしたのです。

キリスト教会において、社会的弱者とされた方々と共に歩もうとする理念と実践は、長い歴史を持っているはずです。これまでも多くの方々がこのテーマに取り組んでおられると思います。この研究会の作業結果もその取り組みの一助となり、将来の宣教の業を展望するキリスト教会に資することができるようにと願っています。

もう少し詳しくこの研究会のメンバーを紹介したいと思います。

橋本孝さんは、宇都宮大学名誉教授です。ドイツ文学、特にグリム兄弟の研究者として有名な方です。ドイツ滞在中、ふとしたことからドイツにあるベーテルに滞在。この十年ほどは毎年ここを訪問して、『奇跡の医療・福祉の町　ベーテル』（西村書店）などを出版。日本にベーテルを紹介しておられます。研究会においてはただ一人、学者としてメンバーとなっていただきました。研究会でもドイツ・ベーテルとこの施設が創設されたドイツの歴史的・社会的背景を紹介してくださいました。

長沢道子さんは、静岡県牧之原市にある社会福祉法人「牧ノ原やまばと学園」理事長をしておられます。おつれあいの長沢巖さんは教会の牧師でした。長沢牧師が始められた「牧ノ原やまばと学園」の創立に関わりますが、後に長沢牧師ご自身が重い障がいを持つことになります。ハンディキャップを持つ人々や高齢の方々と共に、そして、地域の人々と共に歩むことを法人の理念としておられます。

難波幸矢さんは、瀬戸内海に浮かぶ長島の国立療養所邑久《おく》光明園にある「光明園家族教会」の信徒であり、「瀬戸内ハンセン病人間回復裁判を支える会」の代表をしておられます。ハンセン病を病んだ方々は、一九〇七年の「『癩予防ニ関スル件』制定」によって、一九九六年にこの法律が廃止されるまで強制的に隔離され続けました。一九九八年、国立療養所の入所者十三名が国を相手取り「『らい予防法』違憲国家賠償請求訴訟」を熊本地裁に提訴し、二〇〇一年に違憲判決を勝ち取りましたが、今もハンセン病元患者への差別と偏見との闘いは続いています。

平田義さんは、社会福祉法人イエス団の常務理事で、京都市伏見区で障がいのある子どもたちの通所施設「空の鳥幼児園」の園長と、障がいのある方の通所事業や相談支援事業の管理者を兼務しておられます。医療的ケアが必要な重症心身障がい者との関わりから、「いのち」の意味について問い続けておられる方です。

向谷地悦子さんは、北海道の浦河町にある社会福祉法人「浦河べてるの家」就労サポートセンターのスタッフをしておられます。浦河赤十字病院の看護師として働いていましたが、病院のソーシャルワーカーであり悦子さんと同じ教会の信徒であった向谷地生良さんと結婚し、共に「べてるの家」の創立に関わりました。「べてるの家」のメンバーは、主に統合失調症を病んでいる方々です。

岡田仁富坂キリスト教センター総主事はこの研究会の主事として就任し、研究会の記録や連絡などの事務的作業を担ってくださいました。さらに、前述のようにこの研究会においては奉仕（ディアコニア）という言葉の概念を明らかにする必要がありましたから、特別に教会においてディアコニア（奉仕）はどのような概念、意味で使われてきたのかをレクチャーしてくださいました。その内容はこの本に記されています。

この文章を書いている山本光一は、この研究会にあってテーマに即した何の専門者でもありません。キリスト教社会事業の現場も経験がありません。ただ、この三十数年間、統合失調症を病む弟と共に歩むことを強いられて、「仕えること」のありようが厳しく問われているキリスト教会の牧師として歩んでいます。

このようにメンバーを紹介すると、この研究会は実にさまざまな現場で働いている人たちの集まりであったことがわかります。しかし、研究会のメンバーに一貫している共通点は、神とこの世に仕えようとしている人たちの集まりだったということ、そして、この世で弱く小さくされている人たちと苦悩しながら共に歩もうとの気概に満ちた人たちの集まりであったことをお汲み取りいただきたいと思います。

富坂キリスト教センター「社会事業の歴史・理念・実践～ドイツ・ベーテル研究」研究会座長

山本光一

目次

《座談会》　行き詰まりの先にあるもの

司会＝山本《やまもと》光一《こういち》
長沢《ながさわ》道子《みちこ》
難波《なんば》幸矢《さつや》
岡田《おかだ》　仁《ひとし》
向谷地《むかいやち》悦子《えつこ》
橋本《はしもと》　孝《たかし》

山本　皆さん、こんにちは。司会の山本光一です。きょうはよろしくお願いいたします。

最初に座談会の初めに座長である私から、これからどんな話し合いをしたいかということを述べたいと思います。

私たちの研究会の名前は「社会事業の歴史理念実践――ドイツベーテル研究会」ですが、これはドイツのベーテルから社会事業の歴史理念実践を学ぶといった意味合いから名づけました。この研究会には橋本孝先生のような学者の方も研究員になっていただきましたが、おもに現場で働いている方々に研究員に入ってもらいました。それは、現場でどのようなお働きをしているかについて学びたかったということと、もう一つ、その現場で行き詰まっていることを分かち合いたいと思ったからです。

それでこの座談会では、行き詰まっている事柄について深められればと願っています。現場で行き詰まっている事柄の中に私たちの将来に対する希望、展望があるのではないか。それを見いだしていこう。そういった発想からです。ですから、現場で皆さんが直面している問題を、ぜひ今日の座談会でお話しいただきたいと思います。

もう一点。キリスト教会の今後の宣教活動を展望するにあたって、それに資する作業をしたいということです。これは、当初から研究会の任務として設定されたものでもありました。

教会は社会事業を行うにあたって、これを奉仕、ディアコニアとして理解してきたと思います。教会においてディアコニア（奉仕）はどのような概念、意味で使われてきたか。そのことは岡田仁先生に座談会の中で少し解説をしていただき、それも念頭に置きながらお話を進めていきたいと思います。

私たち教会において様々な社会事業が「奉仕」という言葉で用いられてきました。それで、実際の奉仕の現場で何が起こっているのかをお話しいただくわけですが、そうすると、これまで教会が理解してきた奉仕という言葉とは違った事態が起こっているのではないかと私は思うのです。教会がこれ

まで理解している奉仕という言葉の概念あるいは意味とは異なった事態が起きているとすれば、そこにギャップや不整合が存在します。そこに注目することが、私たちの研究会の大切な視点ではないかと思うわけです。私たちは、教会で用いてきた奉仕という言葉についても再検討する必要があるのかもしれません。

それでは、順番にお話しいただきますが、まずご自分がこれまでしてこられたことを自己紹介とあわせてお願いします。

牧ノ原やまばと学園でのこと

長沢　知的障がいを持つ人たちと、ご高齢の人たちを対象にした福祉事業を行っている社会福祉法人牧ノ原やまばと学園理事長の長沢道子です。この仕事につくまでに、やはり伏線のように、いろいろな体験をするよう導かれた気がします。

大学を卒業してから東レという会社に勤めましたが、そこでは毎週一回聖書研究会があり、白鷺教会の竹井先生が入念な準備をしてお話ししてくださいました。大学時代は、教会へ行かなかったのに、卒業後は、一変。住まいの近くの教会で受洗し、教会学校の教師になり、土日と水曜日は教会、会社では聖書研究と、ほぼ毎日のように聖書に親しむ暮らしに変わりました。

東レに五年勤めたあと、恵泉女学園高校に転職しましたが、昼間の仕事とは別に、私生活の面でも貴重な体験をしました。例えば、キャンパスクルセードで大学生伝道をしているアンという名の女性宣教師といっしょに暮らしたこともあります。そのきっかけは、バイブルキャンプに参加したとき、最終日に彼女がこう言ったことでした。

「私は神さまに、このバイブルキャンプを終える時までに、必ず、自分のルームメイトを与えてくださいと祈ってきました。ルームメイトの条件は、英語が話せて、クリスチャンで、東京に住むことのできる人ですが、誰かいませんか。」

彼女の求めている「人物」に私が該当することがわかり、いっしょに住むことになったのでした。二年間生活を共にし、毎晩開いたバイブルクラスには、さまざまな大学の学生たちがやって来ました。

アンさんはよく祈る人で、毎日寝る前に二人でささげるお祈りは、しばしばとても長くなりました。延々と続く祈りに、いつのまにかスヤスヤと眠ってしまうこともありましたが、アンさんからは、聖書を学ぶことの大切さや、何でもお祈りする暮らしや、祈りは聴かれるということを教わったと思います。

アンさんが米国へ帰国後、今度は、山田わかという有名な女性が開設した婦人保護施設へ住むことになりました。そこは、売春防止法に基づく、自立支援のための施設で、売春したり売春を行うおそれのある女性たちが関係機関から送られ、共同生活をしていました。

そこで働き始めた浜本さんという女性と私は親しくしていて、六十代後半になってこのような仕事についた浜本さんを励ますつもりで、週一回寮を訪問し、女性たちに英語を教えたのですが、訪問するたびに寮がきれいになり、雰囲気も良くなっていくので、浜本さんの働きはすごいなあと思わされました。

たとえば、彼女は就任早々、毎朝四時ごろ起きて、施設の内外をきれいに掃除し、施設独特の臭いを消しました。また、毎日、ひとりひとりの部屋を訪ね、部屋のゴミ箱をすっかり空にし、室内をきれいにしていったので、居心地の良くなった女性たちは、自ら自分の部屋を片づけ始め、手芸が上手な人は自分が創った物を飾るなど、だんだん全体がきれいになっていったのです。

また、それまでは、女性たちは仕事が終わってもすぐ寮には帰らず、あちこちで遊んで、夜遅く帰寮していましたが、浜本さんが調理員を使っておいしい夕食を準備し、どんなに遅く帰って来ても食べられるようにしたので、だんだん夕食時に帰って来るようになり、お互いの会話も始まり、和やかな暮らしが始まったのでした。したたかなボスのような女性が二人いて、必ずしもすべてが順調にいったわけではありませんでしたが、一人は病気になり、もう一人は内縁の夫に刺されたりし、結局二人とも退寮することになったので、浜本さんの影響は確実に大きくなりました。

私がこの寮に住み始めたのは、そういう時でしたが、寮の女性たちは、ピアノやお琴やお花を習い始め、挨拶はきちんと交わし、品の良いお嬢さんのような感じになりました。そこで暮らしている女性たちは、レイプの体験や近親相姦や売春など、つらい経験をし苦労した人々ばかりでしたが、浜本さんの指導で前向きになり、もともと社会のしきたりなどよく知っていた人たちでしたので、お正月の時などきちんと和服を着て年始の挨拶に行くなど、私よりもマナーが板についていて、へぇーと感心させられました。浜本さんの適切な指導や助言をもらって、結婚し、家庭の主婦になった人々も多く、良き出会いは、人を変えるものだということをつくづく知らされました。

このように、夜は寮で暮らし、昼間は恵泉女学園で働いたわけですが、「牧ノ原やまばと学園」の

ことを知ったのは、「長沢巌の講演を聞きに来ませんか」と誘われたのがきっかけです。学園が発行している「やまばと」という機関紙を読むようになり、障がい者に対する彼の人間観や洞察力に心打たれ、今までにない新鮮なものを感じ、応援しようと思いました。その後思いがけないこともあり、紆余曲折を経て結局六年後に結婚することになったのですが、私自身は福祉のことはほとんど知らず、いわば、彼を助けるつもりでこの道に入ったと言えます。

結婚と同時に知的障がいを持った人六人ほどを家に迎え入れ、共同生活を始めました。それまでの私は独身貴族で、好きなだけ本を読んだり、したいことをやりたいようにしていましたが、その生活は一転。自分のやりたいことはなかなかできなくなりました。十二人くらいの暮らしでしたが、朝は食事を作り、昼間は小規模作業所の指導員の仕事、夜もまたお食事づくりの毎日になりました。風邪をひいて熱があっても、みんなのためにお料理を作らなくてはならない。それで、ときどきはブツブツ不満を言ったりもしていました。

そんななかで、夫は私よりもはるかに多く働いていました。教会の仕事も全く手を抜かないし、早天祈禱会は六時半には起きて行く。やまばと学園で毎日会議が続き、喧々諤々《けんけんがくがく》するときも、それにつきあう。土曜日も相談に来る人がいれば、その人の話を聴く。本当にすごい生活でした。それを見ていたので、少し我慢しながらやっていましたが、ときどきはガーッと夫に向かって言うこともありました。けれども、「あなたの言うことももっともかもしれない」などと言われたりすると、ぶつけられなくなってしまいます。向こうから反発が返ってくれば、喧嘩になりますが、「それももっともかもしれない」などと言われると、ちょっと言い過ぎたかなあなんて思ったりしたわけです。

結婚後六年目、そういう生活にも慣れつつあったとき、夫が良性の脳腫瘍であると判明しました。腫瘍はかなり大きくなっているので手術したほうが良いと言われました。「髄膜種の手術は、一般の病気でいえば盲腸の手術みたいなものだから、二、三週間で退院できますよ」というのがドクターたちの見解でした。

夫は、結核の時にも直前になって手術しなくてすんだり、山から谷底へ自動車ごと落ちた時にも助かるなど、奇跡的な助けを多く味わった人です。私たちは、彼は奇跡的に助けられてきた人だし、やまばと学園にとってなくてはならない人だから、神さまはきっと元気にしてくれるに違いないと、楽観的に考えていました。ところが、手術の結果は、誰も予想しなかったような、深刻なものとなりました。意識障がい、身体障がい、視力障がいの重い障がいを負い、やまばと学園の誰よりも重い障がい者になってしまったのです。

私は夫の介護につきっきりとなり、ホームで共に暮らしていた人は、それぞれ入所施設などに移って行きました。手術から三年後、彼の社会復帰はとうてい無理で、理事長を退くことになりました。そして、おそらくは、長沢の名前を残したいという理由で、私のところに理事長職が回ってきたのです。私は別の道を考えていたので、父に相談しますと、「長沢君が心血注いだものから逃げていくとは何ごとか」とひどく怒られました。それが神さまの声であると思って、今の仕事を引き受けて、これまでやってきた次第です。

最初にお話ししたように、宣教師といっしょに生活したこと、それから婦人保護施設で暮らし、浜本さんの、寮母としての真剣な日々を見ることができたのは、私にとって有益なことでした。福祉の仕事は頭の仕事でなく、こころの仕事だということ、他者を本当に愛する力を持っているかどうかが問われるということを、私は浜本さんから学びました。浜本さんが寮の女性たちにお話しするとき、そのメッセージは実に適切で感動的な内容だったので、「どうしてあのようなお話ができるのですか？」と尋ねたところ、「お祈りです、お祈りしかありません」との答えでした。しかし、それは、苦労をし、人をよく観察し、その人のためになることを考えて、真剣にぶつかっていく人の祈りだということなのでしょう。

いつも思うのは、行き詰まりは、結局のところ、自分の狭さではないかということです。恵泉女学園にいたときに、こんな楽しい毎日を過ごしていてよいのだろうか、もっと困難な場所で神さまのために何かをするべきではないかと思っていましたが、結婚し環境が変わってみると、やはりそこにも、前と同じ自分、甘えた自分がいるのですね。結果的にそこでも自己中心的な甘いことをやっているのです。ですから、環境が私に良いことをさせてくれるのではなく、いくら環境を変えても、自分が変わらなくてはだめだと思わされています。

私自身は、あまり何かに行き詰まったという感じはないのですが、自分の広げられる部分がもっとあるのではないか、解放されるべきものがたくさんあるのではないかとは思っています。かといって、無理なことはできないのですが。そういう思いの中にいるというのが現在の私かもしれません。

山本 ありがとうございました。では、次に難波さん、お願いします。

国立療養所邑久光明園でのこと

難波 難波幸矢と申します。名前を聞いて、男性とよく間違えられます。幸福の「幸」に、弓矢の「矢」と書いてサツヤです。万葉集の四千五百余りの和歌の中の一つに、「天地の神を祈りて幸矢貫き筑紫の島を指して行く吾《わ》れは」というものがあります。むかし旅をすることが難しいころに、祈願の矢を射て、旅に出たといいますが、その祈願矢です。そういう名前を父がつけてくれました。

今、私はハンセン病の療養所の中にある光明家族教会に二十三年前から行っています。それまでは岡山市内の教会に通っていました。その教会にいるときに疑問ばかりをもち、これがはたして教会なのかなと思っていたときに、ある人から「自由に羽ばたいたらよいのではないの?」と言われました。それで、自宅から三十四、五キロ離れた教会へ車で行くようになりました。

「らい予防法」が廃止されたのが一九九六年ですが、ハンセン病の療養所内の教会に通っていながら、そんな法律があるなどと感じないほど、みんなわきあいあいとしていました。悪法のもとでずっとうつむいて生きていたわけではありません。療養所から出られないのなら出られないなりに生きがいを見いだして生きてこられたのです。礼拝が終わったら、いっしょにお茶を飲んで、「うちらこう

やって、ここに連れて来られた」とか、「岡山駅から長島に着くまでに山坂があるんだけど、途中で殺されるかと思った。でもまた街の灯が見えて、二つくらい山越えて、ここへやって来た」等と話してくれました。聞きながら「ふーん」て聞いていました。あまりに明るいので、らい予防法が廃止されたと聞き、「それって何?」って思うほどでした。そして、調べ始め、資料を読んでいくうちに、この法律は何回か改正しているのですが、一九三一年に法律は廃止すべきであった、と思いました。どんなに遅くても一九五三年（漢字の「癩予防法」からひらがなの「らい予防法」になった）の時には廃止すべきだった、「改正」ではなく廃止すべきだったと。

その教会に通っていたので、らい予防法が廃止されたときに、こんな悪法が八十九年も続き、それを見過ごしてきた教会の責任、日本基督教団の責任を痛感しました。そして、これは何としても謝罪しなければいけないと思ったのです。まず自分の足もとである一九九七年五月の東中国教区の総会の時に、謝罪声明の議案を出しました。思いがあり過ぎてB４一枚の謝罪文になりました。そうしたら、議場で「あなたの気持ちはよくわかるけれども、謝罪文としては長過ぎる」と言われてしまいました。けれども、何を謝罪しているかわからないような謝罪はしたくない、ということでがんばり、その議案が通りました。

さっそく十三の療養所に送りました。その中に東中国教区としては「光明家族教会が最後のお一人になるまで私たちは関わらせていただきます」と書かれています。二十三年前に私が行ったときは教会員が非常に多かったのですが、今現住陪餐会員は二十八名。そのうち私のように外から行っている者が三名、入所者は二十五名です。その中でも認知症の方や、動けない方もいて、礼拝は本当に少なくなって、十名がやっとという状況になりました。けれども、岡山の中部地区の方たちが月の最後の水曜日には、「合同で祈禱会をしましょう」といって、車で来てくださっています。

今は主任牧師がおらず、代務牧師（旭東教会の指方信平牧師）に来ていただいています。日曜日は引退牧師にお願いしたり、大きな教会で牧師が数人いるところにお願いしたりして礼拝を続けています。それは本当に幸いだと思っています。

先の謝罪声明は、東中国教区だけでなくて、当時の日本基督教団の議長（小島誠志牧師）のおられた松山にも持って行きました。談判というか、「今、謝罪声明を出さないと、二年後の教団総会で出したら、時を逸します」と言いました。議長は「そうだね」と言って、すぐに日本基督教団としても声明を出してくださいました。文章を作成するのがお上手な方は東中国教区にいたと思いますが、療養所に関わっていなければ、謝罪声明は出せなかったと思います。幸い私の場合は、神さまが光明園に送り込んでくださったので、現実を見ていたので書けたかなと思います。

その後、私は自分で勉強し、証言を聞きながら、自分のライフワークとして現地案内をするようになりました。二時間半くらい、光明園と愛生園の両方を案内します。園が出している園内マップをお見せし、現実とのギャップを指摘しながら案内するわけです。体が動く間、ここにいさせていただこうと思っています。

はっきり言って、療養所の方々と接していて長期の強制隔離の最大の弊害は主体性を奪うことだと思いました。「このことに関しては私はこう思います」「こうします」と言い切れなくて横見思考になる。あっちでもこっちでも関係を作っていないと不安になってくるため、相手に合った話をするのです。そういう面で主体性がないわけです。日本はよく本音と建て前というけれども、それがもっと明らかな形であらわれてくるのが療養所の中だろうなと思いました。

そういうことが最初わからなくて、ずいぶんつまずきました。同じ人がまるっきり言っていることが違うからです。教会で言っていることと、部屋で言っていることが全く違う。そういったことに本当につまずきました。

けれども、なんでそんな教会にとどまれたのかなと思うと、やはり私の夫の死があるからだと思います。夫の難波紘一は進行性筋萎縮症を患って、四十五歳で死にました。死までの十年間は闘病生活でした。その中で徹底して示されたことは、自分が何者であるかということです。一生懸命に夫に仕え、神さまに仕え、家庭に仕えてやってきたにもかかわらず、大きな試練がたちはだかり、大黒柱の夫が難病中の難病にかかり、障がいを負い、そして死ぬという中に用意されていた神の摂理は「自分の罪」ということでした。その体験が私を教会にとどまらせたと思っています。もしもこの体験がなかったら、私はとっくにこの教会を辞めていたと思います。

全国から多くの方が光明園にいらっしゃいます。中には「お気の毒に。かわいそうに」と思って、来る方もいますが、「慰問は結構です」と、今ははっきりと話しています。お気の毒な方々のところへちょっと会いに行ってあげます、という姿勢はもうけっこうです、と。自分自身のこととして、元患者さんたちの置かれた立場をしっかりと把握してほしい、と語っています。何回訪ねて来ても、「また来るね。じゃあ、さようなら。元気でね」では、決して前には進みません。この療養所の方は今年平均年齢が八十四歳になりますが、何を心に残しているのかということを聞きながら関わっていかないと、何回訪ねてもただの客人でしかありません。もっと踏み込んだ関わり方をしていきたいと願っています。

宇佐美治さんという方を何回もお訪ねしましたが、その方がポツンと言ったのは、「療養所の納骨堂にだけは入りたくない」ということでした。でも、ご家族とは六十年近くも縁が切れているのです。実際、ご家族と縁が切れている人が多いし、偽名の方も多いのです。そのことについて言いだしますと、時間がなくなりますから今は話しませんが、とにかくその方は、縁が切れているのに療養所の納骨堂に入りたくないと言われたわけです。「でもね。おうちとは縁が切れてるし」と言うと、それでも「入りたくない」と言う。「じゃあ難波家に入る?」と言ってみました。そうしたら「入れてくれ」と言うのです。療養所のほうで、宇佐美さんからそのことを聞いていないと言われると困るので、「難波幸矢が了解しています。宇佐美の遺骨は難波が引き取ります」と、紘一のお墓の写真を添えて、文章も添えて「これを園のほうに出してください」と話したのです。

難波家のお墓に入ることで本当に安心したようです。自分の骨の行き場所が決まった途端に、今度は「あの人どうしてるだろう? この人どうしてるだろう? うわさでは死んだらしい」と、親族のことがとても気になったようです。「じゃあ甥御さんに手紙を書いてみましょうか」ということで書くことになりました。

地名は平成の大合併で消えているかもしれませんが、覚えていました。けれども、番地はなし。甥御さんの名前も違っていました。普通でしたら、宛て先に該当者がいませんと戻って来るところを、郵便屋さんが本当に不思議なことに、「名前も住所も違いますが、お宅だと思います」と届けてくれたのです。そうしたら、本当にその人だったのです。甥御さんと連絡が取れ、「親族のことを話してくださいませんか。お墓は難波家に入りますから、大丈夫です。親族のことを教えて、治さんを安心させてください」とだけ言いました。すると、来てくれたのです。「どうせ来てくれやせん」と彼は言っていたのですが、わざわざ訪ねて来てくれました。会うなり、二人は号泣です。甥御さんが、「本箱に、じいさまとばあさまの写真をこんなに長いあいだ飾ってくれていたんですね」と言い、宇佐美さんも「兄貴にそっくりや」と彼を見て言いました。立ったまま号泣でした。

このことは、二〇〇九年の奇跡だと私は思っています。一歩踏み込んで療養所の人たちが何を求めているのか、最後の最後に、胸の奥に押し込んでいる、あきらめかけていることがらを今聞かないと、何をしたいのかを聴いていくような関わり方をしないと、もう間に合わないと思うのです。

いま、療養所にいる人たちを本当に尊敬するようになりました。初めはさばいていました。「嘘ばっかり言って、あなたの本心どこにあるの？」という感じでした。けれども、今少しずつ変わっていく彼ら、そして彼らがこうやって生きてきたことに対して尊敬の念を自然に抱けるようになって、彼らのことを伝えていくことに一生懸命になっています。

さっき言われた行き詰まりの先にあるものということですが、私がライフワークとしている現地案内そして彼らの歴史を語ることでは、いま行き詰まりはありません。来てくださる方々はそれなりに受けとめて、それが広まり、今度は友人を連れて来て、「難波さん、また案内して」となるからです。意志をもって聞きに来るからでしょう。かえって一般の教会のほうが行き詰まっているように思います。ハンセン病のことについては行き詰まりはなくて、伝えれば響いてくるものがあります。

もちろん、いつもそうであるとは限りません。「当事者の声を聴いてください」と言って、何人かのお部屋に振り分けます。でも、若い訪問者が自分の家のおじいさんやおばあさんから「そんな療養所なんかに行って移ったらいけんから、患者の部屋には入るな」と言われてきて、お部屋の外でじっと聴き取りの間じゅう待っていたこともあったと聞きました。けれども全体的には本当によく聴いてくれます。この国がこんな悪法を作った、こうした状況の中で人生を歩んだということを受けとめてくれる学生さんや大人がたくさんいるわけです。そういう点で私はこのことに関しては行き詰まりを感じないというか、打てば、響いていることを感じます。学生さんの感想文など、よくぞここまで受けとめてくださった！ と思うことが多いのです。

一番感じるのは、「教会はどうしたらいいの」っていうことですね。教会の疲弊をどうにかしたいと思っています。そんなところでしょうか。

山本 ありがとうございます。岡田先生、続いてお願いします。

富坂キリスト教センターのこと

岡田　公益財団法人基督教イースト・エイジャ・ミッションの岡田仁です。日本キリスト教団の牧師で、五年前から当法人の主事を務めています。

私は、高校二年の時に北千里教会で洗礼を受け（中谷哲造牧師）、献身を志し、関西学院で神学を学びました。一年のクリスマスに神学部の先輩に誘われ、初めて大阪の寄せ場・釜ヶ崎へ行きました。そこでは越冬期間中に、ささやかなお手伝いしかできませんでしたが、野宿を余儀なくされている労働者との出会いから、自分自身の信仰やあり方だけでなく、教会と社会との関わりについても考えさせられました。

その後、九州の水俣へ五年半ほど出かけるのですが、最初はキリストの福音を宣べ伝え、救いの光を届けるつもりでいました。当初、私にとって水俣の人たちは宣教や奉仕の対象でした。ところが、胎児性水俣病患者をはじめとする被害者と家族、長年水俣に住みついている支援者との交流をとおして私自身が少しずつ変えられていきます。私が赴く前からすでにイエスはそこにおられ、海や川が汚染され、魚や猫といった動物たち、そして人間がのたうち回って死に絶えていくそのさまをつぶさに見、叫び声を聴いておられたにちがいない。そのイエスと、水俣で人々を通して出会わせていただいたのではなかったかと思います。生活の中で、患者さんや支援者たちと歩調を合わせることは難しい面もあり、むしろ破れや限界のほうが多かったでしょう。関わることはしんどいことのほうが多いの

ですが、それでも一緒にいさせてもらって、直に話を聴かせてもらわなければ、いつまでも既成の価値観や自分の枠組みでのみ完結する恐れがあるし、真にわかり合うことなどできません。支えよう、助けようとして出かけたのですが、そんな私の傲慢な思いが見事に粉砕され、何一つ支援らしいことができなかったばかりか、逆に助けられ、赦され、支えてもらう日々でした。今も私の中で宣教と奉仕の関係や意味が問われています。

戦後、ドイツ・プロテスタント教会は、ナチスへの教会闘争の結果としてディアコニア的宣教の働きが教会の存在と生命の表明であると告白し、七〇年代半ば以降、共同責任のもとディアコニアの課題を認識していきます。昨今、国内外において平和が脅かされる厳しい状況にあって、東アジア、沖縄や国内における和解の務めは急務の宣教的課題でしょう。

基督教イースト・エイジャ・ミッションの母体、東亜伝道会（その前身は普及福音新教伝道会）は今年で創立一三〇年を迎えます。スイスとドイツの教会の祈りと献金によってこの地に福音の種がまかれ、神の国の宣教活動が開始されました。現在の基督教イースト・エイジャ・ミッションは四つの事業を行っています。

「富坂キリスト教センター」の研究会活動では、かつてキリスト教会の多くが戦争に協力し加担したとの反省をふまえ、三十数年前からキリスト教社会倫理の学際研究を行っています。信徒も含めた牧師研修会もセンター活動の重要な柱の一つです。「山上国際学寮」は、種々の文化的社会的背景をもって日本にやって来た学生たちが共に出会い、共に学び合うことを願い、生活を共にするなかで、今日いかに生きるべきかについて創造的に対話する場を提供しています。「京都宗教学際研究所」は、国内外の若い学生（神学生）や宗教者が他の様々な宗教に触れることで、自分たちの宗教の限界を乗り越え、己れの宗教の枠にとどまることなく国際社会に幅広く貢献できる人材の育成を目ざしています。「富坂子どもの家」は、二〇一一年に児童発達支援事業として設立されました。子どもたちの成長や課題に応えるべくモンテッソーリ教育法に基づいた取り組みを行っています。

釜ヶ崎や水俣での小さな経験から、日本の近代化一五〇年の歴史を支えてきた社会制度が真に人を生かすものであったのか改めて考えさせられています。小さくされ、弱くされている人が安心して暮らすことができ、互いが互いを大切にする社会（神の国）の実現に仕えることが当法人の務めであるとすれば、将来どのような社会事業をこの地で展開していくのか、その歴史的使命と将来の世代への責任を誰とともに担うのかが重要な課題でしょう。その意味でも、富坂キリスト教センターや山上国際学寮、そして富坂子どもの家がこの地で始まったことは大きな喜びと希望です。とりあえず、以上です。

山本　ありがとうございました。それでは、向谷地さん、お願いします。

「浦河べてるの家」でのこと

向谷地 社会福祉法人「浦河べてるの家」の向谷地悦子です。看護師をしています。私は、精神障がいをはじめとする、障がいを持つ人たちの仕事づくりと、生活の支援をしています。べてるの活動は起業をめざし、日高昆布の産地直送や出版事業をメンバーと始めたのが最初です。

一九八四年に作業所を開所し、二〇〇二年に法人化しました。統合失調症など精神疾患を持つべてるのメンバーたちは、自分の経験を語り、発信していくことを三十年続けてきました。統合失調症特有の幻覚や妄想を持つメンバーが安心して働き、暮らすための方法をみんなで研究しています。そこでわかったことは、「弱さの情報公開」の大切さでした。しかし、そこにたどりつくまでの道のりが大変でした。

べてるに関わる前まで病院の看護師であった私は、職業柄、問題点ばかりが先に見えてしまい、メンバーとの間にズレが生じて、なかなかうまくいかないことに苦労していました。そんな私に、べてるのメンバーの早坂潔さん（現・べてるの家代表）から「だいぶん悪いなー」とよく言われたものです。

べてるメンバーは、ちょっと疲れたり、いつもより眠れなかったりするだけで、昔のつらかったことを思い出し、気分や体調が悪くなります。実は私も、研究会のテーマでもある「現場での行き詰まりから見えてくる希望や展望」についての原稿を書き進めていくうちに、昔の自分の苦労が思い起こされ、メンバーと同じ現象が起きました。（笑）

長沢　フラッシュバックですね。

向谷地　なんか胸はドキドキするし、頭は痛くなるし……。

人間って弱いもので、孤独を感じると、夜眠れなくなったり、身体にもなにかしら反応が出ますよね。昔の自分はそんな時、どうやって自分を助けたらよいのかわからなかったため、とりあえず、夫はソーシャルワーカーですから話を聴いてくれるだろうと思い、相談したところ「潔さんに相談したら？」と言われて戸惑いました。（笑）

夫は、「相談するソーシャルワーカー」をモットーにしていて、困った時には、率先してメンバーに相談することを心がけていましたから、私ばかりではなく、新任の牧師にも、困った時には〝一番頼りない〟潔さんに相談してくださいと言っていました。「困った時には、メンバーに相談する」という意味も半信半疑のままに、早坂潔さんに相談していましたが、潔さんは何度も入院してしまいます。そのたびに、「あー、また入院してしまった」「私の関わり方が悪かったのでは」と落ち込んでいました。

でも、潔さんに相談するということは、自分を専門職という高みから降ろして〝前向きに無力になる〟、言うなれば「互いに足を洗い合う」というあり方を学ぶきっかけとなったように思います。浦河赤十字病院を辞めて、べてるのスタッフ（看護師）として働くなかで、統合失調症のメンバーが幻覚妄想状態に陥ったり、爆発しているとき、何が起きているのか、困っていることは何か、協力してほしいことがなんなのかがわからず、メンバーと一緒になって混乱する時期が長かったように思います。そんな時、どのような環境が暮らしやすいのか、生きやすいのかは、一人一人違っているため、それを「自分の助け方」として、当事者自身が模索して、発見して、それを身につけていくという〝非援助の援助〟を心がけるなかで、私も一緒に回復し生きやすくなりました。ですから、潔さんと、べてるのメンバーには感謝しています。

山本　それでは、橋本先生、宜しくお願いします。

ドイツ・ベーテルを訪ねて

橋本　橋本孝と申します。長いこと大学に勤め、定年の少し前にドイツのベーテルへ行きました。日本庭園をベーテルに作るという話があって、寄付を集めていたので、大したお金ではありませんが、送りました。寄付をした以上は現場を見たかったので、ベーテルのある人口三十四万のビーレフェルト市を訪ねました。

寄付をした翌年、学生を連れてベーテルへ行き、そこに泊まりました。それが最初のベーテルとのつながりです。そのときはベーテルが障がいを持った人たちの施設であるということを知りませんでした。そして病院を見せてもらいました。病院に絵があって、山下清さんのものよりも上手なものがあるのを見て、「どういう人がこういう絵を描いたのですか」と聞きました。そうしたら、ここにいる心的な障がいを持った人たちであるということでした。すごい施設があるものだ、と思いました。

今までの日本でのイメージとはだいぶ異なるものでした。ここにいる皆さんは実践しておられますが、私はそうした経験がもちろんありませんでした。ドイツ文学などをやっていましたから。それでベーテルに行ったら門もなければ塀もない。開けっ放しなのです。ですから、誰もここに施設があるとは思えないのですね。

一週間ほどそこに泊まりましたが、そのあいだにそこの古本屋さんで何冊か本を買い、ここをつくったのは誰かということから調べていきました。そうしたらフリードリヒ・フォン・ボーデルシュヴィングという人のことが出てきた。どういう人か、それまで全く知りませんでした。

ドイツ文学をやるためには歴史を知ることが不可欠です。私は以前から庶民の歴史に非常に興味がありました。グリム童話は庶民が作って、昔の人が残したものですよね。ところが庶民を中心に描いた歴史書がないのです。歴史の本というと、王さまや将軍、政治家が出てきて、だいたい戦争の話が多いんですね。キリスト教の歴史を見ても、庶民はいったいどうしていたのかがわからない。書いてあっても、詳しく記されていません。ところがベーテルに来て、ボーデルシュヴィングの本を読んで初めて、「こういう人がいたんだ。こうしたことのために、こういう運動が起きて、てんかんの患者さんをまず集めたんだ」と知りました。このすごい力の奥にあるものはいったい何なのだろう、と思いました。

そうこう考えているうちに、キリスト教に向き合うことになりました。キリスト教の本は若いころからいろいろ読んでいましたから、ある程度は知っていると思っていたのですが、本当は全く知らなかったということがわかりました。キリスト教のいう罪や慈愛、キリストの心や十字架の意味などはそれなりにわかっているのですが、ここベーテルでは、それを実践していることに大きなショックを受けました。自分が定年近くまでドイツ文学について偉そうなこと、訳のわからないことをいろいろ書いてきたあの論文はいったい何だったのだろうか。本当にそう思いましたね。

そのときに日本のお医者さんの一行がベーテルに来ておられました。二、三論文を見せていただきましたが、それはとても難解でした。これではベーテルの紹介にならないと思って、それなら私なりに見たものを何とか紹介してみようと考え、日本に帰って来て、書いてみました。何人かの人に原稿を見てもらって、出版社に交渉してみましたが、みな断られました。一番おかしかったのは、面識のないあるキリスト教関係の出版社へ行って、話をしたのですが、向こうも警戒したのでしょうね、ざっと目を通して「これはキリスト教的過ぎる」と言われたこ

とです。キリスト教の出版社さんが「キリスト教的過ぎる」と言われたことに私はショックを受けましたね。やがて一般の出版社が「それはおもしろいから、ちょっとキリスト教のことを薄めて書き直してみてください」と言ってくださり、書き直して出版したのです。

それから医療の問題が出てきたりしたものですから、医療と福祉の町という形で最近執筆しました。これらを通して、少しでも多くの方々に知っていただきたい。実際こういう所があるということを。

今の日本の状況は、あの時代と似ているのではないでしょうか。日本の政治家や今の政権の人たちの口から、ヒトラーのことが出てくるでしょう。うかつにパッと言ってしまう。先日もドイツへ一週間ほど行っている間に、「日本はいったい何をしているの?」と言われてしまいました。「ドイツでは、もうヒトラーの時代は終わって、今、全く新しい政権になっている。メルケル首相やガウク大統領とヒトラー時代とは全く違う体制なのに、なぜ日本はいまだにヒトラーを出してくるのですか。日本はもうアジアの中で影が薄れていますよ」と。日本の政治家は本当に次元が低すぎると思います。そういうことも考えながら、とにかくベーテルのことを何とかして皆さんに知っていただきたいと思っています。

今行き詰まっているところと言われたら、いろいろな人をもっともっと紹介したいと願っています。ベーテルもやはり理想郷ではありませんから、さまざまな問題点があります。悩みもたくさんあります。その悩みをどう解決していくか。でも私が日本人として不思議に思うのは、ヨーロッパでは寄付をしてくれと言われると、パッとお金が集まるところです。そういうのには、気持ちの問題があるのでしょうね。

昔から全収入の一〇％は寄付をするという習慣がありますが、それが義務だったら、みんな拒否すると思うのですよ。心の中で自分が儲けさせていただいたのは神さまのお蔭だとか、キリストが私たちの犠牲になってくださったといった思いが、骨の髄まで染み込んでいるためなのでしょうか。それでサッと寄付が出せる。そういう深さをいま私は思い知らされています。

ベーテルは本当に苦労されたと思います。あの戦争の時代、ヒトラーは国の政策として障がい者の隔離政策を行ったわけでしょう。障がいのある人たちをかばうために、それこそ命を賭して闘う、これはすごいことだと思うんですね。その力はいったいどこから出てくるのか。個人からは生まれないものですよ。その地盤こそ、私はディアコニーだと思いました。ディアコニーの制度をもっと深く勉強して、本当の精神、底辺にあるものは何かということを、自分のテーマにしていこうと思っています。

二〇〇一年に初めてベーテルを訪ねてから、今年（二〇一四年）まで、だいたい毎年二回から三回くらいはベーテルを訪ねています。

長沢　私もぜひ一度連れて行っていただきたいと願っています。ベーテルには、神学校や施設、病院のほかにどんなものがあるのですか。

橋本　教育機関は幼稚園から小学校、ギムナジウム、そして神学大学まで、いろいろ学校があり、すべてそろっています。

長沢　障がいを持っていない子どものものですか。

橋本　障がいを持っていない子どもの幼稚園と障がいのある子の幼稚園があります。それで週に一度、必ずいっしょに活動しますす。それから、普通の高等学校もありますし、支援学級の高等学校もあります。

長沢　ときどき交流するのでしょうか。

橋本　はい。それから、一番すごいのは、その障がいを持った人の能力を発見するところです。そしてその人に仕事を提供しているところです。就労といっても、べーテル自体が企業になっているわけです。そこへ就職して、生涯そこで過ごすか、お金を持って外に出てもいい。そういう機会を与える場とその制度が整っているのがすごいなあ、と思うのです。べーテル紙幣というものも出しています。現在はべーテルユーロと言っています。日本でやることは本当に難しい。浦河のべてるの家も見せていただいて私は本当に感銘を受けました。これから、そこはきっとうまくいくと思っています。その代わり、これからも心の闘いがたくさんあるのではないかと思います。そのときに、キリスト教の深さを皆さんが知らなければいけないという気がします。

日本にもたくさんの宗教があります。日本ほど宗教・宗派の多い国は世界にないのではないかと思います。けれども、キリスト教には、一般の人が考えている以上に深いものがたくさんあります。それをどう伝えていくかということが、私たちの課題ではないでしょうか。

長沢 浜松にある聖隷グループも、日本では大きな、多様な働きをしています。聖隷の活動は、一人の結核患者の青年を、教会の青年たちが助けたことがきっかけです。長年にわたってひどい迫害を受け、住まいを転々としましたが、長谷川保先生が一坪献金運動というものを賀川豊彦先生に勧められて始め、集まった寄付金で二万千坪の県有林を買うことができました。これを開墾した広大な土地の中に、今では病院や施設や学校があります。

ベーテルと比較したときに、どうなのでしょうか。仕事の内容を深め、広め、長く続けていくためには、やはり神学校や教会がその中になければならないように思うのですが。それ以外のものがいろいろあっても、力にはならないのではと思わされますが。

橋本 そうですね。それと、やはりもうひとつ資金は絶対に必要ですね。その資金は、その人が生産したものから得たものですね。ベーテルの製品は高いことで有名です。その代わり本物なのです。たとえば、木のおもちゃは、そこで取れた木を製材にかけて細かくして作っている。昔われわれが若いころ、そうですね、二〇〇〇年の初めくらいまでは障がいのある人が作ったものは安いと世間一般で思われていました。障がいを持った人が作った財布なので、ちょっと安くしてあります、などと言っていました。ベーテルでは違います。その人たちが一生懸命作ったものだから高く売ります。今高いんですよ。それで収入があるのです。およそ二千四百種類の職場がありますが、そこで収益をあげるわけです。それで成り立っているのではないでしょうか。

日本では、現行法からみると、ほかの職場へ障がいのある人を就職させるのが原則です。それも良いかもしれませんが、就職したその会社に対して政府が補助金を出しますから、それは会社や就職した人にとっては良いかもしれません。けれども、その人の住む施設には何の恩恵もありません。施設にいろいろな恩恵があってこそ、それで成り立っていくのです。それに世界中から寄付が来れば、それを足してやっていく。そのような体制が日本ではできないものでしょうか。

長沢 そうですね。ただベーテルからやや堅い印象を受けるのは、大規模で、何もかも揃っている完結型の共同体だからでしょうか。どうなのでしょう。私はまだ行ったことがないので、はっきりわからないのですが、あまり整えられ過ぎると、歴史を重ねるにつれて、外から見ていて何となく重いものを感じてしまいます。人々がそこで生き生きと暮らしているのかどうか、そこはどうでしょうか。

橋本 ベーテルには、通いの人も多いのです。クリスマス礼拝にビーレフェルトの町中の教会をはしごして回ったことがあります。ベーテルの中のシオン教会では午後四時ごろから始まるのですが、二時ごろに行かないと駐車場がないと言われて、その時間に行ってみたら、もういっぱいでした。私が教会に入ったのは、始まる三十分くらい前でしたが、もう座る席もありませんでした。立っている人がたくさんいる。終わってから町なかの教会に行きましたら、そこには空席がいっぱいあるんです。

ベーテルだとそれだけ集まるのです。そこには一般の人たちもおられます。障がいのあるお子さんの家族だけでなくて、もちろんそういう方もいらっしゃいますが、そうでない方々も「ベーテルのシオンには行こう」と言って、行かれるのです。カトリック教会も回りましたが、そこもガラガラでした。もちろん何人かはおられましたが。それくらいベーテルは庶民の人たちの中に入っているのです。そこまでになるのにおよそ百五十年かかっているわけです。

長沢　ベーテルというよりも、福音が障がいを持つ人たちを活かし、その有様が教会の力にもなっていく。そこに大きな魅力があるんだと思います。教会もそうですね。講壇で語られることが、なんか口先だけ、頭だけの聖書の言葉になってしまうと、それを聞いても私の現実の力にはならないので、あえて聴きに行きたいとは思わなくなりますね。でも、障がいを持った人が生き生きと暮らしているとか、あんなに絶望していた人が立ち上がっているとかを見れば、あれは何だろうかと思って、聴きに行きたくなりますね。そして、教会に底力がある、光があることに気づかされていく。教会が現実の問題と離れてしまうと、やっぱり空回りになってしまいます。そうなれば、そこへ行っても行かなくても、どうでもいいとなるのではないでしょうか。

橋本　そうですね。市民の人との一体感を感じます。そこがすごいところです。

難波　底力というか、私は、根っこの部分で、日本のキリスト教と、いわゆるヨーロッパのキリスト教とに違いを感じます。だって、ベーテルのこの歴史は百何十年も続くわけでしょう。日本なら、それこそ熱しやすく冷めやすくというところですが、百五十年も続くことに本物を感じるんですね。私は、今の日本のキリスト教を原点から問い直さなければいけないと思っています。「日本教徒キリスト派」くらいのものではないかと、つくづく思ってしまいます。イザヤ・ベンダサンの『日本人とユダヤ人』に出てくる言葉ですよね。

橋本　ちょっと生意気なことを言ってしまいました。

長沢　いえいえ、本当に参考になります。

難波　一度ベーテルに行きたいものですね。

長沢　ええ。橋本先生が行かれるときにぜひ。それにしても、教会はあまり前面に出ないほうがよいのかもしれませんね。

難波　キリスト教信仰があるから活動できるという面があるでしょうけど。

教会のありようを考える

長沢　どうでしょうか、日本の教会は、楽しいことや喜ばしいことをいっしょに喜ぶというのが少ないのではないでしょうか。世の人々がお祝いするようなことは冷ややかな目で見るといったことがあるような気がします。教会は、いろいろな問題には敏感ですし、苦しんでいる人のもとには駆けつけるのも早いのですが、お祝い事についてては、いっしょに喜んであげることがやや少ないように思います。もちろん、困っている人たちに寄り添うことは、たいへん大事なことだとは思いますが。

山本　教会のありようを問う核心に迫ってきているように思います。

長沢　やや批判的になってしまい、「あなたはどうなの?」と言われそうですが。……とにかく教会というのは、居心地が良くて、ありのままでいても別に批判されず、そういう中で自ら気づき、悪かったと反省して、自発的に改めていく。そういうことを可能にする教会って大事だと思います。さっきハンセン病の方々の中にもいろいろな人がいて、大変だったと言われましたね。

難波　いろいろな人というよりも、本音と建て前があって本当に行きはじめのころは真正面からつきあえば、真正面から本音で話してくれるとばかり思っていたわけです。

一番初めに驚いたのは、説教の後のお祈りの時間です。みな一人一人お祈りしていくわけです。「○○姉妹が今入院していますけど、また良くなって、礼拝にいっしょに出席できますように」と、熱心なお祈りをささげるわけですね。わあ、すごいな！　あれからこれへと言い得てすごいお祈りだわと思いました。そこに惚れ込んで、そこに真実があると信じて光明園に入ったわけですね。ところが、「難波さん、いっしょにご飯食べるか？」と、その○○さんが言うので、いっしょに行くと、お祈りをしたAさんのことを話してくれるのです。

「あんた、Aさんと仲が良いらしいな」、「はい」と答えると、「私はAさんになんぼいじめられたことか……」とにらみつけるのです。

だったら、「○○さんは今入院しているけれども、どうぞ和解させてください」というお祈りならわかるのですが、いかにも親しくしている姉妹であるかのごとく祈るわけです。そのズレが私には信じられなかったのです。

私は夫の闘病生活と死から得たものがあったので、あの教会につながっていられたと思っています。「もうやーめた。こんな教会に行ってられるか」と思いましたね。けれども、そういうふうに生きざるを得なかったのは、あそこの島の中でしか生きられなかったからです。普通だったら、「この人との関係はやめるわ、しんどいわ」とできるなら、そんなに嘘で塗りたくらなくてもいいわけです。でも、隔離されてここでしか生きられないので、みんなと仲良くしていないといけない。少なくともみんなと仲良くしていることを見せないといけない。だから本心なんて言っていられないのですよ。「この人とは合わんわ」って言えないわけです。だから、みんなに「好き好き」と言いながら、後ろを振り向いたら、その人の悪口を言っている。その姿を見たときに、最初は「え？」と思いました。これが、長期の強制隔離をされて、そこでしか生きられなくされた者の生き方になっていったのだと思います。まさに長期の隔離政策の弊害の一つです。

橋本 重要なご指摘ですね。本音と建て前はそこだけでなくて、日本人特有のものだと思います。

難波 そうですね。

橋本 細かい例ですが、旅行を日本人が計画するのと、ドイツ人が計画するのとでは全く違うのです。日本人には建て前があって、以前にちょっとお世話になったというと、無理をして、その旅行会社を替えたりしません。ドイツ人だったら、嫌だったら、すぐに替えます。日本人の発想をドイツ人に押しつけると、これは押しつけだとはっきり言います。

日本人は付き合いにくいと言う人がよくいます。本気だと思って、そのことをしてあげたら、実は違うことを考えていたというのです。日本は鎖国という時代があったから、この国で生きるというのは、一つの所に隔離されるのと同じであったのでしょう。国全体がそうだったということでしょう。日本人が建て前と本音でずっと生きているのは、そのためではないかと、ときどき思っています。私の考えが間違っているかもしれませんけど。でも、これを打破するのは大変なことです。これからは本音で付き合っていかなければいけないと思いますね。特に国際的なお付き合いは本音のほうがはるかに自由です。

山本　前半の最後に私が少し話させてもらって休憩に入ります。後半は岡田先生に、教会の奉仕の概念がどう導かれてきたかということについてお話を伺い、そこからまた話を進めていきたいと思います。

私は社会事業、社会福祉については何の経験もない者ですが、キリスト教会の牧師として現在三十数年目を迎えています。この研究会の趣旨を最初に岡田先生から伺ったときに、これはキリスト教会のありようが問われると思いました。そして、牧師である私は自分の責任が厳しく問われるようになるだろうと思いました。でも、皆さんは優しいので、あまり厳しい追及がなかったのですが、最後の最後に言われた気がします。今のお話は牧師としての責任を問う内容だと私は思うのです。

ここで私の出会った二人の人の話をしたいと思います。一人は佐藤正尋さんという私の教会の会員、それからもう一人は私の弟のことです。

佐藤さんは、私より一歳上、一九五一年に生まれた人ですが、一歳ちょっと過ぎたくらいに大変な高熱を出して、脳性麻痺の障がいを負ってしまいました。長い間施設で過ごしていましたが、三十二歳の時に決断をして自立生活を始めます。その時の障がいの程度は少し手を添えたら歩行できるぐらいでした。車椅子に乗ってマラソン大会に出る。後ろ向きになって、足で蹴ってマラソン大会に出るなどということをしていました。けれども、あるとき高熱を出してから、さらに身体の機能が弱まって、とうとう二十四時間誰かが付き添っていなければならない状態になったのですね。

そんなころ教会に来たのです。来会の理由は、教会には優しい人がたくさんいて、ボランティアで助けてくれると思ったからということです。教会の礼拝や青年会の活動にも熱心に参加しました。教会の青年たちがボランティアに入ってくれました。二十四時間体制で、私は、夜中の泊まりをだいたい月に一回か二回、多い時は週に一度のペースで行いました。夜の九時くらいに昼間のボランティアと交替し、朝の九時に午前中のボランティアが来るまで佐藤さんといっしょにいました。

そのときに教会の青年たちが相談に来るのです。「本当のところを言うと、もう佐藤さんのところへ行くのが嫌になった」というわけです。「面倒くさい」と。それに加えて、佐藤さんがこんな人だ、あんな人だと話をするのです。そんな相談を受けたとき、私が何と答えたかというと、「実は俺も嫌なんだ」と。それが本心でした。面倒くさいと思う。これは本当の話です。行くたびに面倒くさいなと思うのです。それが私の現状でした。そこを信仰的に乗り越えたかというと、そうではないのです。今また佐藤さんのボランティアをやるとなったら、やはり面倒くさいと思いながら行くことでしょう。

二人目は私の一番下の弟のことです。彼は高校二年生の時に統合失調症になりました。率直に言うと、地獄に堕ちるような気持ちがしました。当人も同じだったと思います。弟がなぜ地獄に堕ちるような気持ちだったかというと、家族が理解してくれなかったからです。「まさか、そんなはずはない」という反応だからです。弟は非常に成績優秀で、「数学の神さま」と言われるくらいでした。祖父が北海道大学、父も北海道大学、ですから私も当然ながら彼が北海道大学へ行くだろうと思っていました。不肖私は落ちまして、一年間東京の高田馬場で浪人しているあいだに、牧師になろうと決意しました。弟は楽勝で北海道大学に入るはずでした。ところが高校二年生の時に、それがかなわなくなったのです。

うちの母親は弟を学校に行かせるために殴ったというのです。これは、私の母親の普段の様子からして異常なことでした。「こんなはずはない」という家族の雰囲気に取り囲まれて、弟は本当につらかっただろうなと思います。今になってつくづくそう感じます。家族が最大の理解者だというフレーズを聞くと、とても恥ずかしくなります。最大の無理解者だという経験をしたからです。

長沢さんは、自分が解放されるべき者だと思ったと言い、自分の殻を破ることに転換を見いだしておられます。難波さんは、自分が何者であるかに気づき、その体験がなければ今に至らなかったと言われます。自分自身を問うておられますね。私も結局のところそうなのです。ボンヘッファーが、「仕える者、奉仕する者は、自己を最大の罪人と思う必要がある」と言いました。ボンヘッファーに言われなくても、わかっています。『共に生きる生活』にわざわざ書かなくてもわかっています。本当にそういう心境だからです。そこが自分の課題ですね。こういうところで前半のお話を終わろうと思います。

教会におけるディアコニアの歴史

山本　では、後半に入ります。

この座談会の冒頭でお話ししたように、教会が今まで行ってきた社会事業について、奉仕、ディアコニアという言葉をもって考えてきたわけですが、教会が歴史的にディアコニアという概念をどういうふうに理解してきたのかについて、岡田先生にお話をいただこうと思います。そこから前半で皆さんの話が及んでいった教会のありようを問うていくことにします。どうぞよろしくお願いします。

岡田　突然のご指名を受け、十分なご説明ができるかどうかわかりませんが、奉仕はもともと神礼拝を意味する言葉で、キリスト教の礼拝する神、イエス・キリストは、聖書によると「しもべとなられた王」であることがわかります。したがって、イエス・キリストの教会は神に仕えるとともに、イエスがそうであったように、しもべとして世に仕えるのです。

この奉仕を表す言葉がギリシア語の「ディアコニア」です。マルコ福音書一〇章四五節の有名な言葉で、「人の子（イエス）は仕えられるためではなく仕えるために、また、多くの人の身代金として自分の命を献げるために来たのである」（新共同訳）とありますが、ディアコニアはまさにイエスがその生涯において命をささげ、生き抜かれたその生き方を総括する言葉、イエスご自身の生き方をまとめた言葉だといえます。へりくだって、自らをむなしくして、苦難を受け、十字架につけられ、歩まれたという生き方です。ですからイエスの教えや行いはすべて、ディアコニアという言葉で表すこともできると思います。

イエスは生涯を通じて神の国の福音を宣べ伝えました。神の国とは、「神は愛である」との言葉があるように、神の愛によって小さくされている人たちや、社会的に弱い立場に置かれている人々が共に生きられる、そのような愛の支配のことでしょう。喜ばしい福音を宣べ伝え、そして、そのためにイエスは命をささげられました。ですから、イエス・キリストに従う者はイエスの意思を受け継いでイエスの手足となって、その業を継承する責任、使命を受けているのです。

この使命が福音宣教と言われますが、それはただ単に教会の中で教えを伝達する、あるいは教会の外で伝達するということにとどまらず、神の国の実現のために仕え、人が人として生きるために、神の愛が支配するために相互に助け合うことだと考えます。

ですから、キリスト教の宣教の目的はシャロームの樹立であるとよく言われます。シャロームは単なる平和というよりも、もっと深い意味での神の平和というヘブライ語です。イエスは言葉だけでなくて行為においても神と人との間で祈りをもって正義を実践されました。そこにキリスト教の福音の中心、大切な核があって、私たちの拠って立つべき点があるのではないでしょうか。

そこから、ディアコニアは福音そのもの、福音の本質とも言われています。人がお互いに助け合って責任をもって交流するという未来を開いたのがイエスであり、そのイエスこそが真の奉仕者です。ギリシア語のディアコニアの名詞形ディアコノスは、そういうディアコニアを本当に実践した真の人であると言えます。

初代教会、教会制度が生まれていくなかで、特にローマ帝国時代ですが、多様な愛の奉仕が試みられていき、ディアコニアは執事という役割に委ねられていきます。監督執事という形で、階級制度に組み込まれることによって、もともと自由だった愛の奉仕がどんどんとその自由さを失っていったという見方もあります。そういう変遷が歴史をたどっていくなかで見受けられるだろうと思います。

ディアコニアの出発点とその根拠は、礼拝であると考えています。先ほどのお話にもあったように、礼拝が出発点である、と。唯一の真のディアコノスであるイエスと出会うことの意味は大きいのです。もう一つ、和解の務めもあると思います。分裂したりギスギスしたりしたものの橋渡し的な役割です。教会とこの世、あるいは教会の中での対立、あるいは人と人との対立も含めて、そうした和解の務めの奉仕へと招かれていると思います。

神の国の福音の希望、神の国の実現を目ざすという展望がないディアコニアは、キリスト教の使命を見失ってしまうのではないでしょうか。傷ついている人、困っている人を手助けして、仕えるという働きはとても大事な働きです。しかしそれと同時に、そういう人々を生み出さない社会をつくりだす予防責任がディアコニアの大きな働きの一つでもあるので、苦しむ人や犠牲になる人がこれ以上出ない社会をつくる努力もディアコニアの働きでしょう。

ですから、神の国の希望がないところではディアコニアはキリスト教の使命を失い、予防責任を果たすどころか、いろいろな福祉国家が行っているサービスの一部に陥ってしまう危険性があるだろうと思います。神の国という希望に根ざしたディアコニアが真の意味での正義や平等、平和といった社会制度の実現を促していきます。日本も明治時代以降百五十年の歴史の中で、誰かを犠牲にしながら

近代化を図ってきました。沖縄をはじめ、先ほど話した釜ヶ崎などの寄せ場の日雇い労働者も、水俣病など公害被害者もそうです。さまざまなところが犠牲にされてきました。そういう社会の不正義や差別を温存させるシステム、社会制度を、人が人として生きていける社会制度にしていくことがディアコニアの働きではないかと考えます。

　けれども、やはりディアコニアの限界も認識しておく必要があるとも思っています。世界中のすべての課題を一人の人が担うことはもう不可能ですから、お互いに助け合っていく相互扶助のネットワークをエキュメニカルに、さらに宗派をも超えて創り、それぞれが自分の持ち場で他者に仕えていくこと。先ほどの話によると同伴する、いっしょにいるということだけでも大きなことだと思います。助ける側と助けられる側がいつも一方通行でなくて、私も助けられることもあるし助けることもある、そんな相互扶助の関係がとても大切だということです。

　そのためにも、先ほども申しましたように、ディアコニアの源泉はイエス・キリストへの礼拝ですから、ここにいつも立ち返っていくことが大切だと思います。実践しながら立ち返る。私自身、実践らしいことは十分にできているとはいえませんが、だからこそ小さな関わりの中で自分の弱さを突きつけられてもなお、関わりきれない面も含め、その弱さと謙虚に向き合いながら、ディアコニアの原点であり模範であるイエスに立ち返るものでありたいと願っています。以上です。

山本　前半の最後のほうで出てきたそれぞれの教会のことを話していただけるでしょうか。そこから私たちは派遣され、送り出されて、それぞれの日常の場にいるわけです。教会の様子についてもう少し思うところを話していただければと思いますが。

それぞれの教会のこと

向谷地　浦河は、町民の三割が先住民であるアイヌの人たちで、ほかにも、戦前に朝鮮半島から強制的に徴用され来道し、戦後日高に残った人たちの子孫がたくさん暮らしています。私たち夫婦の出会いをつくってくれた教会役員であった方も、お父さんが今の北朝鮮の出身で、お母さんがアイヌの人でした。そのように、浦河という地域には北海道の歴史の深いテーマが横たわっています。浦河教会から始まるべてるは、「地域で一番困っている人の現実が教会の現実になること」を大切に、「地域の悩みを、共に悩む教会」を目ざして歩んできました。

そんな町にある浦河教会は、べてる関係のメンバーが多く、若い人たちが集う教会です。かつては、教会員の多くが転勤族で占められ、四月になると新来者も訪れます。病院のソーシャルワーカーであった夫の影響もあり、教会は、アルコール依存症の親御さんの子どもたちの避難場所としても利用され、病院の精神科を退院する患者さんの退院した後の住居としても利用されるようになりました。ですから、毎日、教会周辺は本当に慌ただしい状態でした。昔、教会学校が盛んな時は、教会の隣にべてるがあるとの理由で、子どもたちを教会に連れていくのが危険だという声や、通学時に「教会の前を通るときには、立ち止まらずに走って通りなさい」と親が子どもに言い聞かせていたことがありました。地域の評判も最悪で、浦河教会は、正真正銘の地域の苦労を抱えた悩み多い教会となりました。

しかし、弱さを抱えた人たちが集まった教会は、無牧だった時も「分かち合い礼拝」を行い、一人一人が一週間の恵みと自分の弱さを証しすることを続けてきました。そのことにより、浦河教会では自然と自分の居場所が与えられ、ゆるされている気持ちになります。「この弱さや苦労は自分だけでないんだ」、「それには意味があるんだ」と感じられ、病気があってもなくても、私もあなたも同じ人間だという、繋がり感を持つことができます。病気によって、今まで封じこまれていた言葉を取り戻し、語る力が生まれてきたのも教会を通してだと思います。

べてるのメンバーが精神的に調子が良くない状態の時であっても、受け入れてくれる場が教会でした。その浦河教会が今日あるのは、苫小牧地区による共同牧会の恵みだと思っています。現在も地区互助伝道で交換説教の応援をもらっています。しかし、メンバーはときどき説教中に妄想状態になり、さらに緊張感が強くなって、その場に長くいることができなくなると、礼拝中の出入りがとても多くなります。地区の牧師先生が説教に来てくださっていますが、ちょっと面食らうのではないかと思います。山本先生がいらしたときは、礼拝の説教に関連した内容を黒板を上手に使って、絵を描いたりしてくださいましたが、説教が長いと、気づいたら何人もいなくなってしまうこともありましたね。

（笑）

長沢　正直ですね。

難波　長くって何分くらいですか。

向谷地　二十分くらいでしょうか。

難波　それくらいでもですか？

向谷地　メンバーは、日常的に〝幻聴さん〟が聞こえたり、「おはよう」という挨拶が「あっちへ行け！」に伝わったり、さまざまな〝誤作動現象〟を抱えています。ですから、説教の話に集中することが難しい人が多いのです。少しでも気になることがあった時は、逆に手をあげて質問する人が出たりすることもあって、説教が進まなくなることがあります。

難波　おもしろい！

山本　私も、最初に礼拝に行ってびっくりしたのは、奏楽者が「間違ったらごめんね」とか言いながら奏楽を始めたことですね。そんな教会はないなと思いました。「司会者が○○さんと週報に書いてあるけど」と言うと、「○○さんは入院中」と。献金の時になって、「あれ？　あれ？　当番はいないのかい」って。皆さん入院中なのです。礼拝が成り立たないのです。話が長いと、「あーあ」とか言いながらいなくなっちゃう。そんな教会で、びっくりしました。

長沢　私たちの教会は知的障がいの方は多いのですが、八名の方が受洗したのが二十年余り前でしょうか。そのうちの三人が天に召されて、二人が特養に入ったので、残りの三人が今来ています。それからまた新しい方が二人来て。

牧師は、その人たちがいるとほっとするそうです。説教に対し、「うんうん」とうなずいてくれ、反応がとても早いんです。みんな難しい顔をして先生を見ているのに。非常に優しいので。……お誕生日には、「おめでとう」と言って、普通の人が知らん顔をしていても、優しい言葉をかけてくれます。その人たちも、礼拝中にトイレに立ったりはしますが、そんなに頻繁ではありません。

向谷地　一度、牧師が怒ったことがありました。説教中、「うるさい！」って。（笑）

山本　潔さんが立ったり座ったりして？

難波　さすがにこういうメンバーなので、いろんなことが聞けて、とてもいいなと思いますね。

今、東中国教区が一生懸命やっていることがあります。東中国教区内四十九の各教会の十年後にはこうなるというシミュレーションを見せた牧師がいました。前の副議長なのですが。そうしたら、みんなガタッと肩を落として、「うちの教会はなくなる」という感じになりました。今、五人来ているけれど、十年後あなたの教会はなくなってしまいますよという感じで、教区総会で言ってしまったものですから、みんなガックリしてしまったわけです。それで、急いで中期宣教計画プロジェクトチームを作って、さてどうしたらいいだろうかとやって、五年が経ちました。

第一期の五人の中に私も入っていましたが、委員の一人に、「私は自分の教会の会計をしている。町の名士が教会に来て早く洗礼を受けてもらって、そこから月定献金をもらわないとやっていけん。教会も運営があるんだ」と言う人がいたのです。その人の足を一年間引っ張り続けました。何とかかわってもらうために。何という発言かと。また自分は洗礼を受けているのに、子どもも孫も教会に連れて来ない。「自分の信仰だけが守られたらいいんです」という信仰とはいかがなものかと思うのですが、とにかく基本的なことの話し合いが続いて、私はひたすら「キリスト教の原点を」と言い続けたのですが。二期目は委員を降りました。

橋本　ドイツでも、教会がつぶれているところがありますね。そのつぶれたところが全部イタリアンレストランなどになっている。昔の建物ですよ、ゴシック様式のきれいな建物です。中に入って行くと、そこはイタリアンレストラン。ベーテルのそばにも大きい教会堂がありました。私が最初に行ったころはちゃんと礼拝をやっていましたが、数年して訪れたら、「もうあそこはなくなったよ」と言われて、行ってみたらレストランに。

岡田　私も一昨年にベーテルを訪問した際、ミッション・ディアコニー・センター（CMD）の牧師と職員の案内でそのレストランに招待されました。

橋本　それはやはり財政的なことがあったのではないかなと思います。私にとっては、キリスト教は言葉が難しい。カトリックでは神父、プロテスタントでは牧師。ドイツ語でもっと難しいのは「パストワー」と「プファラー」。「どう違うのですか」と聞かれて、すぐに答えられる人はドイツにもいないのです。教区を持っているか、持っていないかとか、いろいろな説明は聞きますが、では教区はどういう形で決まって、どういう人がその牧師になるのですかと聞くと、その答えがなかなかはっきりしません。

難波　キリスト教用語を私たちは当たり前のように使っていますが、礼拝に初めて来た人たちはその言葉にひっかかって、それなんだろうと思っている間に話が先に進んでしまうのだと言った方がありましたね。

うちの教会はというと、平均年齢八十四歳です。これからハンセン病療養所に入る人はいません。減る一方ですね。私のような外から入っていこうという人はいませんから。外から来ている人は現在三人です。今年は亡くなるピッチが早いんです。高齢になってきていますから。二月になって、もう四人も亡くなりました。いったい今年は何人亡くなるのっていうくらいですよ。本当に減っていく一方です。

ただ、うちの光明園家族教会が百年誌（八十五年誌の後の十五年）を出しました。八十五年誌は立派なもので、一人一人の証しやら歴史やら。滑り込みで先に申しました「らい予防法」に対する東中国教区としての謝罪声明文も載せました。二〇一二年が百周年でした。これは記念誌を出さなければと思いましたが、もう書ける人がいないのです。長老四人のうち代表と副代表は目の見えない人ですから。それでも、とにかく出しましょうということになりました。

それは来訪者がとても多いからでもありました。たくさんの人があっちこっちから来てくださる。やはりそうやって支えられた教会なので、その証しを残さねばならないだろうと。本当に感謝なことですよ。でも、教会員がいなくなったときには消えるわけです。そのことはもちろんみんな受容しています。いつ閉めるかということですよね。

一か月に八人から九人の牧師に応援に来てもらっています。日曜日の礼拝、水曜日の祈禱会。すべて説教者が違うわけです。毎回いろいろな牧師に来てもらっている状況ですから。お話をお聞きするほうの人数があまりに少なくて失礼になるので、やめようかという話も出ます。ですから、いつ閉めてもおかしくないわけです。ただ、「最後まで支えます」という文章が東中国教区の謝罪声明の中にあるので、皆さん、喜んで来てくださいます。応援したい、説教したい、いつ呼んでくれるのかという感じなので、今のところ説教者には困らないのです。もったいないことです。

長沢　榛原《はいばら》教会は、「やまばと学園」ができる十年前くらいに日本基督教団から援助を受けていました。戦後、牧師が生活保護を受けていた時代もあったようですが、カナダ人のメイ・マクラクラン宣教師の力添えもあり、長沢巌が赴任して十年後、経済的に自立しました。それで次に何をするべきかを考え、「地域に仕える」という目標を掲げました。具体的には、教会ぐるみで知的障がい児施設「やまばと学園」を開設したのですが、それは当時、障がい者に対する偏見差別が甚だしく、障がい者と家族はたいへん苦しみ悩んでいましたので、その苦悩を少しでも軽くしようと立ち上がったわけです。

それまでは教会だけで終わっていた人間関係が、施設を含めた規模へと広がっていきました。「やまばと学園」創設のころは、職員がほぼ全員、教会に来ていました。長沢巌が障がい者になったころ、そのころから事業としてはだんだん定着し活動が広がっていきましたが、今度は教会に集う職員が少なくなりました。

それから、教会に赴任する牧師は、長沢巌牧師と同じようにやってくれるものと私たちはごく自然に考えていました。それが大変な負担であるとは知らなかったのです。副牧師だった戸井雄二先生は長沢のやり方を踏襲されましたが、それがかなりきつい仕事だということがわからなかったのです。長沢巌牧師がそうであったように、戸井先生はごく当たり前のように教会のことをやり、機関誌に執筆し、早天祈禱会に朝六時半から出ていました。そして、戸井先生が転任された後、初めて、これはかなり大きな負担になっていると気づかされたのでした。新任の牧師にとってとても大変だったようです。私は最初それに気づきませんでしたが、だんだんそのことがわかってきました。今も早天祈禱会は続けられていますが、牧師は出席自由になっています。「やまばと学園」と全国の教会のために、祈りがささげられています。

私たちはこれまでの牧師に、ごく普通に、「先生、まもなく『やまばと学園』のオリエンテーションがありますから、来てくださいね」とか、「こういう行事がありますから、開会礼拝をお願いします」とお話しし、「はい、はい」みたいな感じでした。

現在の牧師は、はっきりと、「聞き手が、ああ、この牧師の話を聞きたいと思うような、そういう信頼関係ができてから、お話しに行きたい」と言われます。最初はびっくりしましたが、でも、言われたことはもっともですし、この先生の礼拝のお話はとてもよく準備されていることや、かなりエネルギーを注いでいることがわかるので、頻繁に説教をお願いして徒労させても申し訳ないと思いました。それで、牧師に施設へ来てもらう形から、できるだけ、施設の人を教会へお連れするということにしたのです。まだ結論が出る段階ではありませんが、施設で牧師が語る場合と、教会で牧師が語る場合とではどこか違うかなと思わされています。そういうわけで、これまでは牧師に対して、「次は何の行事がありますから、お願いします」と電話一本でお願いしてきましたが、このごろは、先生は来てくださるかなあと、相当慎重に依頼している現状です。

先ほど本音と建て前ということが話題になりましたが、言葉は矛盾したものであってはいけないと思います。だから、もし自分が施設で語ることに関して「はい（イエス）」というレベルに達していないときには、嫌だと言えばよいのだと思います。そのほうが私は正直だし、そのほうがいいと思うんですね。でも、そこにとどまり続けるのもまたいけないのではないでしょうか。教会も施設も、双方とも神さまから力を与えられて、最善の方向に向かって歩み寄らねばならないと思うのです。

私自身は、「あの人から話を聞きたいな」と思われるような関係を築いているかどうか、自らに問うこともなく、そんなこと何も考えずに、とにかく福音の種をまけばよい、と思ってやってきた節があります。が、一方では、本当にその人の話を聞きたいと思われるような関係を周囲の人と結ぶことも大切だと思わされています。

榛原教会のメンバーは、比較的、施設に関心を持ってくれている人が多いので、施設のためによく祈ってくれます。障がいを持っている人も数名来ていますが、そのことは、外から来た人々になにか他とは違った印象を与えるようです。「ほっとする」と言われる方も少なくありません。立派な人ばかりでなく、破れのある人も多いので、そのことがほっとさせるのかもしれませんね。

社会的な弱者を生みださないという教会の働き

山本　牧師である私が直面しているのは、牧師になってからずっと直面している問題です。先ほど岡田先生が、社会的な弱者を生みださないための社会をつくる働きはすぐれてディアコニアの働きである、と話してくださいました。本当にそうだと思います。このことは岡田先生のお話で気づかされたことです。教会において奉仕という言葉が使われるとき、弱者に対する施し、あるいは憐れみという面が強調されていたと思います。牧師として働きを始めて、その点が自分にとって大きな課題になっています。

○○さんを助けに行くということについては、教会員の人たちは了解してくれます。先ほどの話でいえば、佐藤さんのところへ夜のボランティアとして行くなど。これは牧師の働きとしてイメージに合っているからですね。一生懸命やっていらっしゃいとなります。ところが、一九九一年一月十七日に湾岸戦争が始まって、その後九〇年代の十年間、日本が戦争のできる国になるためのいろんな法案が成立してしまいました。ＰＫＯ協力法や周辺事態法、日米防衛協力のための指針（新ガイドライン）など。このことに反対することは、私は社会的な弱者をつくりださないために大切なことだと思っているのですが、これについては必ずしも理解がありません。余計なことをしていると言われます。いつも教会にいないではないか、といった言われ方をします。

一九三四年にヒトラーとマルティン・ニーメラーが話をし、ヒトラーが「第三帝国については私に任せてほしい。きみは自分の教会のことだけを心配したまえ」と言ったということです。それに対してニーメラーは、「あなたであれ、この世のどのような権力であれ、私に、ドイツ国家と教会に対する神から与えられた責任、これを取り去ることはできない」と言って反論したということです。「きみはきみの教会のことだけを心配したまえ」というのは、信徒の人たちからくどく言われたことです。「第三帝国については心配するな」ということですね。これは自分の課題ですが、平和運動をやればやるほど、牧会、教会に対する配慮を欠かしてはいけないと思っています。

橋本　それにもかかわらず、ヒトラーは自分の配下になるプロテスタント教会をつくりましたよね。彼もやはり教会のことを無視できなかったのではないでしょうか。教会を無視すると、世界中のクリスチャンを敵にまわすことになりますから。そこは彼の恐れた部分だったのでしょう。それで、ボーデルシュヴィングの息子さんのフリッツ・フォン・ボーデルシュヴィングが最初にプロテスタント教会の監督に選出されますが、数か月で辞めることになります。あることないこと、意地悪されて、辞めさせられます。その後、すぐヒトラーの傀儡の牧師を監督にします。そういう流れを見ると、ヒトラーですらキリスト教に対しては恐怖を持っていたと私は考えているんです。

岡田　ドイツとスイスの教会の祈りと献金によって、私どもの団体、基督教イースト・エイジャ・ミッションは生まれましたが、本来の目的は東アジアのミッションで、今は、沖縄を含む日本や東アジアの和解と平和の働きを願っています。教会が出発点となり、神学校、幼稚園、日独学館学生寮ができました。戦争で焼け野原になり、戦後に教会、幼稚園、学生寮が再建され、八二年に富坂キリスト教センターがスタートしました。

日本の多くの教会が十五年戦争に協力した負の歴史を踏まえ、富坂キリスト教センターはそれを謝罪し告白するという立場に立っています。そして、ドイツやスイスの教会に学びつつ、二度と同じ過ちを繰り返さないために、キリスト教社会倫理の学際研究を続けてきました。この研究会もその一つです。沖縄宣教研究所との共同研修など研修会活動も、もう一つの柱です。

教会はやはりどこかで御言葉を宣べ伝えるという働きに限定されていきます。ディアコニー的な要素や社会奉仕といった、社会的な働きについては富坂キリスト教センターなどの団体がやればよいのであって、御言葉を宣べ伝えるのは教会が行えばよいという風潮があります。けれども、先ほども申

し上げましたが、イエス・キリストのからだなる教会には本来ディアコニー的な要素があり、教会は地域社会にも開かれた共同体でした。

神田健次先生も指摘しておられますが、「礼拝」と訳されるギリシア語の「レイトゥルギア」は世俗的な意味を持つ重要な言葉でした。もともと教会と社会の密接な繋がりを示す言葉であったにもかかわらず、時代の変遷とともにその意味が見失われていきます。教会や団体には多様な働きや役割の豊かさがあってよいのです。しかし、教会は自らのディアコニー性を回復しつつ教会形成に努め、社会事業においてもディアコニアの源泉を見失わないことがとても大事であろうと考えています。教会や社会事業を既存の枠組みの中だけでみるのではなく、ミッションとディアコニーが密接につながっているという本来のあり方に立って証しすることができればと願っています。あえて厳しい現実だからこそ、山本光一先生や皆さんにお願いをして、当研究会がスタートした次第です。第二のベーテルを富坂に創ることが目的ではなく、その理念や実践の歴史——成功も失敗も含めて——から今日私たちが何を学び取り、将来にそれらをいかに活かすのかが求められています。

橋本先生のお話を伺い、改めて教えられたことは、ドイツの多くの教会がディアコニア的な働きに関心を示し、実際にそのことに身も心もささげる「手足の教会」だということです。私も実際にドイツへ行って、教会のディアコニア的な働きの広がりと豊かさを目の当たりにしました。信仰と行為が繋がっている。ですから、「言葉と行い」、「教会とこの世」を分けて考える二元論の問題をしっかりと見極めることも大切でしょう。二つに切り分けるべきではないのです。この課題を克服するキーワードの一つがディアコニアではないかという気がしていましたが、この研究会での学びを通じて改めてそのことを確信し、そこに望みを置きたいと今は考えています。

橋本　最近、ある人からお父さんのボーデルシュヴィングの本をいただきました。それを読んだとき、いま岡田先生が言われたのと同じことが書いてありました。ボーデルシュヴィングは「自分は牧師としてベーテルに行くのではない。ディアコニーとして行くのである」と。彼の言った言葉がそのまま引用してあるのです。彼は、てんかんの患者さんのためのディアコニーとして行くのであって、牧師としてではないのだと言っています。

岡田　父ボーデルシュヴィングはベーテルに神学校を創設しました。国立大学で神学を学ぶこと、国家が教会の牧師を養成するということに対し、彼は長いあいだ限界を感じていたのでしょう。国家に対しても客観的批判的な姿勢や視点を牧師や信徒が持つ必要性とともに、ディアコニアとミッションを関連づけて実践を行う現場の実情や切実な要請からベーテルに神学校を創ったのだと思います。このあたりをもっと深く学び取っていく必要があるでしょう。先ほど長沢道子先生がおっしゃったとおりです。

山本 この世のことと教会のことが分けられていることはよくわかりますね。先ほど向谷地悦子さんの話が中途になってしまいましたが、浦河教会での話をすると、この世の事柄がそのまま礼拝の中に持ち込まれているような気がします。

たとえば、天国の話をしたのです。そうしたら、Kさんが「おれも天国行けるのか？」って立ち上がって聞いてきたのです。私ははっきりと「Kさん。行けるぞ」と言いました。すると、安心して座ったんです。事情を聞いてみました。ある教会に泊めてもらったのですが、あとで何万円かの請求が教会のほうに来たそうです。調べてみたら、Kさんが夜中に出会い系に電話していたことがわかったのです。それでもうみんなから非難ごうごうだったそうです。そしてKさんも自分を責めているわけです。それで、礼拝中にそんな質問をしたのです。「いや、Kさんも天国行ける」と答えたのですが、それで彼は安心したわけです。この世のことが持ち込まれているというのは、そんな話ですが。

教会に求められるもの

向谷地 やはり弱い教会ですから、一人の牧師を招聘して来てもらうのが大変な時期もありました。元浦河教会と兼務ということが多く、無牧の時代もありました。でも、そんな時には教会をみんなで守るんだという意識がとても強いんですね。

浦河教会で大事にしているのはお葬式です。精神の病では突然死も少なくありません。ですから、お葬式の数は少なくありません。葬儀の中でその人が築いてきた人生の良いところをみんなで語り合います。葬儀が証しとなって、自分が死んだ時には絶対この教会でしたいと言われるのです。

難波　ある人が、「教会は何事もないときに、行けるところですね」と言いました。仕事があって、家庭も何とかなっている間は教会へ行けるけれど、失業したとか、子どもが非行に走ったとかになると、もう恥ずかしくて行けない、と。

長沢　本当はおかしいですよね。

難波　そうなの。でも、本当にそういう教会が多いから、今疲弊しているのでしょう。そういう価値観とか「祝される」を勘違いしている人が多い。

橋本　でも、教会というところは、心の安らぎが得られるから行くのではないのでしょうか。

難波　実際はそうなっていないでしょう。そう言ってはだめなのだけど。

長沢 そうなっている教会もありますね。

難波 今回、沖縄から、「沖縄に立つ合同教会をめざして」という、合同のとらえ直し関連に対する答申のブックレットが出ました。その中に「財政・教勢の拡大を最優先にしない教会の形成」というのがありました。練って練って出されたもので、こんなに話し合いを重ねて真実なものへといざなわれたのですね、と思いました。すごいことです。そう言えることは。

山本 教会員が社会事業を理解するとき、大きな誤解があるように感じるのです。教勢を上げるために、クリスチャンが増えるために社会事業をやっているという理解が強くあるように思います。でも実際にそれをしておられる方々はそんなことを全く念頭に置いていないでしょう。相手をクリスチャンにしようなどということを。だから、教勢が伸びることを第一にしている人にとっては、社会事業が余計なことになってしまいます。

難波 特定秘密保護法案が出たときに、それに対して反対の声をあげましょうと、私は東中国教区で訴えました。ずっと自衛隊のことや国のことなどに取り組んでいますが、「福音だけを語るのであって、社会的なことはやるべきではない」という人たちも強くて、拮抗しています。その人たちが言うのには、「それは教会でやることではない、社会に出てやりなさい」ということですね。そこのところがおかしいと私は思います。福音と社会活動は教会の両輪でなければならないと思うのですよね。

これまではなんとか議案が出せて、政府にもの申しますが、いつ状況がひっくり返るかということになっています。

岡田　以前山本光一先生の言われたことを思い出します。こうあらねばならないとか、こうすれば教会らしいのではないかとか、といった次元の話ではなく、イエス・キリストを信じて、お従いしていく。信じることと従うことを一つのこととして、キリストによって活かされ、ゆるされ、命と希望と信仰を与えられている存在として、この世で、家庭で、職場で、キリスト者としての使命と責任、人としての責任を果たしていく。義務としてではありません。

キリストから委託された使命に、責任をもってお応えしていく必要があると思っています。

難波　責任というよりも自然にそうせざるを得ないものなのでしょうね。内側から、こんな者が赦されていたという思いが湧き上がると、動かざるを得なくなります。人がどう言おうと。とりあえず私は動きますわ、というところもありますね。

山本　一九六七年、「第二次世界大戦下における日本基督教団の責任について」が当時の議長名で出されました。そこでは責任という言葉が非常に重要なものとして用いられていました。ちょうどそのころ私は高校一年生で、自覚的なクリスチャンの歩みを始めた時でした。それで、責任や応答という言葉を非常に重要なものとして考えてきました。そしてそれはそれで良かったと思っています。でも、イエス・キリストの福音に触れて、責任というよりも、もう少し自由で解放された動機というものがあるのではないかと思います。

難波　そうした戦責告白にしても、それは出さなければならない責任があるでしょう。

山本　やはり応答ですね。電話が鳴り続けているのに、受話器をとらないでいるのはつらいでしょう。そんな、鳴り続ける電話みたいなものを感じるのですね。

岡田　父ボーデルシュヴィングは責任感の強い人ではなかったか。しかし同時に、「責任とは、神と隣人に結びつけられることによってのみ与えられる人間の自由にほかならない」というボンヘッファーの言葉も思うのです。他者のためにとか義務感とかでなくて、そこにてんかんの子どもたちがいて、病気を抱えていて、いっしょにいる、というところからスタートしたのではないか。みんながみんな同じようなことはできないけれども、その違いは何なのだろう。自然にいっしょにいるということがどうしたらできるのか、と。

「神さま」という存在

山本　しかしというのもなんですが、正直なところ、「私の弟が病気にならなかったらなあ」といまだに思います。それは、この研究会の女性メンバーの方々が口をそろえてお連れ合いに不満を感じることがあったと言われたこととよく似ていると思います。私の場合は「神さま、どうして私にこんな経験をさせるのですか」と。そんな思いです。ですから皆さんのお話を聞いて、私はホッとしました。

難波　いや、私は実際のところ、難波紘一のことでも「くそったれ神さま！」と思っていましたからね。本当に。「何よ、神さま！」という感じです。つっかかっていく感じですね。どうしてこんなことになったのよ、と。

橋本　でも神さまは必要なのですよね。

難波　そうなんです。本当には離れなかった。つっかかりながら揺さぶって。そしてそこに用意されているものは平安でした。神からの平安は「世が与えるものとは異なる」と書かれていますからね。

橋本　それが神さまなんですよ。文句を言えるところが良いところなんですよ。

難波　それは本当に良かったと思います。ただ、興味深いことに、人が洗礼を受け、教会生活が平均何年続くかというと、三年だそうです。三年経つと、教会から去って行く人が多いそうです。統計的にそうだと最近聞きました。私は、まあ、「くそったれ神さま！」と思いながらも、とどまったので、答えをいただきました。

橋本 それはヨブの体験ですね。

難波 そうです。ヨブですね。

橋本 それはベーテルの人たちも体験しておられますね。伝記を読むと、それがわかります。「なにこの神さまの野郎」ですよ。「私がこれだけ尽くしたのに、こんな罰をくらって。なぜこんなかわいい子を障がいのままこの世に送ったのか」と、恨んでいる人がいっぱいいます。それを乗り越えさせてくれるのも、やはり神さまの力なのです。

難波 ちゃんと逃れる道を備えてくださって、ぎりぎりのところでも逃れてきて、ハッと気がついたら自分が何者であるかを気づかされる。そこまで神さまがちゃんと誘導しているんですね。

橋本 そうですね。『グリム童話』の中に「エバのふぞろいな子どもたち」というのがあります。今日的に考えれば差別的かもしれませんが、自分が腹を痛めて産んだ子どもで、顔の美しい頭のいい子たちと、顔がみすぼらしくて体の弱い子たちがいました。そこへ神さまがやって来るんですよ。子どもたちを祝福して職業を与えるためです。神さまが来るというので、親はみすぼらしい子たちを隠します。それで美しい子たちだけを出します。すると、神さまは、「この子は将来大臣になりなさい」、「この子は王さまになりなさい」、「この子は牧師になりなさい」……と言われるのです。母親は、ああこんなにうちの子にいい職業を与えてくださるなら、みすぼらしい子にも良い職業をくださるだろうと思って、神さまの前に出します。そうしたら、「おまえさんは魚屋さんになりなさい」、「おまえさんは農夫になりなさい」……と言われるのですね。母親は怒りだすわけです。「神さま、それは不平等だ。前の子は顔がいい、頭がいいといって、大臣にしたり学者にしたり。この子たちは……」と。すると、神さまは「世の中にはいろいろな人がいて、相互いに助け合うものです。世の中には一つとして無駄なものはないのです」と教えられるのです。学ぶために神さまはそうされることがあるのですね。

キリスト教にはちゃんとした神がいるわけですが、最近よく言われているのは、「日本人の心の中には本当に神さまがいるの?」ということです。「いや、仏教だって、神道だってあるじゃないか。神道の神さまって誰のことを言ってるの?」と言われて、答えが長くなることもあります。八百万《やおよろず》の神があるとか、と。

長沢　今のお話を聞いていて、三浦綾子さんの書いた『舌切り雀のクリスマス』という童話を思い出しました。とてもおもしろい童話です。日本の童話の「舌切り雀」は、いじわるなおばあさんと善良なおじいさんがいて、良いおじいさんは小判の入ったつづらをもらい、悪いおばあさんは大きなつづらをもらいますが、そこから悪いものが出てくるというものです。けれども、三浦綾子さんの書いたお話では、良いおじいさんのつづらからも、とても汚いものが出てくるのです。自分は善良で正しい人間と思っていたけれども、本当は非常に汚かったというわけです。日本人は、善人は善人、悪人は悪人と簡単に分けてしまいますが、聖書が伝えていることは、一見善人に見える人も、一見悪人に見える人も、みんな根っこは同じだというわけですね。三浦さんの童話は、人間について深い核心を伝える童話になっていると思いました。

橋本 三浦綾子さんはそうですすね。あの方の作品は本当に心を打たれます。

長沢 社会福祉のことを考えるときに、私がいつも思い出すのはブラザー・アンドリューという人のことです。マザー・テレサのところで男子修道会を創立した司祭です。自分のことをファーザーとは呼ばずに、ブラザーと呼んでいました。長沢巌が病気だったときに、ジャン・バニエさんも来てくださいましたが、このブラザー・アンドリューも訪ねてくださったのです。そして、ブラザーは、こう言って励ましてくださいました。「『やまばと学園』にはお金はないし、地位の高い人もいないけれども、思いやりや愛がある。それはすばらしいことだ」「幸せとは、お金があるとか権力があるとかいうことではない。人が助け合ったり思い合ったりしているところに幸せがあるのです。そのことを、大事にしていってほしい」と。

今、福祉の世界にはいろいろなものが入ってきていて、何かといえば、事業を拡大したり大きな建物を建てたり、立派になって活動を華々しくしていくことが評価される面があると思います。けれども、本当に大事なことは、施設に住んでいる一人一人や、施設で出会う一人一人が、お互いを思いやり、お互いに尊び合い、たとえけんかしてもゆるし合っていくことではないかと思うのです。そのことがとても大事で、それが人を孤独や自分中心の生き方から解放していくのではないでしょうか。そのことを神さまの恵みの中でやらせていただいているのが、キリスト教社会福祉事業であり、それは、多くの人々が祈ってくださっているおかげだと思います。

互いに伴走者となる

山本　時間が終わりに近づきましたが、向谷地さん、どうでしょうか。

向谷地　伴走者が大事だと言っていましたが、精神障がいを持つ人への関わりの場合、伴走者をしている人にも伴走者が必要だと思います。回復の過程には人との触れ合い、こすれ合いが大切で、順調にいかない時のほうが多いので、微妙に腹も立つことも出てきます。そこで、自分が問われてくるんですね。いま、べてるでは、自分の助け方のプログラムとして「当事者研究」をしています。自分のことを医療者や周囲に丸投げしないで自分の起きていることは何なのかと自分や仲間と解明し対処方法を編み出していくこの「当事者研究」はとても効果的だと思っています。Dr《ドクター》やNs《ナース》なども当事者で、専門職の当事者研究や家族の当事者研究も始まっています。

今の社会で障がいを持って生きるということは、本人も大変ですが、お父さんとお母さんも、それ以上に大変だったということです。いま山本先生の弟さんがべてるの家を利用していますが、家族的な関わり合いもとても大切です。けれども、家族以外の人の伴走も不可欠です。同じ体験をした人がそばにいたり、専門職がいたり、町の人がいたり、ドクターがいたりする中で、家族がいる。そこの微妙な距離感が大切になってくるのかなと思います。

山本　伴走していると腹が立つというのはよくわかります。どうして腹が立つのかがわかったような気がします。ありがとうございました。まだまだ話が尽きませんが、ここで終わらせていただきます。長時間お疲れさまでした。

（二〇一四年二月二十六日、富坂キリスト教センターにて）

ベーテルの歩みと今後の諸問題

宇都宮大学名誉教授　橋本　孝

ベーテルへの道

私が初めてベーテルの地を踏んだのが、二〇〇一年でした。最初の印象は、普通のところに来たという感じで、そこが障がいを持った人たちの施設とは全くわかりませんでした。ホテル・リンデンホーフはとても清潔で、部屋の広さも、こんなに広いのかと驚いたものです。さらにシャワー室の広さにまた驚き、車いすのまま入って行けるほど、ゆとりがありました。

チェックインをしてカギをもらっても、他のホテルと一つも変わるところがありませんでした。ただ荷物を運んでくれるポーターがいないことが他のホテルと違っていました。しかし、ドイツでも安いホテルではポーターはいないので、一つも苦になりませんでした。エレベーターのついていない棟の部屋だと階段を上るのは大変でした。部屋にはテレビも電話もあり、ベッドは清潔で、本当に綺麗で、枕の上にはチョコレートがおいてあり、他のホテルと何の変わりもありません。

ホテルのレストランは建物が違い、広い中庭を通って、向かいの建物にあり、ホテルの横には人と人の出会いを象徴する大きなリンデンバウム（菩提樹）があって、客を迎えてくれます。それ以来、何度もこのホテルに泊まるので、今ではここへ行くと、「やあ、お帰りなさい。また会えましたね」と微笑みが返ってきます。これまで私はここに何度来たのだろう、とつい振り返ってみると、二〇〇一年から毎年一～二回は行くので、わが家のような気がします。私が来る目的の多くは、資料を集めるためですが、ゆっくりと休むためでもあるのです。ここへ来ると心が癒されるように感じるのは私だけであろうか、とよく思います。

レストランの食事はどれを注文しても期待はずれのものはなく、ビーレフェルトの町中のレストランよりおいしく食べられ、周りが静かなのもたいへん有難いことです。

ベーテルの設立

ここベーテルにこのような施設ができたのは、一八六七年のことでした。当時はまだベーテルという名前はついていませんでした。ここはドイツ人のルーツともいわれるトイトブルクの森の斜面にあり、昔、トイトブルクの森ではゲルマン人のヘルマン・ヘルスカーがいて、ローマ人たちを討ち果たし、ゲルマン人が勝利を収めたので、ドイツ人たちにとっては誇りの場所なのです。

ヘルスカーというのはゲルマン人の先祖で、いろいろなゲルマンの種族を総称する名前で、彼らは、ヴェーザー川上部地区から東ヴェストファーレンやニーダーザクセンからエルベ川までの地区に住ん

ベーテル全景

でいました。

一八六七年の少し前に、てんかんの病の治療法が発見されました。そこで、福音主義教会が主導権をとって、てんかんの患者さんを救うべく、てんかんの療養所をつくる運動がヨーロッパ各地で起き、それが燎原の火のようにヨーロッパ中に広がっていきました。そしてそれにふさわしい土地を見つけるために、多くの人々が尽力していました。てんかんという病は昔からあり、発作が起きると、かつては施しようがなく、神に祈るか、その程度によってどこかに閉じこめるか、完全に隔離してしまうか、そんな方法しかありませんでした。

一八二六年、臭素が発見されました。フランスの化学者でアントワーヌ・ジェローム・バラール（Antoine Jérôme Balard 一八〇二〜一八七六年）が発見し、それを科学アカデミーへ報告しました。でも本当は、それより二年も前にドイツの化学者ユストゥス・フォン・リービッヒ（Justus von Liebig 一八〇三〜一八七三年）がそれを発見していたのでした。この臭素から臭化カリュウムができ、これを飲ませると、発作や性欲を抑えられることがわかったのです。しかし、これは毒性が強く、死に至ることもあり、今日では使われることがなくなっていますが、当時はそれしかありませんでした。

一八五七年に臭化ナトリウムでの治療が始まると、ヨーロッパ中で、発作の起きる病を患っている人々のために施療院が設立されていきました。一八六五年にライン＝ヴェストファーレンのキリスト教社会事業団（Innere Mission）が、てんかんの患者のための施設を計画し、一八六七年になってビーレフェルト市郊外の古い農家の屋敷を購入し、ここに後のベーテルの核となる施設ができたのです。

それから五年後、一八七二年、フリートリッヒ・フォン・ボーデルシュヴィング牧師がベーテルに来て、ベーテルは大きく発展していくことになります。

フリートリッヒ・フォン・ボーデルシュヴィングの生い立ち

フリートリッヒ・フォン・ボーデルシュヴィング（Friedrich von Bodelschwingh 一八三一〜一九一〇年）はヴェストファーレンの貴族で、その先祖は将校やプロイセン王国の要職に就いていました。彼の父エルンスト・フォン・ボーデルシュヴィングもこの伯爵領の城主として地区の議員となり、その六男としてフリートリッヒがテクレンブルクに生まれました。やがて父はプロイセン王国の財務大臣を務めることになり、ベルリンに一家は引っ越し、そこで、フリートリッヒは後にわずか九十九日の皇帝と言われるフリートリッヒ三世（Friedrich Wilhelm Nikolaus Karl von Preußen 一八三一〜一八八八年）の遊び友だちとなったのです。

アビトゥーア（高校卒業〔大学入学〕資格試験）を終えると、フリートリッヒは鉱山労働者になろうとしましたが、自分の生まれたテクレンブルクの伯爵領とそこにある広大な農地を思うと、農業管理者となるのが賢明であると考え、農学を勉強し、その実習のためグラメンツへ行きました。冬のある日のこと、フリートリッヒが農場の小作人の家の前を通ると、ドアが開いていました。入ってみると、二人の子どもが、死んだ母親のそばで寝ていたのです。「父親は？」と尋ねると、どこへ行ったかわからないというので、八方尽くしてその子たちの父親を見つけ、子どもに何か食べさせるようにと小遣いをやると、父親はそのお金で、また酒をあおったのです。こんな人には仕事を与えなければいけない、とフリートリッヒは思いました。このアルコール依存に侵された小作人の一家の悲劇を目の当たりにして、「施しよりも仕事を」を体験したのです。

このようなことがきっかけで、この世の中の不幸を知り、牧師となることを決意し、バーゼル大学、エアランゲン大学、ミュンスター大学で神学を学びました。

牧師となって最初についた場所はパリのラ・ヴィレットで、そこは、ドイツとりわけヘッセン州から生活に困って移住してきた人々が住んでいて、人生の吹きだまりのようなところでした。いわゆるスラム街になっていたのです。もちろん教会もありません。フリートリッヒはこの貧しい人々のために教会を建てるべく、自分の故郷や父の知人を訪ね、お金を集めに奔走しました。その時、お金を集める苦労とそのノウハウを知ったのです。

やがて丘の上に教会ができ、そこで初めての説教をしたり、日曜学校を開設したりしました。その間に彼はイーダと結婚をしましたが、妻はお産の影響で体を壊し、医者の勧めで、一家はドイツに帰ることになります。

帰った場所はフリートリッヒの生まれ故郷のヴェストファーレン州のルーア川沿いにある小さな村

デルヴィッヒでした。一八六九年はフリートリッヒたちにとって最悪の年でした。単純な風邪かと思っていた病で、わずか二週間のうちに四人の幼子を亡くしてしまったのです。その風邪は、じつはジフテリアでした。子どもたちのゼーゼーと吐く息は、いたたまれないほどつらいものでした。まさに、彼らにとってヨブの体験でした。妻の髪は真っ白になり、彼は神を恨みます。

その時初めて、自分より不幸な人々が周りにもたくさんいることに気がつき、「ああ、神さまはこのことを私に教えてくださるために、わが子を召されたのだ。私のすることはまだたくさんある。私はそのためにこの世に残されたのだ。これからは神さまのご意思に従って生きていこう。そうすれば子どもたちの死にも無駄はないでありましょう」と、前向きに神に仕える仕事をすることを決心したのです。

ビーレフェルトへ着任

そんな時、ビーレフェルト市から、「神さまが枕もとに立ち、ボーデルシュヴィングをここへ」という夢を見たというジーモン牧師がやって来て、てんかんの患者の施設へ来てほしい、とフリートリッヒに要請しました。

そこで、フリートリッヒは、その五年前にできたばかりの施設の職を引き受けることにしたのでした。一八七二年、意を決し、ここに赴任すると、彼はさっそくビーレフェルトの町中にあった社会奉仕団（ディアコニー）をてんかんの施設の近くに移し、一八七四年にこの地を、聖書の中にある言葉から「ベーテル（神の家）」と名づけました。彼はたくましく、頑固に、猛烈な行動力を発揮して、この地に次々と施設を建てていきました。彼はカリスマ的な存在で、率先してつるはしやシャベルを握り、土を運び、泥まみれになって働いたのです。でも彼の視点は常に弱い人たちの目線の上に立っていました。そして「障がいのある人は私の教師である」と感謝しつつ、全身全霊をベーテルの建設に注ぎました。これこそが、慈悲の心を持った人と言われるゆえんです。

仕事、仕事、仕事

ビーレフェルトで仕事を始めると、ボーデルシュヴィングたちに大きな喜びが戻ってきました。四人の子どもが次々と生まれたからです。それも前と同じ構成でした。一番目が男の子、二番目も男の子、三番目は女の子、四番目が男の子だったのです。二人は「神さまが、亡くなった子どもたちを返してくださった」と感謝し喜びました。この子たちは後に父の遺志を継ぎ、男の子はみな牧師となり、一番末のフリッツは父の後継者となって、その遺志を継ぎ、ベーテルを守り抜いたのです。三番目の娘は女性社会奉仕団に入り、弟のフリッツを支え、同じようにベーテルを守りました。

フリートリッヒ・フォン・ボーデルシュヴィングは、毎年のように新しい建物を建てていきました。もちろんお金がかかるので、自らみんなとともに汗を流し、働きながら、あいかわらず寄付のお金を集めに奔走しました。お金集めの苦労はパリで十分知っていたので、ベーテルでも同じようにして、寄付を集めます。フリートリッヒの寄付集めの才能は天才的でした。

そして、フリートリッヒはペニッヒ財団（日本風にいうと一円基金財団）を設立しました。一人でも多くの人に少しずつ寄付を募ることで、多くの人がベーテルを支えるというのが彼の願いでした。これは一時的な寄付でなく、時代を超え、場所を越えて続くと考えたのです。ベーテルが今日でもあるのは、この理念が今も生きているからではないでしょうか。

やがて、ベーテルのシンボルでもあるシオン教会が完成します。その落成式には幼友だちであったあの皇太子、今は皇帝となったフリートリッヒ三世が、妻を連れ、ベルリンから駆けつけてくれました。ボーデルシュヴィングはどんなに喜んだことでしょう。

施しよりも仕事を

同時にフリートリッヒは、ここに住む人たちに働くことを奨励し、ベーテルで仕事の機会を増やすことに、心血を注ぎました。やがて、ベーテルにはてんかんの患者だけでなく、すべての障がいを被った人々がやって来るようになりました。精神病に悩む人たちやあらゆる心の病に苦しんでいる人がやって来たのです。ベーテルはこれらの人をやさしく引き受け、「どんな人間にも才能があり、それを伸ばすのが、ベーテルの役目だ」と言って、皆を迎え入れました。人間はやろうと思えば何でもやれる、「私の辞書には『不可能』という文字はない」とフリートリッヒは常に言い、「逆に、このような人たちからは、私は学ぶばかりだ」と感謝しました。

彼は大手企業や中小企業と結んで、その企業の下請けとして、ベーテルで作業をするようにしました。幸いにもこのベーテルにあるヴェストファーレン・リッペ地区にはファミリー企業が多く、そのファミリーと話がまとまると、すぐ実行されたのです。

さらにフリートリッヒは人間の尊厳を保つには「自分の家か自分の部屋」が必要であると考え、持ち家制度の導入を行いました。そして、ベーテルに建築資金のための「ベーテル住宅貯蓄金庫」（一八八五年）を設立し、その後、一九〇八年にはベーテル貨幣[1]を導入しました。まるで一つの独立国のようにしたのです。これには彼の幼友だちであったプロイセン王の計らいもあり、彼自身プロイセンの議員にもなり、議会で大演説を行い、ベーテルに老人ホームを設立させ、さらに「ホームレス保護法」まで制定させました。それによってベーテルにもホームレスの施設ができます。また「路上の兄弟」をつくることは国が貧しい証拠であると説いたのでした。さらにアルコール依存症の人たちの収容施設も完成していきます。

これらの施設ができたのが、まさにあのビスマルクの時代だったことを私たちは知っておかないといけません。ビスマルクが労働問題でも先を読んで、社会福祉政策を進めたことは有名ですが、その背景にはフリートリッヒ・フォン・ボーデルシュヴィングのような慈悲のある素晴らしい人がいたからです。

フリートリッヒにはまだ夢がありました。それは神学大学を創ることでした。後継者を養成する必要があったからです。一九〇五年に念願の神学校がベーテルに開校されました。これで、立派な後継者ができるとフリートリッヒは喜びました。

振り返ってみると、一八七一年パリ・コミューンが崩壊し、ビスマルクの率いるプロイセン軍がパリを包囲し、ベルサイユ宮殿で戴冠式が行われ、ドイツ統一が実現しました。この時、ボーデルシュヴィングがビーレフェルトに来て、てんかん施設の充実に力を注いだことはすでに見てきたとおりですが、その後のドイツの社会情勢はどのようであったでしょうか。ベーテルでは、次々と建物が建設されている間、統一したドイツも経済発展のために設備投資が行われました。

フリートリッヒ三世が亡くなり、次のヴィルヘルム二世が皇帝になると、ビスマルクは更迭され、ヴィルヘルム二世の時代となりました。しばらくの間、ドイツは表面上平和な時代が続き、多くの会社が泡沫のように設立されていきました。けれども、労働者たちは低賃金に悩み、労働運動が水面下で起きていましたが、だんだんと前面に出てきます。企業は生産の増大のみを図り、このころから環境汚染の問題が意識されるようになりました。

新しい時代の始まり

一九一〇年、フリートリッヒ・フォン・ボーデルシュヴィングが息を引き取ると、ビーレフェルトにあるすべての教会の鐘が悲しく響きわたりました。ただちに三男のフリートリッヒ・フォン・ボーデルシュヴィング（Friedrich von Bodelschwingh 一八七七〜一九四六年）がベーテルの第三代の施設長に任命されました。父と同じ名前なので、皆は父と区別するために「フリッツ」と親しみを持って呼びました。

第一次世界大戦

一九一四年、第一次世界大戦が勃発。ドイツ軍はベルギーへと侵攻し、激しい戦闘が繰り広げられました。

その戦争の前、四年間にベーテルでは重度の障がいを被った人々のための病院と施設が次々で建設され、ギレアド[2]と名づけられました。さらに急性患者や長期間滞在することの施設も完備しました。ここでは特に女性奉仕団員が働きました。「神を敬う、シスターの教育、病気を防ぐ」がこの奉仕団のモットーでした。

しかし、戦争が始まると、ベーテルは野戦病院のようになりました。負傷兵を西部戦線から運ぶには、ベーテルが近くて、一番安全な場所だったからです。そこで、毎日、負傷者たちがベーテルに担ぎ込まれました。一九一四年から一九一八年の第一次世界大戦中、ベーテルには三十もの野戦病院ができ、二千のベッドが用意されました。しかし、三万人を超える負傷兵がここに収容され、ベッドは足りませんでした。ベーテルには仮設の小屋やテントが張られ、医者や看護人たちは、寝る暇もなく、昼夜、過酷な仕事に耐えたのです。

戦争が始まると、ドイツの若者は一攫千金を夢見て戦場へ赴きました。しかし戦争なんて、格好いいものではありません。レマルクが戦後に書いた『西部戦線異状なし』はそのことを描き、多くに人の心をとらえました。

たくさんの人が砲弾で死に、傷つき、食べるものもなくなり、飢え死にし、町は崩壊し、人々の心はすさぶだけでした。戦争が終わるとベルサイユ条約によって、ドイツには過酷な戦後賠償だけが残りました。ドイツはその大きな負担の中で喘いだのです。

ベーテルには負傷兵が続々と運び込まれました。やがてドイツは敗戦し、多くのものを失い、ドイツ帝国も崩壊してしまいました。その後できたのが、いわゆるワイマール共和国です。この共和国には、ベルサイユ条約によって過酷な賠償金が課せられ、失業者が街にあふれ、深刻なインフレで、物価は上がり、天文学的な数字になっていきました。しかし一方で、競輪やボクシング、ジャズやチャールストンダンス、無声映画がトーキー映画にかわり、映画がもてはやされました。ドイツでは「カリガリ博士」の映画が製作され、世界的ヒットをとばし、ジョセフィン・ベーカーがヨーロッパで大人気を博し、チャプリン映画が一世を風靡することになります。絵画や文学の領域では表現主義の作品がもてはやされ、いわゆる黄金の二〇年代が来ます。しかし、ドイツは政治的、経済的には不安定で、常に政権交代が行われ、人々の懐は暖かくなるどころか、貧困に苦しみます。

そんな時代に、ベーテルの仕事は増え続け、施設は拡大されていきました。それは、なぜなのか。戦争が終わると、息子のフリッツ・フォン・ボーデルシュヴィングはただちに「Aufwärts（立ち上がれ）」というキリスト教新聞（一九一九～一九三四年まで）を発行し、キリストの教えを説き、窮境を訴え、それによって、世界中の福音主義教会とその信者たちやその他多くの支持者が、ベーテルを救えと立ち上がったからです。

やがて、ボーデルシュヴィングたちはドイツ福音主義教会総会の開催を提唱し、一九二一年六月十四日に、第一回大会をベーテルで開催することになります。翌年からはこれを契機に多くの人々が世界中からベーテルを訪ねて来るようになりました。多くの寄付が集まり、ベーテルは新しい家屋と施設を増設し、五千を超える働く場所を提供しました。さらにボーデルシュヴィングは、「健康な子どもたちにも門戸を開けよう」とベーテル共同体を提唱し、各種の学校を設立し、多くの出版物を刊行したのです。

「伝道報告」月刊九千五百部、「Aufwärts（立ち上がれ）」日刊九千五百部、「Bete-El（ベーテルの祈り）」月刊一万七百部、「暗闇の中の光」月刊一万七千部、その子ども版が月刊三万部、「私たちの目標」週刊四万四千五百部、「心と家庭のために」週刊六万九千部、その子ども版が週刊二十一万五千部、「ウェストファーリア日曜新聞」週刊三万八千部、「ベーテルの通信」季刊五十万部でした。学校も次々と設立され、ヘルマンスハイデでは、仕事のない若者たちへ援助をする訓練施設もできたのです。

今日では三十を超すいろいろな種類の学校があります。ギムナジウム、実科学校、職業学校、特別教育学校、さらに能力を育成する学校、一般の小学校、幼稚園などがあり、また父フリートリッヒ・フォン・ボーデルシュヴィングがすでに設立した神学大学もあります。「逆行の時代にそれに見合う援助をすること」が、ベーテルのモットーとなりました。でも、決して金銭的な援助をするのではなく、父ボーデルシュヴィングのモットーであった「施しよりも仕事を」するチャンスを与えることでした。フリッツはそれを忠実に守ったのです。

しかし、ドイツの一般的な経済状況は、相変わらず改善されず、一九一四年の第一次世界大戦勃発の時に三十二ペニッヒだった一キログラムのライ麦パン一個が一九二三年七月には一万倍になり、五か月後の十二月にはなんと三百九十九億マルクになりました。切手などは料金の印刷が間に合わなくなり、判を押して料金を示すほどの未曾有のインフレに見舞われたのです。しかも、それが長引き、政権は次々に交代し、失業者は年とともに増え、人々の間に不満が増大していきました。

今こそドイツをリードしてくれる強い人が必要であり、多くの人たちはそれを切望しました。一九二九年、ニューヨークのウォール街で起きた株の暴落は、社会経済を揺るがすことになり、町は失業者であふれました。共和制のドイツ政府はなすすべがありませんでした。そんな中でヒトラーが首班指名を受け、内閣を組織すると、ナチ党〔国家社会主義ドイツ労働党（ＮＳＤＡＰ）〕が台頭するのです。

ヒトラーの台頭と第二次世界大戦

ヒトラーが首班に指名されたときは、まだナチ党は議会で多数派ではあったが、過半数には達していませんでした。そこで、ヒトラーは政権につくや、野党の弱体化をみると、即座に議会を解散し、選挙を行います。これによって圧倒的多数のナチ党員を増やし、憲法の改正を含み、すべてを思いどおりにできる法改正を行ったのです。やがてあの悪名高いニュールンベルク法が制定され、人種差別、障がい者の安楽死政策が実施されることになります。

ヒトラーはキリスト教を味方につけるため、まず積極的キリスト教主義を唱えました。その内容は、キリストはアーリア人であったという仮説です。それによって人種差別が起きたのです。さらにヒトラーは三本の矢を放ちます。アウトーバーンの建設（雇用の促進）とフォルクスヴァーゲン（格安の大衆車の製造によって、購買力を増やし個人所得の増進を図った）、そして当時たいへん貴重だったラジオを各戸に一台ずつ備えさせました（それは、放送局を支配し、ヒトラーの宣伝をして洗脳するため）。

積極的キリスト教主義で多くの人たちは、ドイツこそは真のキリスト教国になると思いました。こうしてナチの傀儡のドイツ・キリスト者（ＤＣ）が結成され、さらにナチの絶対多数による単独政権が実現すると、教会法が改正され、ドイツ帝国福音主義教会がドイツの福音主義教会をすべて従属させることになったのです。そこでヒトラーは各地の福音主義教会から帝国監督を選出させようとしました。この時、福音主義教会の三者委員会ができ、ベーテルにあるシオン教区のフリッツ・フォン・ボーデルシュヴィングを候補としました。

当時ドイツには次のような有力な福音主義教会の団体がありました。ドイツ福音主義教会同盟（ＤＥＢ）と福音主義最高宗務会議（ＥＯＫ、時にはＥＯとも言われる。ベルリンを本部としていた）、地区監督（Landesbischof）で福音主義・ルター派ハノーファー地区教会です。それぞれ代表はヘルマン・カプラー（Hermann Kapler 一八六七～一九四一年）とヘルマン・アルベルト・ヘッセ（Hermann Albert Hesse 一八七七～一九五七年）、アウグスト・マールアーレンス（August Marahrens 一八七五～一九五〇年）で、この三者が集い、ヒトラーのドイツ・キリスト者に対抗するために三者委員会を結成したのです。ヒトラーの提唱する傀儡福音主義教会であるドイツ・キリスト者は積極的福音主義教会とか正宗キリスト教とも言われました。

三者委員会はフリッツ・フォン・ボーデルシュヴィングを候補に立て、ヒトラーの推すルートヴィッヒ・ミュラー（Johann Heinrich Ludwig Müller 一八三三〜一九四五年）と争って、勝利し、ベーテルのフリッツ・フォン・ボーデルシュヴィングが初代の監督となりました。一九三三年五月二十七日のことです。ところが、ナチの妨害がひどく、わずか一か月、すなわち六月には監督の職を退くことになります。すると同年九月二十七日にはミュラーが帝国監督に任命されたのです。

一九三四年、ヒトラーのこのような教会改変に反対して、ドイツ告白教会（Bekennende Kirche）が結成されました。この結成に指導的な役をしたのがカール・バルト（Karl Barth 一八八六〜一九六八年、スイスの福音主義・改革派神学者）でした。彼を支えたのがトーマス・ブライト（Thomas Breit 一八八〇〜一九六六年、ルター派神学者）とハンス・アスムッセン（Hans Asmussen 一八九八〜一九六八年、ルター派神学者）でした。

一九三四年五月二十九日から三十一日までヴッパータール市のバルメン地区にあるゲマルケ教会で告白教会会議が開催され、六項目にわたるバルメン神学宣言[3]がなされました。これがナチのドイツ・キリスト者に対する反対声明であったのです。

ベーテルはルター派の福音主義教会です。それを基盤にフォン・ボーデルシュヴィング医療・福祉施設ベーテル（今日ではフォン・ボーデルシュヴィング財団となっている）は成り立っています。

さらに、フリッツ牧師は幼いころから父のやることを細かく観察し、父の信念を心から受け継いでいました。それがあったからこそ、第二次世界大戦の苦難を耐え、闘うことができたのです。

ナチはニュールンベルク法が制定され、安楽死政策が実行されようとすると、その前に、障がい者にどれほどの国家予算が使われているかのプロパガンダを開始しました。それは例えば一人の障がい者にかかる費用で六人の健常者が養われるとか、障がい者は国家非常時に何らの利益をもたらさないというものでした。それも統計と絵入りで宣伝しました。しかし、フリッツ牧師やベルリンの郊外にあるベーテルの施設の一つであるホフヌングスタールのロベタール施設長であったブラウネ牧師（Paul Gerhard Braune 一八八七〜一九五四年）はこれに敢然として反対したのでした。

その時、ブラウネ牧師逮捕のニュースがいち早くベーテルに知らされました。ベーテルでは心配の日々が続き、シオン教会では連日ブラウネ牧師の一日も早い釈放を祈りました。

「ブラウネ牧師の逮捕は国家の恐ろしい犯罪です。他の教会の人たちに知らせましょう。それにしてもみんなは口を開きませんね」とベーテルの医者のドクター・ヤスペルゼンはフリッツ・フォン・ボーデルシュヴィング牧師に言います。するとフリッツ牧師は、「福音主義教会はこんなご時勢ではそんなに簡単ではありませんよ。ヤスペルゼン君。それに忘れてはなりませんぞ。かなりの教会はナチの味方ですからね。周りをちょっと見てごらんなさい、どれだけ多くの牧師や奉仕員たちがドイツ・キリスト者（DC）のメンバーかすぐわかりますよ。彼らは自らを『神の突撃隊員』と思い、公然と褐色の突撃隊のユニフォームを着ていますよ」と言いました。

カトリック教会も安楽死政策に立ち上がる

そこで、ドクター・ヤスペルゼンとフリッツ牧師は、ウェストファーリアの町ミュンスターにあるカトリック教会の司祭クレメンス・アウグスト・グラーフ・フォン・ガーレン[4]を訪ね、ひそかに行われている病人の殺害の現状を報告します。ガーレン司祭は初めは尻込みしました。フリッツ牧師はがっかりして帰宅します。ところが、その後カトリックの施設でも患者たちが連行されていったというニュースが入ると、ガーレン司祭はきっぱりとナチに抵抗することを決心し、一九四一年八月三日、ミュンスターのゴシックの建築様式で知られるランベルティ教会で熱烈な説教を行い、病人の殺害という犯罪行為を弾劾したのです。この説教は一週間もするとミュンスターのすべての教会に知れわたりました。これによってカトリック教会も敢然と立ち上がったのです。

フリッツ牧師は、しかし自分では説教台から信者たちにはひと言も抗議の説教をしませんでした。もし自分がそんなことをしたら、ヒトラーは一層極秘に〝役に立たない人々〟の殺害を実行するだろうと考え、ガーレン司祭の説教の後でも、エルンスト・ヴィルム牧師[5]のことを思い起こしていました。エルンスト・ヴィルムはベーテルの牧師ヘルマン・ヴィルムの息子で、ベーテルとは関係が深かったのです。彼は数奇な運命を担ったけれども、結局は正しい道を歩み、多くの病人たちのためにその過酷な年月を耐え忍んだと自らも回顧しています。

一九四〇年六月十五日、すべての患者や障がい者の状況を調査する悪名高い「申告書」がベーテルに届きました。フリッツ牧師は彼の女性秘書を通じて、ベーテルの医長たちを呼び集めましたが、やって来たのはドクター・カールステン・ヤスペルゼンと、フランスの戦線から戻っていなかったドクター・ショルシュの代理人ドクター・アルノルト・ディッケルでした。

フリッツ牧師は二人の医者にその書面を見せ、「この申告書に答えるには、私の信仰が許しません。

お二人は私と同じお考えでしょうか」と尋ねました。二人の医者は互いに顔を見合わせ、同時にうなずき、「まったく同感です。フリッツ牧師。この申告書に書いてはなりません」と答えました。そこでヤスペルゼンは、「私は、党の官房長で総統の秘書であるマルティン・ボルマンに手紙を書きました。これがその草稿です」と言って、フリッツ牧師に見せました。牧師はそれを読み、「これを送付していいでしょうか」とヤスペルゼンは尋ねました。「もちろんです。私たちはあらゆることを試みましょう。党官房長のボルマンが私たちを助けてくれるなら、それは結構なことです」とフリッツは答えます。この手紙は発送されましたが、何の返事もありませんでした。

フリッツ牧師は理事会を招集し、この申告書は書かないということで全員の了解を取りました。ところが、業を煮やしたヒトラーは、この申告書を提出しなかった施設には、ナチ党員の医者から成る調査団を派遣し、自分たちで調査を開始しました。ベーテルでは、現場にいた医師や女医たちが共に打ち合わせて、病歴を改ざんし、すべての病人がより健康であるようにしました。それによってナチの調査団には「生きるに値しない」とは言えないようにしたのです。さらに、危険な患者は一時帰宅させたり、老人ホームへ移したりしました。

そのあとも、フリッツ牧師は患者の立場に立ち、何通も政府当局へ手紙を送ったり、ベルリンのナチの当局まで赴いたりして抗議をします。しかし、それらはことごとく無視されるだけでした。「私はベルリンから戻って来て、ベーテルの入り口で可愛い住人たちの挨拶を受けると、わが家に戻った気持ちになるのです。そこで、よく思うのですが、ここの人たちはただ脳の機能がうまく働かないだけですが、ベルリンの人たちは心がおかしくなっていますよ。そのほうがはるかに悪いのです。」

フリッツ牧師は、ナチからの書類には一切サインをしませんでした。やがて、ヒトラーの侍医のブラント教授が調査団とともにやって来ました。そこで、フリッツは「どんな人間でも意思の疎通のできない人はいない」ことを証明したのです。

こうして、ベーテルは耐えに耐えて、安楽死政策を回避しました。ナチはフリッツ牧師を逮捕することができませんでした。理由は、短期であったにせよ初代福音主義の監督であったからです。そしてもしフリッツ牧師が逮捕されたら、それはすべてのドイツの福音主義教会を敵にすることを意味していたからです。

そうこうするうちに、バチカンを中心にカトリック教会も立ち上がりました。こうなるとヒトラーは安楽死政策の実行をひとまずやめることを決心せざるを得なくなりました。その後、安楽死政策の実施は戦争が終わるまで見送られました。これでベーテルは救われたのです。

第二次世界大戦後の処理

戦後のベーテルは、初めのうち世界中からナチと一体化したものと見られ、どこからも救いの手が来ませんでした。戦争が終わると、外地にいたドイツ人たちが追われて、ある者は追放者として、またある者は避難民として、着の身着のままで、飢えに苦しみながら、祖国に帰って来ました。しかし、彼らが見たのは焦土と化した祖国で、寝るところも仕事もなく、路頭に迷うばかりでした。そんな時、ベーテルに行けば仕事があるという話が伝わり、多くの人たちがベーテルにやって来ました。

ベーテルには住む場所もなくなるほどにそのような人たちでいっぱいになりました。もちろんベーテルも空爆を受けていたので、寝るところすら十分ではありませんでした。しかし、フリッツ牧師はテントを用意して、これらの人々をやさしく迎えたのでした。またもやベーテルは難民収容所のようになったのです。

しかし、この追放者や避難民の中には大工や左官、屋根ふき職人などがたくさんいて、彼らは喜んで再建に協力しました。朝早くから、トッチン、カッチンと槌の音が響きました。ベーテルは活気づき、ベーテルは食事時には煮物の匂いで満ち、人々の笑い声が絶えませんでした。フリッツ牧師は自分の分け前をそっととると、重い障がいのある人たちのところへそれを運びました。

このことが知れわたると、アメリカから援助の手が差し伸べられたのです。それは、鉄鋼王と言われるアンドリュー・カーネギー財団からの申し出でした。「百万ドルの寄付をしたい」という内容でした。すると、フリッツ牧師は、「この百万ドルの寄付は嬉しく、本当にありがたいことです。しかし、ベーテルは世界中の多くの人たちの、貧しい人々の善意から成り立ってきました。その人たちの一ペニヒを大切にしたいのです」と言って、丁寧に辞退するのでした。それは彼の父フリートリッヒ・フォン・ボーデルシュヴィングの信念でもあり、息子のフリッツはそれを貫いたのです。このことが知られると、世界中の名もない人たちからの寄付が届くようになりました。そして年を追うごとにその金額は増大していきました。今日では、日本円にして六十億を超える寄付が寄せられています。

こうして、ベーテルは見事に復興していきました。

今後の諸問題

戦後、ドイツ連邦共和国の大統領や首相が新しくなると、必ずベーテルを訪問します。シオン教会の落成式の時にプロイセンの皇帝がお祝いに駆けつけたことに端を発した伝統が復活したのです。今年（二〇一四年）二月には、ガウク大統領が公式訪問をしました。

戦後復興した後もベーテルは次々と施設を増築していきました。食料品店、書店、靴店、ケーキ屋、パン屋、ブティック、古き再生品の店など、生活に欠かせない店の充実が図られました。

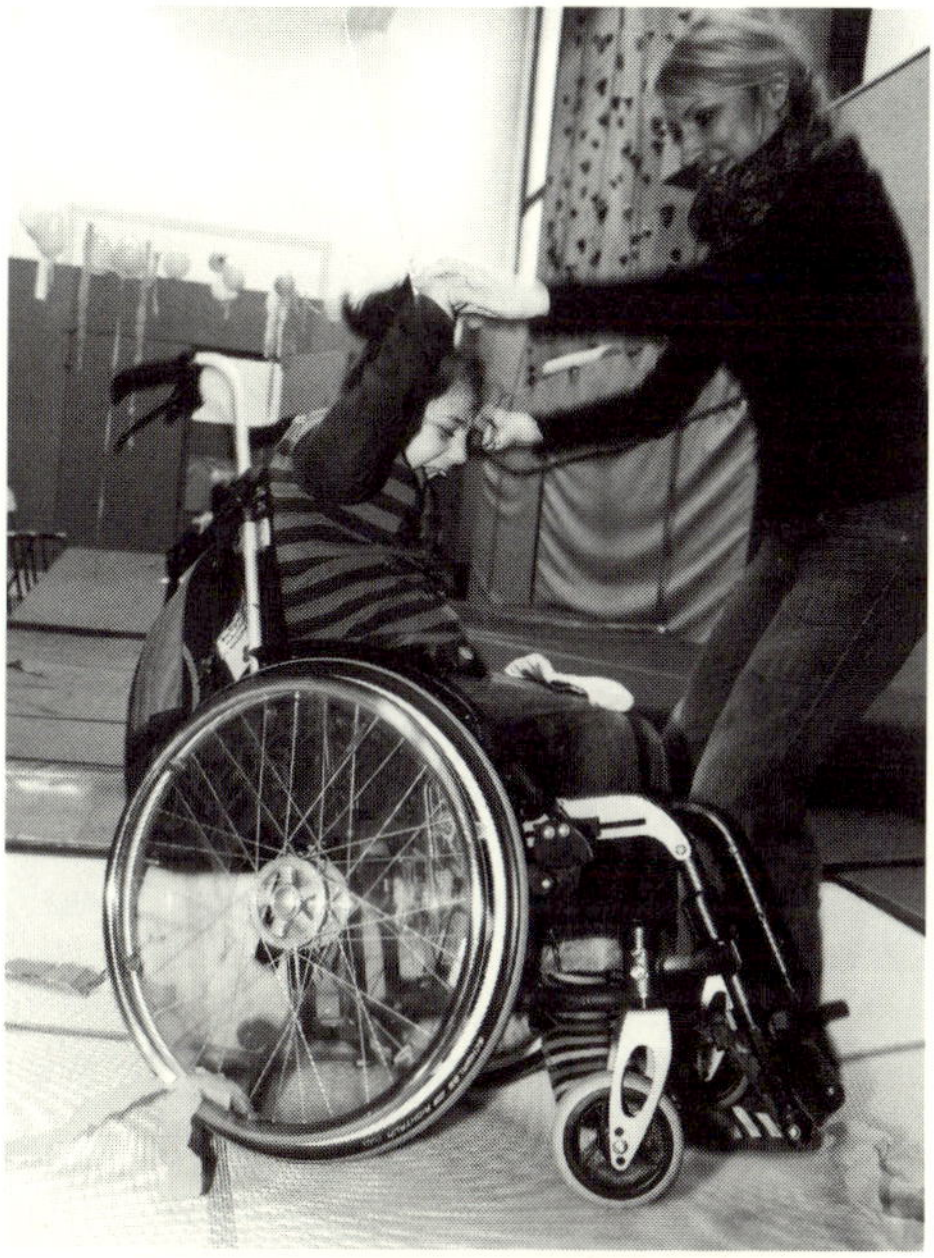

車椅子の子を優しく指導する先生。
その一体感が素敵です。

さらに、さまざまなワークショップや学会、研究会の立派な集会所も完成し、舞台やコンサートホールなども完備しました。リュッダの家には立派なアトリエができ、そこでは絵画や彫刻、陶芸などもできます。また老人のホスピスや子どもホスピスまで完成しました。

二〇一七年になると、ベーテルは百五十周年という節目を迎えます。それに向かってベーテルの大改造が行われる予定です。

すでに着工されています。道路や建物の整備など、ベーテル新都市計画です。今は地図を見ないと、どこに何があるかわからないほど詰まっています。それにあの広い土地も今では狭くなってしまいました。以前のようにここに住むことができず、通いの人が増えたと言われています。

また、物価高がベーテルにも影響を与えています。中国製のものが安いので、ベーテルの製品が売れなくなり、これも大きな悩みの種です。

最近の政策として、「持ち家をその患者の生まれ故郷へ」というものがあります。これも実施されているとはいえ、多くの問題を含んでいます。

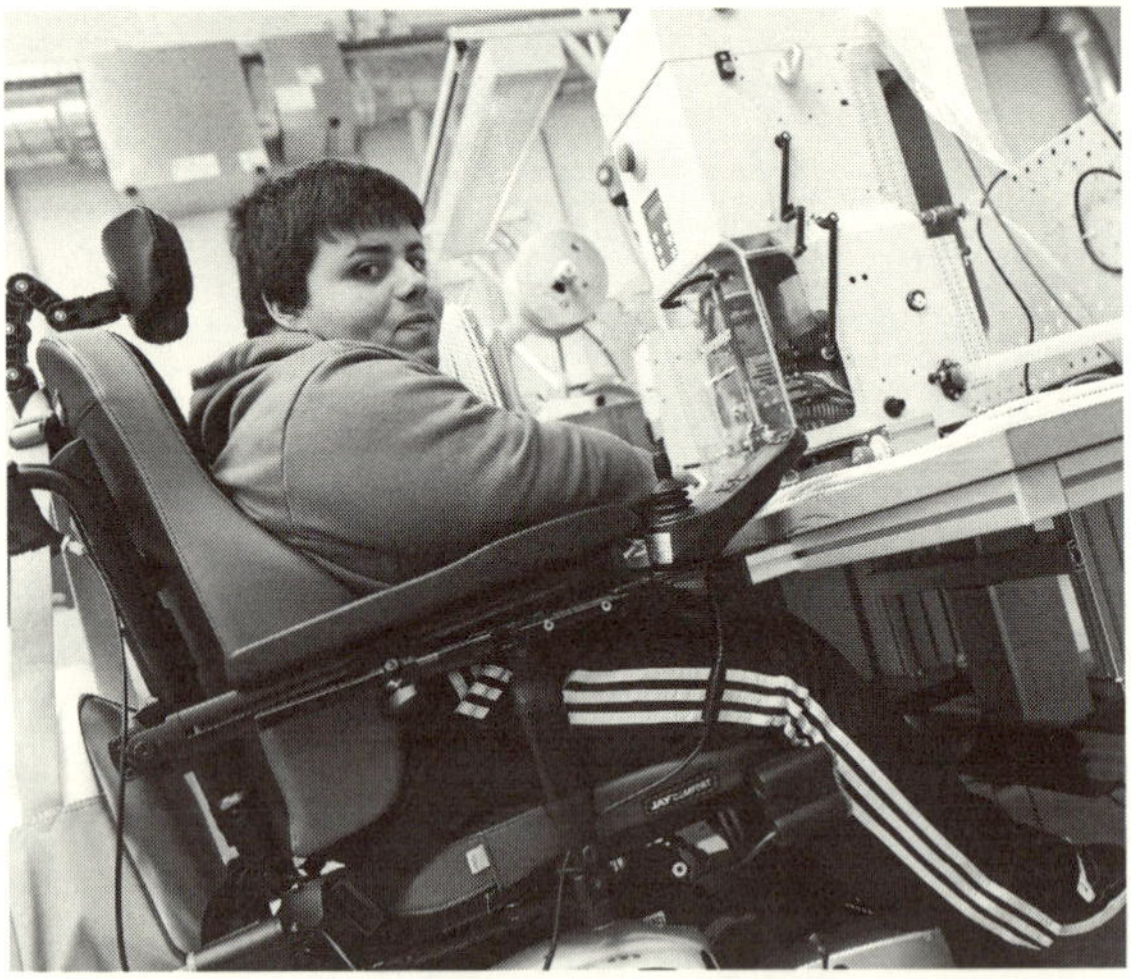

機械を使ってデータを取っている。(これも仕事です。)

どの人間も、障がいがあろうが、なかろうが、無比のものであり、社会の多様性に寄与しているものです。障がいを受けた人にも満足する生活と生きがいのある生活を送ることができるようにするよう気を配り、人間の尊厳を守るようにすることはベーテルの目標です。そのために、ベーテルはあらゆる援助の手段を提供し、自分で生活をし、働き、余暇を楽しませるようにしているのです。

介護や医療、精神療法のあらゆる援助の提供はベーテルに住んでいる人だけでなく、どんな地域の人にも提供します。てんかんは何千年も前からある病気です。ユリウス・カエサルやヴィンセント・

フォン・ゴッホ、アルフレッド・ノーベルのような人たちも患っていました。てんかんは神経医学上の病の一つです。世界では四千万人の患者がいると言われています。ドイツだけでもおよそ八十万人はいるとのことです。それに、脳の障がいにはいろいろな原因があります。

ベーテルはこれらの多様な原因を発見し、治療を、リハビリをするあらゆる可能性を提供するようにし、日々努力をしています。またどんな人にでも働くチャンスを提供することも大切なベーテルの任務です。働くということは、お金を儲けることだけではありません。責任を持ち、社会への参加という意味があります。そのためにベーテルは職業訓練やその人に合った職種を提供し、自己の価値を認める意識を持つようにさせているのです。そうすればより良い生きがいを見つけることができ、喜びをもって生活できるはずです。このようにあらゆる可能性を提供するようにベーテルは努めているのです。ベーテルは社会的弱者のために日々改良に努め、彼らを助け、一人一人に生きがいを与えようとしていて、とどまることがありません。

終わりに、このような苦難の歴史に耐え、今も続くベーテルは「慈悲の町」と言われます。その理由は、ここでは「慈悲」が実践されているからです。「慈悲」という言葉は美しく素晴らしいものです。でもそれには「実践」が伴ってこそ、本当に「慈悲」であると思うのです。

そのような町がドイツにあることを私は羨ましいと思うとともに、日本でもその核となるようなものができないものかと思っています。そんな中、北海道の浦河や福島でも、千葉でもそのような運動が起きていることを私は知りました。またそこで講演を依頼されて、現場の人々と話を伺う機会もありました。その人たちから話を聞き、現状を見ると、本当に意を強くしています。ベーテルに負けないよう、これからも命ある限り、私なりに力を注ぎたいと思います。いっしょに手を繋いで、がんばりましょう。

注

1　当時はベーテル・マルクと言われた。今はベーテル・ユーロとなっている。コインはなく、紙幣のみで、昔は五十ペニッヒ、一マルク、二マルク、五マルク、十マルク、二十マルク、五十マルクであった。これが今ではユーロとセントになっている。

2　ギレアド（Gilead）は高地にある場所で、ダビデがここに逃れ、力を取り戻し、王宮を奪還するところから取られた名前。

3　バルメン宣言（Barmer Theologische Erklärung）の内容は次のようであった。

第一項

「わたしは道であり、真理であり、命である。だれでもわたしによらないでは、父のみもとに行くことはできない」（ヨハネ一四・六）。「よくよくあなたがたに言っておく。わたしは羊の門である。わたしよりも前に来た人は、みな盗人であり、強盗である。……わたしは門である。わたしをとおってはいる者

マルメ・パトモス学校（支援学校）の生徒たち。
子どもたちは自由に描いている。

は救われ……る」（ヨハネ一〇・七、九）。このように聖書では書かれている。私たちはこの言葉に従おう。間違った支配者の理論には従わない。

第二項

「キリストは神に立てられて、わたしたちの知恵となり、義と聖とあがないとになられたのである」（Ｉコリント一・三〇）。だから私たちが従うのはキリストのみで、他の支配者の教えを捨てよう。

第三項

「愛にあって真理を語り、あらゆる点において成長し、かしらなるキリストに達するのである。また、キリストを基として、全身はすべての節々の助けにより、しっかりと組み合わされ……る」（エペソ四・一五、一六）。

愛の集まりである教会に集うものはすべて愛する仲間で、従うのは聖書のみである。間違った政策やそのような政治家に従うことを私たちは拒否する。

第四項

「あなたがたの知っているとおり、異邦人の支配者たちはその民を治め、また偉い人たちは、その民の上に権力をふるっている。あなたがたの間ではそうであってはならない。かえって、あなたがたの間で偉くなりたいと思う者は、仕える人と……ならねばならない」（マタイ二〇・二五、二六）。教会は総督のしもべとなるのではない。そのような間違った考えを私たちは拒否する。

第五項

「神をおそれ、王を尊びなさい」（Ｉペテロ二・一七）。

この文章は独裁的な国家に従うのではなく、神の支配する国家を敬うのである。教会は神への感謝と畏敬の念を持つのであって、国家の組織として機能するものではない。われわれは間違った政府のやり方を断固拒否する。

第六項

「見よ、わたしは世の終りまで、いつもあなたがたと共にいるのである」（マタイ二八・二〇）。

「しかし、神の言《ことば》はつながれてはいない」（Ⅱテモテ二・九）。教会の任務は自由の上に成り立っている。国家からの強制には従わない。支配しようとする国家の考えを拒否する。

4 Clemens August Graf von Galen（一八七八～一九四六年）は一九三三年から一九四六年までミュンスターの司祭。「生きるに値しない命」を抹殺することに公的に反対した。一九四六年バチカンは彼を枢機卿に任命し、二〇〇五年には福者の列に加えた。

5 Ernst Wilm（一九〇一～一九八九年）は一九一九年、ベーテルの神学大学で三学期間神学を学ぶ。一九二四年、フリッツ・フォン・ボーデルシュヴィングの見習い牧師となり、一九二五年オストー＝ヴェストファーレン地区のヘルフォルト郡のメンニングヒュフェンの副牧師となる。ミュンスターにて第二次神学試験に合格し、一九二九年リュッデンシャイド福音主義教区の牧師。一九三一年には福音主義ルター派教区メンニングヒュフェンの牧師に就任する。一九三五年、彼は説教の中で反ナチを唱え、ゲシュタポに狙われる。一九四〇年には彼の教会で安楽死計画の実体を暴露し、大晦日の説教でさらに詳しく話した。一九四二年ナチ秘密警察に捕らえられ、ダッハウの強制収容所に送られる。多くの人が彼の釈放を試みるが、失敗に終わった。一九四五年一月二日彼は突如として釈放される。その理由は今もわからない。釈放されるとすぐに兵役に取られ、一九四五年四月にはソ連の捕虜となる。同年九月にソ連から帰国し、メンニングヒュフェンの牧師に返り咲く。死ぬまで牧師として大きな働きをし、死後、彼の住んだ町の通りには、彼の名前がつけられた。

ベーテルの老人ホーム

【参考文献】主なもののみ

Martin Gerhardt: Friedrich von Bodelschwingh, 2 Bde. Verlag der Anstalt Bethel, Bethel bei Bielefeld, 1950.
Hans-Walter Schmuhl: Friedrich von Bodelschwingh, monographie, Rowohlt Taschenbuch Verlag, 2005.
Reinhard Ellsel: Ein Leben aus Barmherzlichkeit, Johannis-Missionsverlag Bielefeld, 2003.
Gustav von Bodelschwingh: Friedrich von Bodelschwingh, Fischer Bücherrei, Frankfurt /Main u. Hamburg, 1955.
Bernhard Gramlich: Friedrich von Bodelschwingh Werke und Leben, J.F. Steinkopf Verlag, Stuttgart 1981.
Fritz von Bodelschwingh: Aus einer hellen Kindheit, Verlagshandlung der Anstalt Bethel, 1969.
menschlich. Bethel, hrsg. von v. Bodelschwinghsche Stiftungen Bethel, Abteilung PR Informtation, Bielefeld, 2012.
橋本孝著『福祉の町　ベーテル』五月書房、二〇〇六年
橋本孝著『奇跡の医療・福祉の町　ベーテル』西村書店、二〇〇九年
富坂キリスト教センター『富坂キリスト教センター紀要　第二号』、橋本孝「ベーテルが設立される一九世紀のドイツ」二〇一一年、四九～五六頁
富坂キリスト教センター『同誌』第四号、二〇一四年

（なお、本稿における写真は、フォン・ボーデルシュヴィング・ベーテル財団よりご提供いただきました。ここに感謝申し上げます。）

「いのち、ありがとう」と言える社会をめざして

社会福祉法人牧ノ原やまばと学園理事長　長沢道子

最初の施設

社会福祉法人「牧ノ原やまばと学園」は、現在、知的障がいや身体障がい、精神障がいの人々、そして高齢の人たちを対象とした福祉施設（入所型や通所型）を経営し、相談事業や訪問介護事業等も合わせると、事業所数は三十二、職員総数は四百六十名くらいになっています。

最初の施設が開設されたのは、一九七〇年（昭和四十五年）。三十名の重い知的障がいの子どもたちと、十一名のスタッフたち（現場の支援員七名と、施設長や事務員、調理員等四名）とで始まりました。

施設開設を決定したのは、日本基督教団榛原教会で、この運動の中心的リーダーは、榛原教会牧師の長沢巌でした。彼には、一歳年上の知的障がいの姉がおり、「手をつなぐ親の会」の会長になっていました。幼いころから、障がい者を抱える家族の苦悩を見聞きして育った長沢は、親御さんたちから、「自分たちが死んだ後も、子どもたちが安心して暮らせる施設がほしい」と切望され、その声の

中に神さまの呼びかけを聴いたのでした。

「礼拝・伝道・奉仕」を三本柱としていた榛原教会では、地域に仕えることを願い、心を一つにして、施設建設に取り組み始めます。

当時の日本は、敗戦後二十五年経ち、経済的には右肩上がりで活気に溢れていましたが、障がい者に対する偏見差別は、あいかわらず甚だしいものがありました。

外見が異常で、コミュニケーション困難な重度の知的障がいの人々は、好奇の目にさらされ、蔑視されたりしました。「血統が悪い」、「遺伝する」等と言われ、障がい者の兄弟姉妹は結婚相手も見つかりにくい状況。専門的知識もなく、施設も少なかったので、親たちは、コミュニケーションできない我が子にどう対応してよいかわからず、昼夜振り回され、将来を悲観して、子どもを道連れに無理心中する事件が跡を絶たなかったのでした。

元気だったころの長沢巌とともに
（1979年）

長沢牧師たちは、親たちの切なる声に応えて施設建設の計画を立てます。しかし、行政（当時は榛原町、合併後の名は牧之原市）へ説明に行ったところ、荒唐無稽な夢のような話として、ケンモホロロ。誰も本気で取り上げてくれなかったのでした。当時、その場に居合わせた岡村新一氏は、みんなが心の中でバカバカしいくらいに思っていたとき、長沢牧師が動じることなく淡々と計画を述べ、静かに退席したことが印象に残ったと述べています。その後、多くの行政関係者にとって愚かに思えたこの計画が、現実には急ピッチで実現し、さらに、最初の施設開設から三年後には成人施設が開設され、人々を驚かせたのでした。

その背後には、「伝道と奉仕」の生涯を貫き、農繁期託児所開設等を通して、榛原教会員たちに「愛の実践」の大切さと喜びを体験させたメイ・マククラン宣教師の影響や、聖隷福祉事業団の長谷川保理事長のご協力、全国の教会関係者の応援等があり、神さまの不思議な導きを覚えます。

施設開設にあたって掲げた〈わたしたちの願い〉には、ご利用者に対する願い、地域の人々や、自分たちの仕事に対する願いが、力強い、意欲的な言葉で書かれています。

☆小さくはあっても、子どもたちが本当に人間として重んじられる施設をつくりたい。
☆ひとりひとりをしっかりと見つめ、その可能性をどこまでも追い求めていきたい。
☆ひとりよがりに陥ることなく、地域とのつながりの中で、仕事を進めていきたい。
☆地域の必要にますます応えることができるような形で施設を拡大していきたい。
☆社会福祉や人間そのものについての誤った考え方を、牧ノ原やまばと学園の働きを通して変えていきたい。

働き人

施設開設のためには、人・土地・金が必要とされ、中でも、働き人は重要な要素です。しかし、施設の仕事は敬遠されがちで、特に、偏見差別の甚だしかった一九七〇年当時は、「重度知的障がい児のお世話など、とんでもない」というのが、世の大半の人々の考えでした。

しかし、実に不思議なことに、全国から優秀な若者たちが集いました。親たちからは、「何も施設なんかで働かなくても」とつぶやかれ、友人たちからは、「お前、施設で働くのかよ」と奇異の目で見られたりしながら、若者たちは重い障がいを持つ子どものための仕事に意義を感じ、この道を選びました。全員がクリスチャンでした。

当時の様子を、数名のスタッフの記録から、想像してみましょう。

「待ちに待った子どもたちを迎える日、何か胸の中には大きな感動がどよめいている。さあ今日から二重三重の苦しみを背負って生きている子どもたちの良いお兄さんとして、力の限り働いていこう。」

「今夜は、七時から私が夜勤。他の職員が、皆いなくなって、夜の中に、私と八人の子どもたちが残された。不安がっている暇など全然なく、ウンコを部屋の中でしてこねまわした子や、『おかあさん、おかあさん』と呼ぶ子、大声で歌をうたう子、戸をガタガタする子など、それぞれの子がそれぞれの行動を自由にする。ハプニングの連続である。そして今は午前三時、二人の子が大声を出したり泣いたりして起きている。」

「どこにいても必ず話題になるのは子どものことです。あの子は今日も便が出ない、あの子は便器で排出できるようになった……こんな話をしては笑いが絶えません。」

学園の子どもたち

学園が受け入れた子どもたちは、「動く重症児」と言われ、手がかかるために、県下のたいていの施設では受け入れを拒否していた子たちです。そのような障がい児だからこそ、施設でケアすべきと判断したのでしたが、そのお世話は想像以上に大変でした。

専門的知識もあまり普及していない時代、障がい児教育を学んだわけでもなかった職員たちは、手探りで、彼らのケアに取り組みます。子どもたちのほとんどは排泄が自立しておらず、食堂でもホールでも、畳の上でも、どこででも排泄し、トイレに座らせると、便器以外の所でするのでした。かくして、職員たちの最初の目標は、「全員からパンツをはずし、トイレで排泄できるようにすること」となります。

初年度は、失尿失便の後をおっかけ回す日々でしたが、職員も、児童のくせ、傾向、表情を読み取れるようになり、先手先手をとることができるようになりました。

二年後の様子を、当時の園長・宮崎道子はこう記しています。

「二年間で、大きく変化したものが二つある。一つは、トイレで排泄できる子が増えたこと、も

創設期のころの子どもたち

う一つは、食堂だ。かつての食堂は、野生むき出しに食べ散らかす子、すさまじい食欲、床の上に散乱している残飯などにより、どこから手を付けてよいかわからない有様だった。家で流動食しか食べていなかった子、与えられてばかりいて自分から食物をとることを知らなかった子、逆に、人の物と自分の物、食べられる物と食べられない物との見分けがつかず、がむしゃらに食べる子、職員の怒鳴り声、奇声が飛びかい、およそ食べる楽しさなど見つけることは難しい状態だった。ところが、今では、子どもたちが一番落ち着くことのできる場所は食堂になっている。…（中略）…開園から約一年半後に再訪問してくださった幼稚園の先生は、こう言われた。『まあ、子どもたちが変わりましたね。最初うかがった時は、三十人がバラバラで、つながりがなかったのに、表情の豊かになったこと！　お友だちと遊べるではありませんか！』と。」

日々、子どもたちと向き合い、熱心に工夫し続けた職員たちのおかげで、重い障がいを持つ子どもたちが劇的に成長したのでした。けれども、子どもたちの目ざましい進歩は、職員たちの並々ならぬ犠牲の上に築かれた成果でもありました。

福祉事業の厳しさ

二年経ったとき、かなり多くの職員が退職していきます。結婚や、将来への展望などのためですが、大きな理由の一つに、厳しい労務環境もありました。

長沢巌は、「社会福祉事業の厳しさ」という文書の中で、牧ノ原やまばと学園をとりまく二重三重の厳しさについて言及し、「仕事の厳しさや、生活の厳しさ」に加えて、なお最大の厳しさがあると、こう述べています。「『九時間勤務、職員数の不足、低賃金』といった厳しさは何としても改善されねばならない。しかし、福祉の仕事がどれほど合理化され近代化されたとしても、なお、一つの最大の厳しさは残り続けるだろう。それは、『障害児の人格を尊重する厳しさ』だ」と。

入所施設建設が始まった「福祉元年」から半世紀以上たち、今では、日本の福祉状況もかなり変わりました。労務環境も改善され、福祉の大学で学ぶ人も多くなり、福祉職にも資格が求められる時代になりました。しかし、そのような近代化・合理化が進んだ現代にあっても、なお、障がいを持つ人々が子ども扱いされたり、事業所の利益のために不必要なサービスをつけられたり、あるいは虐待されるなど、様々の問題が跡を絶ちません。

「人格の尊重」という厳しさは、どんな時代になっても求められる、本当にハードルの高い目標と言わざるを得ませんが、しかし、この厳しさを克服しなければ、福祉の働きは、「もぬけの殻」となり、「魂なきもの」となるでしょう。

支援技術や支援方法がわからないため、相手を理解できず、感情を爆発させて、虐待に至る場合もあるでしょうし、幼稚な対応をすることもあるでしょう。また、事業の存続ということだけを重視し、肝心のご利用者の自立や成長という目標が見えなくなる場合もあるでしょう。いずれにしても、福祉に関わる者は、人間観や価値観について学び、専門的学びを通してコミュニケーション能力を高めると同時に、常に自らの弱さを自覚して、謙虚に支援にあたる必要があると思います。また、福祉制度の趣旨について理解し、自らの働きや自分たちの事業目的がそれにかなったものになっているかどうか、他の関係団体からの評価も受けて、逸脱することのないよう、努める必要があるだろうと思います。

学園紛争

牧ノ原やまばと学園は、創立以来「ともに生きる」をモットーに掲げ、「ご利用者とともに」、「職員とともに」、「地域の人々とともに」を願って歩んできましたが、願いどおりにはいかず、失望や挫折、傷を負う体験もありました。

「学園紛争」の発生です。そのきっかけは、園児十二名を地元の坂部小学校へ通学させる計画でした。地元の教育委員会も賛同・支持し、実現に向けて動き始めていたのですが、一部の職員から、「十二名の園児ではなく、三十名全員の通学を！」という強硬な意見が出され、住民の家にビラを配ったりして、教育委員たちを糾弾したため、運動は一気に冷め、後退しました。強硬派の職員たちは、「園児たちの自主性が大切」という名目で、見守りも放任するようになり、これに抗議する職員たちと対立。学園内はまとまらず、日課も不十分な内容になりました。心配した保護者らの運動もあって、三年間ゴタゴタした後、一九六九年、強硬派の職員が多数退職する形で、決着がついたのでした。

実は、牧ノ原やまばと学園では、創立以来、施設民主主義を掲げ、管理者も職員も同等の立場で話し合い、すべてのことを職員会議で検討し決議する形をとってきました。しかし、民主主義において最も大切な、小さな声に耳を傾ける姿勢が、少しずつ失われ、やがて大きい声だけが目立つようになり、当時日本の各地で起きていた『大学紛争』等の影響もあって、園児の通学問題を機に、学園内にも争いが広がる結果になったのでした。

紛争が終焉したとき、学園の運営委員長だった長沢牧師は、こう述べています。

「民主主義の体制は整っていてもこれを支える精神を欠いていると、会議の席が争いの場ともなり、ひいてはボイコットする動きも出てきます。民主主義の精神とは、ひとりびとりを尊重する心ですから、突き詰めれば『愛』にほかなりません。やまばとの目に見える流れがどの方向に向かうかは、神に任せねばなりませんが、私が全力を挙げなければならない務めは、一番の根底となるべき愛の流れを、友たちと心を合わせて強めていくことだと思わされます。」

学園紛争が比較的長く続いたのは、長沢牧師が組織管理者としてではなく、あくまでも牧師としての立場を貫き、職員たちとの対話継続を望んだためでもあります。決着までに時間がかかり、「会議で牧師が罵倒されるのを見て心が痛んだ」という職員もいるほどですが、長い年月を経て振り返ると き、不信に不信をもって対応するのではなく、不信のあるところに愛を、いさかいのあるところに一致をもたらそうとして一貫して努力したリーダーの姿は、職員たちの心に残り、次の牧ノ原やまばと学園を築く力になったのでした。

牧ノ原やまばと学園は、「ともに生きる」を掲げ、施設民主主義に基づくユニークな運営を試みてきましたが、学園紛争を機に社会福祉法人として独立することになり、(福)聖隷福祉事業団から分離。新たに理事や評議員が加わり、法人としての規則の下で運営が行われることになりました。

神からの夢

一九八一年、牧ノ原やまばと学園は、特別養護老人ホーム『聖ルカホーム』を開設、高齢者福祉にも着手します。その理由は、①将来の高齢社会のニーズに対応、②知的障がい者の高齢化に備える、③低賃金だった職員たちの老後のため、でしたが、この決断は、ニーズを先取りした適切なものだったことが、その後、高齢社会を迎えて、明らかになりました。地域の人々や、施設のご利用者が、必要に応じてホームへ入所できたのでした。

それにつけても隔世の感がするのは、一九八〇年当時は特養ホームは迷惑施設だったことです。建設計画はしばしば反対に遭い、土地の取得は困難を極めました。二転三転してやっと入手したのでしたが、それは水田だったため、建設後も長く湿気に悩まされることになりました。三十三年経た現在、移転改築する運びになりましたが、現地では名残を惜しまれ、移転先では歓迎されており、特養ホームに対する人々の思いが大きく変化したことを実感します。

ところで、聖ルカホーム開設は、牧ノ原やまばと学園にとって、やまばと学園、やまばと成人寮に次いで、三つ目の大きな入所施設の開設でした。また、時間的に逆戻りしますが、一九七七年には、長沢牧師の自宅に障がい者数名を受け入れ、「やまばとホーム」という名の、全く個人的な「共に暮らすホーム」をつくりました。そして、同じ敷地内に、ホームの住人や、在宅障がい者のための「やまばと授産所」も開設したのでした。（運営主体は「手をつなぐ親の会」。県単独事業。）

最初の施設開設から十一年の間に六つの活動が始まったことになります。これに関し、長沢牧師は、「神からの夢は、必ず実現する」と、次のように語っています。

「有名なイエスの言葉に、『求めよ、そうすれば、与えられるであろう。捜せ、そうすれば、見いだすであろう。門をたたけ、そうすれば、あけてもらえるであろう』（マタイ七・七）とありますが、もちろん私たちが勝手にお願いしたことを、神様がかなえてくださるということではありません。続けて祈っていくうちに、何が神様の与えようとしておられるものであるかを知ることができると言ったほうがよろしいでしょう。ピリピ書二章一三節には、『あなたがたのうちに働きかけて、その願いを起させ、かつ実現に至らせるのは神であって、それは神のよしとされるところだからである』とあります。『願いを起させ』てくださるのは神様ですから、その願いは神様によって必ず『実現に至らせ』られるのです。私は知恵おくれの姉を与えられることによって、町の手をつなぐ親の会の結成、そして施設の建設へと導かれてきました。それは、神様が私の心に夢を与えてくださった結果だということを、はっきり知ることができます。私はまず信仰を持たせられ、教会の牧師になってから、このような働きに従事する者とさせられましたが、それはすべてのことを神様の意志に従って行わなければならないということだと承知しています。やまばと学園、やまばと成人寮とは別に、やまばとホーム、やまばと授産所、聖ルカホームが生まれましたが、私の最も大きな夢は、聖ルカホームをも含めて、教会から出発したこの運動が、一つとなって神様の目的を達成することです。」（「虹を仰いで」より。一部加筆）

やまばとホームの仲間たち

「やまばとホーム」は、障がいを持つ人々と健常な者とが、ともに暮らす家庭でした。入所施設の意義を認めつつも、勤務時間等に縛られた施設の限界を感じていた長沢巌は、フランスのジャン・バニエ氏が始めたラルシュホーム（数名の障がい者と、アシスタントと呼ばれる数名の健常者とが共に暮らすホーム）を見て、そこでの「自由と楽しさに満ちた暮らし」「日々の苦悩を支える祈りの生活」に感銘を受け、一九七七年、自らの結婚と同時に、自宅を開放して、障がいを持つ人々とともに暮らし始めたのでした。

やまばとホームの仲間たちと

最初は障がいの重い人ばかりでしたが、やがて障がいの軽い人も入るようになり、さらには、諸々の理由で社会に適応できない人々も加わって、ホームの人数は長沢一家（母、障がい者の姉、長沢夫妻）や、ボランティアの協力者も含めると、総勢十二名くらいになりました。後述するようにこのホームは六年後に閉鎖せざるを得なくなりましたが、ここには、次から次へと入りたい人が現れ、このような家庭的な場が求められていることは明らかでした。しかし、勤務時間や報酬の保障等は全くありませんでしたから、多くの人々はこのようなホームで働くことをためらいました。今ではグループホームやケアホームの制度ができ、誰もが気軽に働けるようになっています。それは良いことですが、いわば密室の働き場であるだけに、相手の人格を尊重しているかどうか、外部からのチェックや励ましが必要だろうと思います。

さて、当時のやまばとホームで肉体的に一番大変だったのは、妻の道子でした。十二名の仲間のための食事づくり、ケアを必要とするメンバーの介助、昼間はやまばと授産所での仕事と、息をつく暇もないほど。しかし、天真爛漫な人たちとの交流は何の遠慮もいらず、その点ではストレスの少ない毎日でした。手伝える人は力を出し、お互いに助け合う毎日でした。

メンバーの一人、Aさんは、記憶力抜群で、小学六年までは普通の学校に通い、学芸会では物語を暗誦して披露したほどの女性。「頭の良い知的障がい者なので、治療すればさらに良くなる」との医療関係者の誘いで大学病院に入院しましたが、長期間家族と隔絶され、そしておそらくは非人間的な扱いを受けたため、もともとデリケートなAさんはひどく傷つけられ、入院三か月後には廃人のようになってしまいました。やまばとホームに入ってからも、排泄排尿、着衣着脱、食事など、あらゆる面で介助が必要でした。感情の浮き沈みがあり、突然暗く落ち込んだり、どこかへ飛び出してしまう一方、明るくなると、びっくりするような発言をして人々を笑わせたりしました。

例えば、あるとき、「やまばと授産所」（後に「やまばと作業所」、さらに「ワークセンターやまばと」と改名）を、町会議員の皆さんが訪れた時のこと。室内ではAさんが何もせず寝っ転がっていました。彼女のことをよく知っている議員の一人が「Aさん、あなたも働かなくてはダメだよ」と言うと、彼女はすかさず、こう返事をしたのです。「ハイッ！とか何とか言って、ちっとも働かない現代の人間。」

当時、何かにつけ、言葉の終わりに、「現代の人間」を付け加えるのが流行でしたが、Aさんはそれを巧みに表現したのでした。

郵便局にいっしょに行くと、窓口に置かれた老眼鏡をすぐ着用して、「ややや、四次元の世界が見えてきた！」と叫ぶなど、Aさんに関する面白いエピソードはたくさんあります。周囲の人たちからはよく「あの、ダジャレを言う、かわいい人、今も元気かしら？」と言われましたが、しかし彼女には、どうしようもないほど暗くなる一面もありました。そんな時は、自分の鼻をきつく押さえ、室内の隅っこにうずくまり、軍歌を歌うか、あるいは沈黙のままになったりしました。その時は誰が声をかけても彼女の心には届きません。うつろな顔つきのまま「私は、どうして生きているのでしょう？」とつぶやくのです。暗い闇の中にいるようなAさんを見ながら、心奥深くにある深い傷が癒されるよう、ただ祈るしかありませんでした。

「人の人生は、どんな人と出会うかによって明暗が分かれる」とよく言われますが、もしAさんが検査入院中も温かい言葉や励ましの言葉を受けていたら、これほどまで暗い影を引きずることにはならなかったでしょう。いのちを与えられた者同士ですから、お互いに、喜びや希望、自信をもたらす言葉を語り、交わりをもてたら……と思いますが、なかなかそう簡単にいかないのは、人間の罪の深さや、社会の暗い力のゆえでしょうか。

Bさんは、おかっぱ頭の目がくるくるした、かわいい日本人形のようなダウン症の女性でした。無口な人でしたが、ときどき「おっかな～い」とか「変な顔」とか言ったりしました。道子やボランティアの女性も「変な顔」と言われ、ショックを受けた？ こともあります。ホームでは、「大丈夫」とか「かわいい顔」としか言わないようにしたところ、「変な顔」という表現はかなり減りました。

彼女がよく語るもう一つの言葉は、「赤ちゃん、いる？」でした。お腹の大きい、いわゆる太った人を見ると、その人の腹に手をあて、クルクルした目で、「赤ちゃん、いる？」と尋ねるのでした。作業所に通っていた保夫さんはややお腹が出っ張っていましたが、Bさんから「赤ちゃん、いる？」と聞かれ、「いるはずないズラ。おらあ、男だよ」と即座に答えていました。

実はBさんは不妊手術を受けていました。母親が高齢で、彼女はもっぱら兄嫁の世話になっていましたが、その家には男の子たちしかいなかったため、余計な興味をもたれないよう、また、生理の煩わしさを軽減するため手術されました。家族は不妊手術をしたことに、特別の罪責感を抱いていないようでした。「赤ちゃん、いる？」と尋ねるBさんを見るたびに、私たちは複雑な気持ちにさせられたのでした。……

リーダーの交代

学園紛争を乗り越え、ホームや作業所も進展し、高齢者福祉にも着手し、牧ノ原やまばと学園は、いよいよ順風満帆のコースに入ったかに見えました。ところが一九八三年、予想せぬ暗礁にぶつかります。精神的支柱として、また初代理事長として、学園の先頭に立って働いてきた長沢巌が、髄膜腫摘出手術の不成功により誰よりも重い心身障がい者になったからです。

「髄膜腫」とは良性の脳腫瘍の一つで、摘出手術に関しては「成功率九五％」、「脳の手術の中では、盲腸の手術のようなもので、術後数週間で社会復帰できる」と言われていました。長沢はこれまでも死の淵から幾度も奇跡的に救い出されたことがあり、それらを知る者にとっては、今回の手術は取るに足りない、成功間違いなしの手術に思われました。学園にとってなくてはならない人物を、神さまは回復させてくださるに違いないと、誰もが楽観視していたのです。しかし結果は、耳を疑うような深刻なものでした。長沢が、「意識障がい、四肢麻痺、視力障がい」になったという現実。予想もしなかった衝撃的な結果に、誰もが耳を疑い、茫然となったのでした。

ジャン・バニエ氏をお迎えして（1987 年）

　長沢牧師の片腕として彼を助け、時には不満をぶっつけたりもした当時の事務局長・大井淳地は、「これで、やまばともおしまい」と語りました。おそらく誰もが心の中で同じ思いだったことでしょう。

　心身共に自立し、家庭でも妻にあまり世話をかけることのなかった長沢でしたが、手術を機に、全面的介助を必要とする、全く無力な心身障がい者になりました。

ジャン・バニエ氏をお迎えして（1987年）

見舞いに訪れた手をつなぐ親の会のメンバーの一人は、「なぜ、長沢先生がこんなことに。できるものなら、私が代わってあげたい」と涙ながらに言われましたが、「なぜ?」の答えはどこにも見いだせません。……嘆きは深くても、次々になすべき仕事がふりかかり、泣いてはいられない日々でした。

あるとき、やまばと学園の園生たちが、長沢巌の見舞いに来てくれました。「ココ、ドコ? オウチ? ナガサワセンセイノオウチ?」と言う人や、無口の人など、五名くらいの男女が、ぞろぞろと部屋に入って来ました。そして、背もたれ付きの車椅子に座っている長沢牧師を見るや否や、みな、しーんとなってしまいました。黙ったまま、長沢の姿を見つめています。長沢もまた目を閉じて沈黙したまま。とても短い間でしたが、その時、部屋には、静かで温かい、相手を思いやる気持ちが流れていました。妻の道子の目からは、理由もなく涙があふれてきました。「長沢と、この人たちとは、今、本当に同じ仲間になったのだ。それにしても、この人たちは、何と優しい人たちなのだろう! そして、この人たちの重荷や苦悩を、私はどれだけ知っていたというのだろう? ……」

牧ノ原やまばと学園関係者は、最前線に立って活動していた人間が、最も重い心身障がい者になるという悲劇を目のあたりにして、「健常者と障がい者とは、全く紙一重である」ことをいやというほど知らされました。そして、要支援の人々を介助することは、何の誇るべきことでもなく、ただ感謝すべきことなのだと実感したのでした。

無力なリーダーを担いだまま、三年間、常務理事の深井吉之助が理事長代理を務めます。やまばとホームは閉鎖。住人たちは、ぞれぞれ入所施設へ移っていきました。ただひとり、軽度の知的障がいの初子さんだけは、比較的自立していたし、母親のもとにも帰れなかったので、長沢家にとどまって、作業所へ通いました。道子は、夫の介護に懸命にあたり、牧ノ原やまばと学園関係者、特に施設長たちは、それぞれの持ち場で施設の運営を切り盛りしました。そしてその三年間に、懸案だった成人施設開設の準備が進められ、児童施設「やまばと学園」で成人化した人々の行く先について目途がついたのでした。

長沢巌が重度心身障がい者になってから三年後、彼の社会復帰は断念され、ついに理事長退任の日を迎えました。そして、妻の道子が次期理事長として選出されます。夫の介護を続けるという条件のもとに、道子は理事長に就任。牧ノ原やまばと学園は、重度心身障がい者となった元理事長と、経験の浅い非力な新理事長との二人を担いで、新たな歩みを始めたのでした。

新理事長（長沢道子）「就任の言葉」——

長沢が病床に伏し、障がいを負って以来三年半になります。できることなら、彼の障がいを私の健康と交換したいと、これまで願ってきましたが、残念ながらこの願いはかなえられず、逆に、理事長交代という今日を迎えました。

初めに私は、これまで長沢を支え協力してくださったやまばとの内外の方々に心からお礼を申し上げたいと思います。「やまばとを支える会の皆様」からは特別のご援助をいただき、励まされましたし、内にあっては理事長代行の深井吉之助さんをはじめ各施設長や現場の職員たち、理事や評議員、保護者や榛原教会の皆さんが、心を尽くしてやまばとのために労されました。理事長不在のかなり長い期間、牧ノ原やまばと学園の歩みが守られ、新しい施設建設にまで至ったことは、神のお導きであることはもちろん、皆様のご労苦の賜物でもあると信じ、感謝しております。

長沢がやまばとの責任者として再起できなくなったことは、身内の者としては大きな悲しみですし、無念の思いさえします。しかし、見方を変えますと、彼は今まで以上に弱き者の立場に立ち、私どもの理解と関心を深めているといってもよいでしょう。夫の場合、生まれつきの障がい者ではありませんでしたから、元気なころの良き働きのゆえに今なお多くの人々の配慮を受け、大切に守られているという幸いな面があります。マザー・テレサは、人間にとって最も不幸なことは誰からも愛されず、必要とされないことだとおっしゃっていますが、そういう意味では、彼は無力な状態にあってもなお幸いな人間だと言うことができるでしょう。そして当人はこのことに感謝しつつ、「どうかこのような幸福が、生まれつき重い障がいを負い、何の働きもなしえない方々にも、十二分に与えられるよう」祈っているにちがいありません。

偉大な人間や優れた才能の持ち主を尊敬しやすく、弱い者や無力な人々を軽んじやすい人間の性向ですが、長沢の変化は、健康で優れた者も無力で弱い者になりうることの痛々しいほどの見本であり、障がいを負うとどんなに不利な状況に立たされるか、その苦悩を改めて身近に認識させてくれます。

長沢の挫折によって、やまばとは大きな損失をこうむりましたが、反面、小さき者への理解と尊敬、人格の尊重という、社会福祉事業にとって最も重要で厳しいこの課題に対して、一層挑戦していく決意を深めてくれたように思います。

彼は差別の闘いの最前線からは退きましたが、今後は背後にあって、やまばとの第二の出発のため良き道しるべとなってくれるでしょう。……（中略）……

最後に、長沢の言葉を引用し、忘れてはならないことを心に刻み、同労者の皆さんとともに、福祉の本質的な課題、そして時代に即した課題、またその実践のために全力を尽くしたいと存じます。

「やまばとの働きは決して人のわざではない。人に志を与え、人を働かせてくださった神ご自身のみわざである。しかし、それはやまばとが、ある一宗一派のものになるという意味ではない。やまばとは、障がい者や苦しむ者の福祉に責任をもつ社会全体のものであり、かりそめにもある個人や団体のものであってはならない。この事業を神のものとして捧げるというのは、こういう意味からである。」


（一九八三年、理事長就任の辞より）

激変する時代の中で

二代目理事長就任から二十八年経ち、牧ノ原やまばと学園は創設四十四年目を迎えました。長沢巌は二〇〇七年に逝去し、彼とともに歩んだ人々の大半もすでに旅立ち、現在は、二代目理事長の下に、新しい施設長とスタッフが働いています。

一九八一年の国際障害者年以来、ノーマライゼーションの流れは急速に浸透し、国の施策も入所施設整備ではなく、在宅福祉、地域福祉を推進する動きになりました。

「地域で当たり前に暮らす」という目標は、牧ノ原やまばと学園の創立以来の願いでもありましたから、法人においても短期入所生活介護（ショートステイ）や通所介護（デイサービス）、そして訪問介護（ホームヘルプ）の活動を始める一方、入所施設の幾つかは活動を終了させ、ケアホームや相談支援等、地域で暮らす人々を支える働きを拡げていきました。

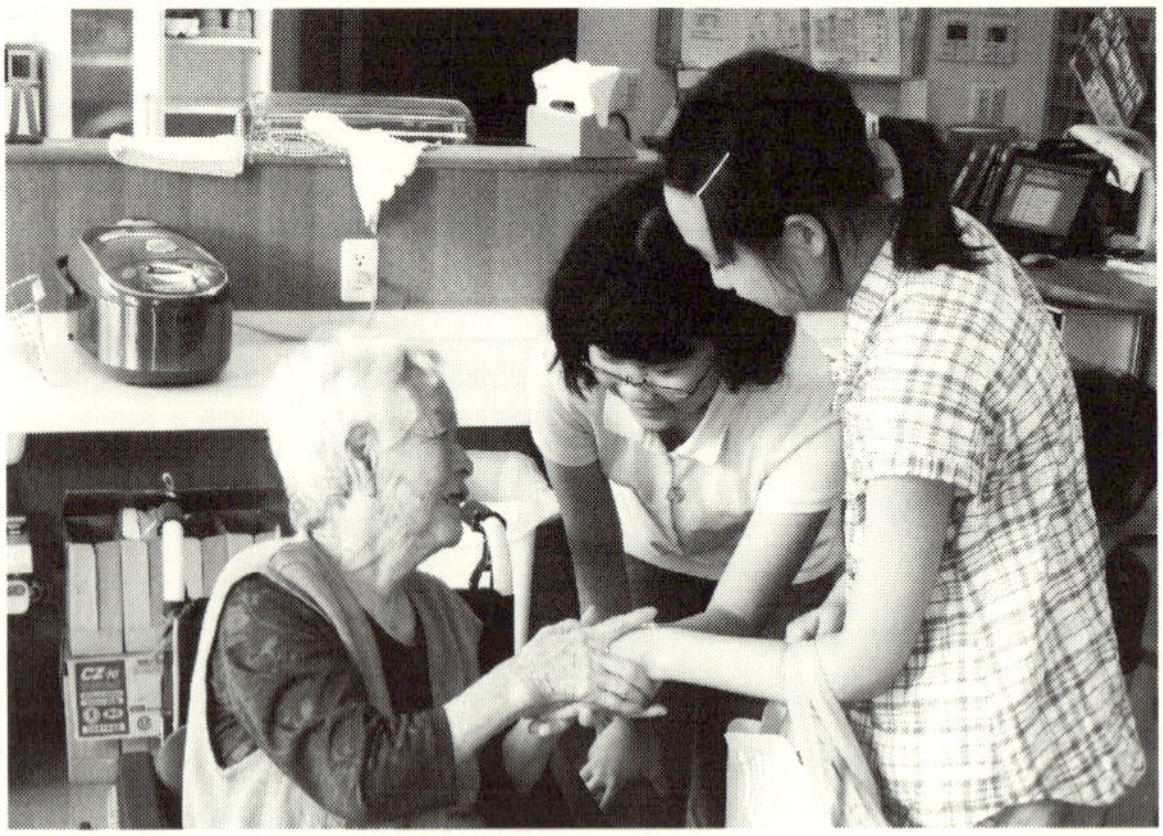

学生とのふれあい

二〇〇〇年の介護保険制度の導入と、二〇〇六年障害者自立支援法の施行によって、福祉の大半は、ご利用者と事業所とが契約に基づいてサービスを利用・提供する形に変化し、「福祉にも経営が必要」とまで言われるようになりました。多くの民間業者が福祉分野に参入し、高齢者や障がい者を乗せて走る送迎車の姿も街中でよく見かける光景になりました。法人の就職面接で、「施設で働くことについて、ご家族はどう言いました？」と質問すると、「ガンバレ！と言われた」との回答ばかりで、「勘当だ！」と怒鳴られた時代は完全に過去のものになったと思わされます。

そんな激変する社会の中で、キリスト教社会福祉事業（牧ノ原やまばと学園と言ってもよい）が今後も大事にしていくべきことは何でしょうか。これまでの四十四年の歩みを振り返ると、次の五つのことを挙げることができます。

①神に従う姿勢を堅持すること。言いかえれば、聖書に耳を傾けながら、愛のわざを実践すること。
②祈ること、そして、神の助けを感謝すること。
③小さい人や困っている人々への支援を忘れないこと。
④専門的な学びを深めること。
⑤地域の人々や、思想信条の違う人々と対話し、共生社会形成のため連携していくこと。

つまり、制約の多い中でも、霊性、専門性、連帯性を深め、イエス様に喜ばれる愛の共同体として歩み続け、誰もが「いのち、ありがとう」と言える社会をめざして働くことだと言えます。

働き人全員がクリスチャンだった創設期のころと違い、今は、職員の大半は未信者です。しかしキリスト者は、このことを嘆くのではなく、大勢の人々とともにイエス様の志を実現していけることを感謝し、何よりも神様に依り頼み、すべての働き人に聖書の価値観が浸透するよう、工夫し、祈り、神に道を開いていただくべきでしょう。

私たちの働きにおいて何よりも際立っているべきことは、人を大切にする姿勢だと思います。ご利用者だけでなく、職員を、そして、地域の人々や思想信条の違う人々を尊重すること。互いに助け合

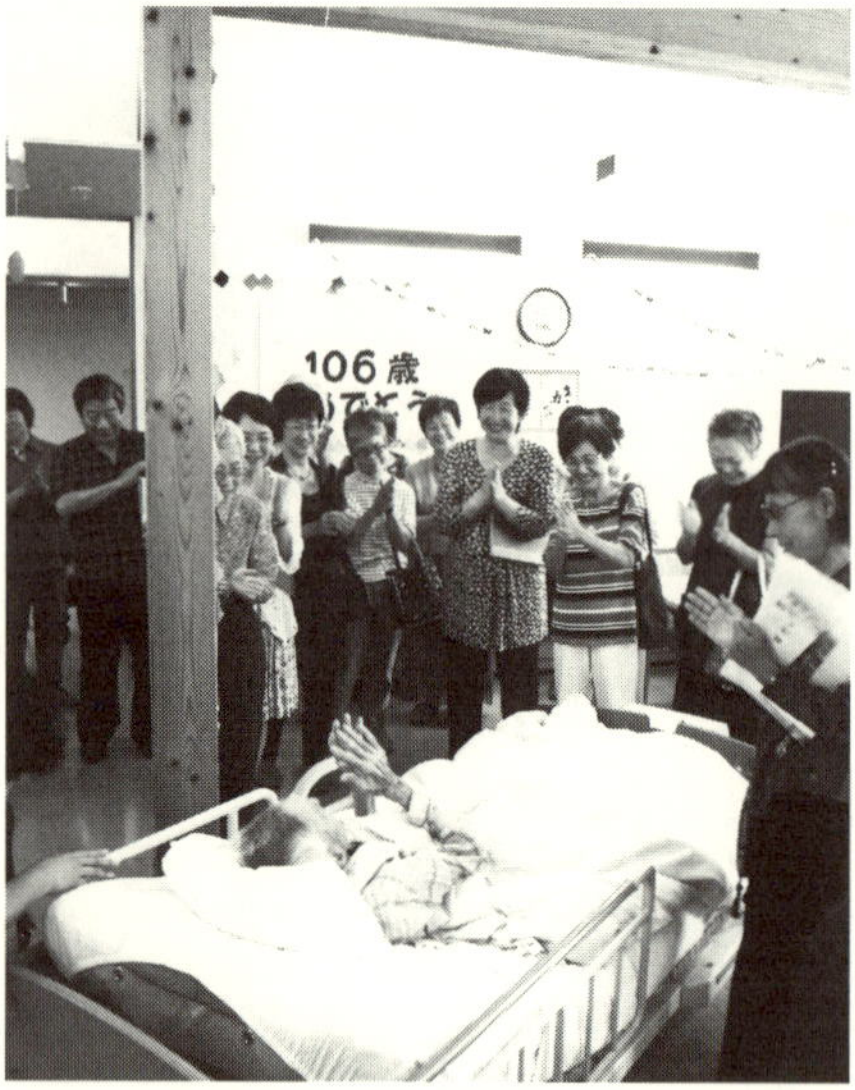

106歳の誕生祝いに、
ボランティアたちも感激

い、神はどんな人をも愛しておられることを、行いを通して伝えていくことだと思います。もちろん、私たちは、それをたやすく実践できるほど立派な人間ではないので、失敗が多々ありますが、その都度、悔い改め、ゆるしていただき、隣人の過ちをもゆるしていかねばならないでしょう。

　教会をはじめとして、多くの人々に祈っていただけることは、キリスト教社会福祉事業の恵みだと思いますので、今後も、「どうぞ、祈ってください」と、祈りによる支援を、切にお願いする次第です。

裁判は終わったけれど――ハンセン病諸問題

瀬戸内ハンセン病人間回復裁判を支える会代表　難波幸矢

1　はじめに

この題を見て「ハンセン病諸問題？　もう終わったんじゃないの」と思われる方も多いでしょう。しかし何も終わっていません。九十年にわたった悪法によって、市民に植えつけられ、染み込んでしまった恐怖や差別や偏見は、簡単にはなくなりません。

実は改めてこの報告を記すにあたって気づかされたことは、なんと長い間、療養所に入所させられた方々が、ハンセン病者絶滅政策の不当すぎる扱いに対して叫び続け、訴え続けてきたことかということでした。しかも理路整然と他国のハンセン病に対する法律はどうなっているのかを調べたり、国の政策の非人道性、冤罪で殺人犯に仕立て上げられ、結局処刑された菊池事件（いまだに本人の名前も出せず、菊池恵楓園関連なので、菊池事件という名称にしている）に対する全療養所の連帯等、闘い続け、挑戦し続けてきた歴史がありました。全療養所の足並みの揃わない中で、どれほどの苦悩を負いつつだ

光明園碑

ったか。それにしてもすごい知能集団なのです。以前から私は「らい菌」と「ＩＱ」の関係について誰か研究する人はいないかしらと言ってきましたが、改めてそう感じました。

　ともあれ彼らが闘ってきたのは、九十年にわたる悪法による人権蹂躙に対してでした。医療の充実や療養生活の向上、抑圧からの解放などを求めて全国患者組織をつくり、各療養所に自治会を作り、一九四五年画期的な薬であるプロミンが東大薬学科石館守三教授によって化学的に合成された時には、四八年全生園患者自治会に「プロミン獲得促進委員会」が作られるなど、すべて闘って勝ち取ってきたものです。病人が闘ってきたわけです。おかしいことをおかしいと叫び、当たり前に生きられる療養所を目指して。

　私は小さい者ですが、今、療養所の歴史や現地案内を語り部二世のつもりでさせていただいています。それは、二十数年前、光明園家族教会というハンセン病療養所内の教会に導かれ、そこで断種や中絶や強制労働等、人権のなさを聴かされた者の責任だと思っているからです。加えて裁判後の「ハンセン病問題検証会議」などという二十名ほどの有識者会議にまで参加することになりました。原告団、全療協、弁護団と厚労省との間で交わされた取り決めに基づき、厚生労働省の委託事業として日弁連法務研究財団が行った会議です。もちろん私にはそこに参加する資格はありません。委員になった長島愛生園の宇佐美治さんの付き添いでした。その延長で厚労省交渉など、療養所に対する国の最先端の状況を見ることにも繋がりました。二〇一一年六月二十二日には、厚生労働省玄関前に建てられた「追悼の碑」除幕式にも参列しました。らい予防法で不当な差別を受けたハンセン病患者の名誉回復と追悼の碑です。菅直人首相を二メートル前で拝見しました。

偶然療養所内教会に導かれ、礼拝後のおしゃべりを聞いているうちに、一九九六年の「らい予防法」廃止にでくわし、突然「あなたはどう考える?」と突きつけられました。調べ、考え、これは大変と日本キリスト教団東中国教区として謝罪声明を出した者ですが、この出会いから、二度と同じ過ちを国が、国民が繰り返さないために語りなさいと、神様に背中を押されたと思っています。

とはいえ、弁護士や教授、宗教者、そして支援者がたくさんの書籍を出し、資料を積み、当事者は証言集を出していますので、私は現地に残されている建物や碑、そしてハンセン病療養所特有の園通貨などを通して彼らが置かれた状況に絞ってここでは話させていただきます。ただし、テーマを「ハンセン病諸問題」と付けましたように、「黒川温泉宿泊拒否事件」など諸問題が起こっていますし、解決しなければならない事件(菊池事件)もありますから、少し触れさせていただきたいと思っています。

二〇〇三年に起こった黒川温泉宿泊拒否事件の時、人々の心はどこにあったか。ホテル側の思いにどこかで同意していなかったか。あの人たちといっしょにお風呂に入るのは怖いでしょう、ホテル側が宿泊を断るのもわかるような気がする、と。また韓国と台湾の元ハンセン病者の方々が裁判に立ち上がったとき、いくらなんでも外国の人が日本のハンセン病者と同じ補償を求めるなんてと思っていなかったか。日本国内の療養所で想像を超える人権蹂躙がありましたが、植民地下ではもっと酷かったことに思いを至らせるものが私たちにあったでしょうか。ハンセン病諸問題は緒に就いたばかりと言えるのではないでしょうか。

私たちは問題が起こったとき、誰から何を聴き取るかが大事なのではないでしょうか。彼らに何が起こったのか。しかも終生隔離という、治っても帰れないような病気に仕立てあげた悪法が、九十年も続いたことの責任は誰にあるのか。法律だけが問題だったのでしょうか。密告して療養所に送り込んだご近所さんの責任は？　医師の責任は？　社会の責任は？

現地で当事者から聴いてほしいのです。強制隔離や絶滅政策としての断種などが公然とされていましたが、入所者の中には、この一連の政策に感謝するという人もいます。強制隔離されたおかげで差別されないで今まで生きてこられました、と。もちろん反対の人もいます。両方から聴いてほしいのです。そしてご自分で判断してください。あなたが自分の身に起こったこととして想像し、二度とこのような事が起こらない社会を築くために、まず自分から行動し、連帯し、語り部二世として伝え、次に繋いでゆかなければ社会は変わりません。証言を聴く時間がもうあまりありません。入所者の方々の平均年齢は八十四歳です。

2　ハンセン病とは

二〇一一年三月に国立療養所邑久光明園慰安会が発行した「ハンセン病について」によりますと、「ハンセン病は、結核菌と極めて近い関係にある〝らい菌〟という細菌によって引き起こされる慢性の感染症である。〝らい菌〟の病原性は低く〝らい菌〟に対する抵抗力が極めて弱い状態の人が、感染力のある〝らい菌〟と接触しなければ感染することはなく、たとえ感染が成立しても、発病するのはそのうちのごく一部の人に過ぎない。主に末梢神経と皮膚が侵される病気であるが、現在では有効な治療法が確立されており、早期に発見され、正しい治療が継続されることにより、障害を残すことなく治癒する病気である。また、確実な治療法のなかった時代においても、ハンセン病が原因で死亡することはほとんどなかった」とあります。

また、長島愛生園の歴史館内の展示資料によりますと、世界の年間新発症数は二十五万人となっていますが、日本では日本人は年間一人発症したりしなかったりで、外国から来た人々の中から五〜七人発症するようです。「従いまして日本はもうハンセン病の発症国ではないのです」と邑久光明園園長から聞きました。

3 「らい予防法」とは

ハンセン病に対して初めてできた法律は、一九〇七年の法律第一一号「癩予防ニ関スル件」です。そして一九三一年の「癩予防法」、一九五三年の「らい予防法」と改定され、これが廃止されたのが一九九六年です。八十九年間にも及ぶ最悪の法律でした。入所者たちは「いかにも遅すぎる。この廃止が五三年だったら私たちは生き直せた。あの時なら平均年齢四十歳代だ。今は七十歳代。一般の人でも引退生活の年齢だ」と。

ちなみに森田竹次遺稿集刊行委員会発行の『全患協斗争史』によりますと、「政府はさらに英仏宣教師たちのみによってはじめられたハンセン氏病対策にたいし、新興日本の面目に関わると考えたのです。そこへ一九〇六年（明治三十九年）一月十九日、イギリス大使館前に重症のハンセン氏病患者が行き倒れ、通りかかった大使は外務省に駆け付け『文明国日本に一人のらい患者を収容する場所さえないか』となじったというのです。こうして次々と追い込まれた明治政府は……法律第一一号を……」制定しました、とあります。

また一九五三年の時は、あとで検証会議報告の中で述べますが、廃止をしなければならない時代に、世界の動向と真逆の悪法を続けることになった発端は一九五一年十一月八日の参議院厚生委員会『社会保障制度に関する調査の件』の内「らいに関する件」での国立療養所の三園長証言です。大阪府ハンセン病実態調査報告書から引用します。また「その意見が予防法闘争の口火を切った」と国立療養所菊池恵楓園入所者自治会の「壁をこえて」にあります。

林芳信氏（当時、多磨全生園長）　大体一万五千の患者が全国に散在して、そのうち只今は約九千名の患者が療養所に……在宅患者に十分癩そのものの知識また療養所の現在の状態を十分認識せしめ……すなわち啓蒙運動が非常に必要……。

光田健輔氏（当時、長島愛生園長）　厚生省の統計によりますと、二千人くらい残っておると……知事が伝染の危険がありと認めるところの者は療養所に収容することになっておりますけれども、次第次第に……元は警察権力の下にあったのでありますけれども、今日は一つも経費がないと言ったらおかしいのですけれども、主に保健所の職員に任せてあるような……強権を発動させるということでなければ……手錠でもはめてから捕まえて強制的に入れればいいのですけれども……

宮崎松記氏（当時、菊池恵楓園長）　癩の患者の数と申しますのは、衛生当局が努力すればするだけ出てまいるのであります……癩の数を出します事は古畳を叩くようなものでありまして、叩けば叩くほど出てくる……出てこないのは叩かないだけ……徹底的にたたけば出てくるのではないか……。

4　「らい予防法」が廃止されたのに、なぜ裁判か

悪法がやっと廃止されたのに、なぜ「『らい予防法』違憲国家賠償請求訴訟」なのか。

第一は、「らい予防法見直し検討会報告書」に対する強い不満があったこと。具体的には、廃止後

の入所者への諸待遇の維持継続に重点が置かれ、最も問題であった日本のハンセン病政策の誤りと政府の責任の問題がなおざりにされたこと。それゆえに法廃止後の政府のハンセン病対策への取り組みに責任と誠意が感じられなかったこと。

第二は、「らい予防法の廃止に関する法律案に対する付帯決議（退所後の円滑な社会復帰や退所後の通院対策等）」が、行政の上で遵守され、その内容を具現するための努力が積極的に行われているとは思えなかったこと。療養所から出られるものなら出てみろと言わんばかりの内容でした。

第三は、被告国側と入所者との意見や考え方に乖離があり齟齬をきたしている点について、裁判に訴え、法廷で双方が議論し、裁判官や国民の公正な判断を求めていく以外に、入所者の奪われた人権や尊厳、真の人間性の奪還はあり得ないと判断したこと。

そしてその原告が増えていったのは、被告国が責任逃れと自己弁護にのみ終始し、断種や堕胎、患者作業の強制などの否定と、二十年以上前の事柄の請求権の消滅（除責期間）を主張したこと等に対する怒りからでした。また入所者が損害賠償など求めるようなら、今後の所内処遇の維持継続も考え直さねばならない等の国の暴言や恫喝を聞くに及んで、この時は裁判官からたしなめられたのですが、真摯な反省が見えない被告国の態度から、再び同じ過ちが繰り返されるのではないかという不安と懸念からでした。

(1)　**国賠請求岡山訴訟原告団声明（一九九九年九月二十七日）**

一九九八年七月三十一日熊本地裁、一九九九年三月二十六日東京地裁に続いて、岡山地裁へ九月二

十七日提訴。全国のハンセン病療養所の四分の一を瀬戸内三園（長島愛生園、邑久光明園、大島青松園）は占めています。被害実態を示し、国のハンセン病対策の歴史と責任を明らかにして、「ハンセン病問題の真相究明」、「患者・元患者の人権回復」、「同種問題の再発防止」を求めて、以下を読み上げました。

私達は訴えます。

私達が病気になったのが悪かったのではない。普通の病気を怖い病気にしたてあげてきた国が悪かったのだ、と。

私達は訴えます。

国は、私達の病気の歴史的真実をすべての国民に知らせて下さい。そして私達を含む元ハンセン病患者に国民の前でその歴史的責任を明確にして謝罪して下さい。

私達は訴えます。

国は、二度と私達のような誤った政策による犠牲者を造らないと確約して下さい、と。

(2) 裁判で問われた悪法「らい予防法」下で何があったか

① ハンセン病は、感染、発病力がたいへん弱い病気にもかかわらず、危険で恐ろしい病気に仕立て上げられました。九十年の歴史の中で治療に関わった医師、看護師、職員の誰一人感染していないにもかかわらず、です。

②この法律の下で強制収容が公然と行われました。親と子が、夫と妻が否応なく引き裂かれ、しかも歩く後ろから消毒剤を撒かれたり、患者だけが乗る車両や動物や石炭の貨車などで収容されたりしました。療養所ではなく収容所でした。光明園家族教会の津島久雄牧師は十二歳で収容されたとき、犯罪人が輸送される観音開きの鉄格子のある車に乗せられ、父親は運転手の横の助手席に座って運ばれてきたと証言していました。また残された家は家中真っ白に、布団もボトボトになるほど消毒されたと証言する方もいました。近所の人々にこれ見よがしにです。

③「治療だからと、主に寝間着数枚を持って入所したら強制労働が待っていた」と大島青松園のSさんが証言しましたが、生活全般にわたって洗濯や開墾、養鶏、養豚の世話をはじめ同病者の治療や介護、果ては同病者の火葬に至るまで「相愛互助」の名のもとに重労働が課せられました。そのため軽症で入所したのに病気が重くなり、後遺症が重い人が多いのです。「ウチら、ここへ来たとき、綺麗かったんよ」と言われます。邑久光明園では六十種類くらいの仕事があったといい、多磨全生園では百種以上あったと聞いています。このいわゆる患者作業は各療養所によって少し違いますが、一九五〇年代後半から少しずつ職員作業に代わっていきます。ちなみに『戦争を乗り越えて～宮古南静園（沖縄）からの証言～』によりますと、同病者の火葬業務を園外業者委託にしたのは一九八八年となっています。

④治療が目的ではなく、ハンセン病者撲滅が目的だったため、結婚する者には断種を、妊娠したら中絶を、生まれたら殺されてホルマリン漬けかどこかへ持ち去られました。一人の大切な人間としてではなく、菌として、国辱病として抹殺することが目的でした。ちなみに津田治子さんは「次の世

はいくたりもいくたりも子ども生みたし」と詠っています。

⑤ 全国にある結核や難病、筋ジストロフィーなど国立の病院や療養所は百五十数か所あると言われています。（現在はハンセン病療養所以外は、一部の例外を除いて独立行政法人になりましたので、国立療養所とは十三のハンセン病療養所を指します。） 私立ではなく公の療養所に火葬場や納骨堂があるのは十三のハンセン病療養所のみです。ちなみに私立のハンセン病療養所二か所（現在は一か所）は納骨堂のみあります。骨になっても帰れないような差別や偏見、そして恐怖を国が仕立て上げ植えつけたのが、この法律です。

普通の病気なら、治療のかいもなく愛する人が亡くなったら、泣く泣く自宅に連れて帰り、丁寧に葬儀をし、そして先祖のお墓に埋葬します。しかしハンセン病者は死んでも家族に引き取りに来てもらえないのです。邑久光明園の中山秋夫さんの句集『一代樹の四季』や『父子獨楽』の中に「納骨堂帰れぬ骨を隠す場所」、「調べるな茶毘も偽名のままで良し」、「もういいかい骨になってもまぁだだよ」、「全景に火葬場のある島の園」、「骨堂もある園ですと姉に文」、骨堂もあり

納骨堂（納骨者総数 3100 柱以上）

ますから、お姉さんに迷惑はかけませんよ、安心してください、というのです。

ちなみに、一九五五年から邑久光明園の火葬場が現在の所に移り、一九六四年からは長島愛生園との共同火葬場になり、二〇〇〇年十二月廃止までに両入所者約千五百名の方々が荼毘に付されました。二〇〇〇年以後は地域の火葬場——岡山市東山斎場——で荼毘に付されています。共同火葬場は二〇

監房（1939 年から 1953 年まで使用）全体

監房　裏手

〇五年の岡山国体の時、天皇皇后両陛下が初めて訪問してくださるというときに突如解体し、現在はしのび塚公園となっています。

⑥ 懲戒検束権（一九一六年）が園長にあって、園長裁量のもとで全く人権蹂躙がまかり通りました。園内に監房（監禁室）があります。特に園長の気に障れば悪名高き栗生楽泉園重監房（特別病室）送りが待っていました。特別病室と言えば手厚い医療を想像しますが、実態は一九三八年から一九四七年までに九十三人収監され、うち二十二人が凍死、衰弱死しました。ハンセン病政策の誤りが凝縮したものだと思っています。反抗的な患者を監禁するなど園長の恣意的なものが多かったようです。

各療養所の監房は園によって少し違いますが、一日の食事はお茶いっぱいと握り飯二つ（一つの所も）、そして沢庵か梅干しだったそうです。ちなみに長島愛生園の監房の中には「光田健輔の大馬鹿野郎」という落書きがあります。また島田等さんは「病気を治すのに監房が必要だと言った医師がいるが、監房で治る病気はない」と言っています。療養所の中は治外法権でした。九十年間、裁判に訴える権利さえ閉ざされていたのです。療養所を造るのと時をほぼ同じくして監房ができるということをどう考えますか。

⑦ 療養所という所に火葬場があり、納骨堂があり、監房があり、そして今一つ、寺や教会があるのです。邑久光明園では金光教、真言宗、日蓮宗、真宗、天理教など七つの宗教が許されています。ちなみに療養所にお寺です。私が通っている日本キリスト教団光明園家族教会もその中の一つです。ちなみに長島愛生園にはカトリックとプロテスタントの二つのキリスト教の教会があります。治っても帰れない入所者の心の安寧のために宗教が必要であり、葬儀のために寺や教会が必要だったのでしょうか。

⑧逃走の防止のために、入所するとお金は取り上げられ、代わりに園内通貨や購買金券が使われました。邑久光明園は厚紙でできていましたが、ブリキでできている園もありました。邑久光明園（前身は大阪の外島保養院）では開園の一九三八年から一九五四年まで園内通貨を使用したと記録にあります。戦後の新憲法下でです。ちなみに長島愛生園の宇佐美さんは入所したとき、持ってきたお金を取り上げられ園内通貨と交換させられたので、預けたお金の金額を確認させてくださいと言ったら、生意気だということで金額の確認はされなかったそうです。邑久光明園の山岡さんは記念硬貨を父親からもらったのに、うかつにも全部渡してしまったことを思い出し、夕刻「返してください」と言いましたが、そんなものは預かっていないと言われたそうです。

⑨この法律は一言で言うと、入り口があって出口がない法律といわれています。

入所規定はあるのに出所規定がないのです。「三か月もしたら帰れるから」と騙されて入ったが最後、病気は治っているのに数十年入れられたままなのです。これが療養所と言えるでしょうか。いえ入所を勧告されてS青年（大島青松園）は療養所に入り検査してみたら、すでにハンセン病は治っていました。この病気は自然治癒もあるのです。「入所以来、私は一度もハンセン病の投薬を受けていない」とSさんは言いました。以来六十年余療養所にいるのです。いったんハンセン病という烙印を押されると、否も応もなく強制収容なのです。青年だった彼は毎日毎年、年老いていく両親をどんなに心配し続けて生きてきたことでしょう。このような人は彼一人ではありません。他の園でも聞きました。

また、小児麻痺など他の病気の人も居ます。要は労働力として療養所は元気な彼らが必要だったのではないかと言われています。『「花」島田等遺稿集』のあとがきには「一九四七年九月三重県から二十九名の人々とともに、長島愛生園に収容された。収容された中にはノン（非らい）の人が四名も含まれていた」とあります。

(3) この裁判の特異な点

一九九八年七月三十一日、熊本地裁に提訴されたとき、十三人の原告に対して百三十七人のＨＩＶ訴訟などで腕をふるった弁護士たちが「法曹界の責任です」として立ち上がり、各療養所に手分けしてその裁判の必要性を説明して回られました。マスコミはもちろん、市民も共闘しましたが、何よりも特異な点は、被告国側の職員だった人が原告側の証人になったということです。中には現職の医師がまさに首をかけて隔離政策は過ちだったと証言しました。

元全生園園長・成田稔氏　「皆さんがもしハンセン病と宣告されたら、こそっと隠して治すでしょう。この病気は今もなお恐れられているのです。心の中ではいやな病気、人に知られたくないと思っています。そのことを世の人々から消すためにこの裁判があるのではないでしょうか。」

元厚生省幹部・大谷藤郎氏　「厚生省の一番責任ある地位に就いていながら、生活改善など姑息的であって間違いを犯してしまいました。……真の解放は人間の尊厳でなければなりません。生活環境の改善だけでは差別偏見は残され、名誉回復にはならない。……療養者には法廃止について反対という人もいます。そういう人生観を持たせてしまった事への責任が有ります。」

大島青松園医師・和泉眞蔵氏　「患者さんには本当に見せたくないグラフです。つまり隔離を強化した時代もしない時代も関係なくハンセン病発生率は時代と共に減少しています。また患者隔離後に家を消毒しても意味がありません。するなら居る時にするべきです。長年家にいて、急に移動の時いわゆる『お召し列車』に乗る時、歩く後ろからクレゾールを撒いたり、クレゾールを撒いた道を歩かせたりしてもしようがない。全然感染の恐れはないのに。すべて国のしたことはマイナスです。極めて日本の医学政策はお粗末。隔離政策の効果は予防には繋がらなかった。どんなに遅くとも一九三一年の『癩予防法』の時、国は隔離の不必要を知っていたはずです。」

元沖縄愛楽園園長・犀川一夫氏　犀川先生は復員後長島愛生園で働き、戦後のプロミン後とあって外来通院療法を療養所所長や厚生省に説いてまわりましたが、聞き入れられず、官を辞して台湾の外来治療施設や日本キリスト教海外医療協力会（ＪＯＣＳ）、沖縄など多発地で活躍されたキリスト者です。外来通院が持論で、「病気が重くなって動けなくなったら医師がその家に行けばいいのだ」を繰り返しておられました。

(4)　判決「人生被害」

裁判は、早期解決を求めた弁護士らの努力のかいあって、二〇〇一年五月十一日熊本地裁で勝訴判決を得、奇跡的に国は控訴を断念、二十五日熊本地裁判決が確定しました。杉山正士裁判長の「人生被害」という言葉は一生忘れられないだろうと思います。今思い出しても涙が出ます。判決文に「……ハンセン病患者の隔離は通常極めて長期間に渡るが、たとえ数年程度に終わる場合であっても、当該患者の人生に決定的に重大な影響を与える。ある者は、学業の中断を余儀なくされ、ある者は職を失い、あるいは思い描いていた職業に就く機会を奪われ、ある者は結婚し、家庭を築き、子どもを産み育てる機会を失い、あるいは家族との触れ合いの中で人生を送ることを著しく制限される。その影響の現れ方は、その患者ごとに様々であるが、いずれにしても、人として当然に持っているはずの人生のありとあらゆる発展可能性が大きく損なわれるのであり、その人権の制限は、人としての社会生活全般に渡るものである……」とあります。判決後の報告集会での一言発言を短く記します。

徳田靖之弁護士 言い渡しの前に黙禱しました。すぐ勝訴とわかり、母の体内で毟《むし》り取られた命に対し遅きに失しましたが、ささやかでも報いることができました。

豊田誠弁護士 おそらく最も期待に添った判決でした。こんなに優れた判決は夢にも考えていませんでした。……涙と血と苦しみの結晶が凝縮しています。日本の人権裁判に対する画期的な判決です。

原告・谺雄二《こだまゆうじ》氏 判決を間近で聞いて、長いトンネルを潜り抜け、青い故郷の空を見る思いでした。この判決をもとに故郷を取り戻したい。

原告・千葉龍夫氏 「どうだ、オレたちは人間になれるのだ」と胸を張って皆にも言いたい。

原告・金泰九氏 愛生園のお骨三千三百余の前に行って今日の判決を報告したい。

原告・日野氏 もう私はうつむいて歩かなくていい。

原告・溝口氏 提訴した時、園では国賊のような扱いを受けました。「このような裁判をすることはあいならん」と。正しさが証明されて本当に嬉しい。

原告・中山秋夫氏　これまで死者を見送ってきたが、彼らに見送られてここに来た。死んでも故郷に帰れない人がみつめている。被害者がこうなっているが、加害者（光田健輔）は文化勲章を受けている。

原告・荒田重夫氏　これほど嬉しい日はない。人生最良の日です。荒田重夫は本名田中民市にかえります。

原告・志村康氏　一人一人語りべとなって、あらゆる被害を訴え続け、故郷に眠る親を気軽にお参りしたい。

5　ハンセン病問題検証会議

ハンセン病検証会議・検討会議は、熊本地裁判決を受けて、ハンセン病元患者から成る原告団と全療協および弁護団と厚生労働省との間で交わされた取り決めに基づき、厚生労働省の委託事業として日弁連法務研究財団が行った会議です。

目的は、「ハンセン病患者に対する隔離政策が長期間に亘って続けられた原因、それによる人権侵害の実態について、医学的背景、社会的背景、ハンセン病療養所における処置、『らい予防法』の法令など、多方面から科学的、歴史的に検証を行ない、再発防止の提言を行なうこと」にありました。特に甚だしい人権侵害をもたらしたハンセン病政策が、日本国憲法下において作成され、継続されてきた原因の解明を行うことは、再発防止の見地からきわめて重要なことでした。

委員は、当事者である入所者をはじめ、療養所園長、学者、弁護士、マスコミ、全療協事務局長、宗教者（真宗大谷派）、文芸評論家など幅広いメンバーでした。

会議の結果は、膨大な資料になるので二〇〇五年三月一日、当時の尾辻厚生労働大臣に提出された「ハンセン病問題に関する検証会議」最終報告書に委ねることにしますが、八九年にも及んだ絶対隔離政策を取らねばならない医学的根拠は結局なかったことや、医学も立法も戦前を継続してしまい、一九四〇年代末のプロミン等革命的薬効も隔離政策の廃止に結びつかず、「基本的に不治の病だ」とする療養所長、医師らの虚言に国も治安政策の観点から乗ったこと、国際らい学会やＷＨＯ専門委員会の隔離制度廃止勧告も国は無視したことなどが明らかになりました。

では、国際らい学会などからの廃止勧告がいつごろから出ていたのか。日本の隔離廃止のあまりの遅さに目と耳を疑うというより、怒りに震えました。もしその時日本が勧告を聞いていれば、入所者のいったい何割の人たちが杉山正士裁判官の言われた「人生被害」をこうむらないですんだのか。一般衛生法によって病気が治ったら自宅に帰るという普通の病気扱いをしていれば、……もし強制労働などさせられないで、普通の病気としてベッドに静かに横になって治療に専念させてくれていれば、あれほどの後遺症を残さないですんだのにと、次々と「もし」が心をよぎりました。ちなみに日本の「らい予防法」廃止は一九九六年です。ヨーロッパは一九四〇年代半ばに、フィリピン、韓国は一九六三、六四年に隔離を解いています。ちなみに、アメリカは、「オハナの会」の中での山本晋平弁護士の説明によれば、「一九六五年に患者隔離法という法律ができますが、一九六九年に廃止されます。

しかしその以前、一九四五年にハレモハルというリハビリテーション専門の宿泊治療施設ができ、強制的に隔離するということではなく外来治療を受けたり、しばらく滞在したり、という自由さがあったとあります。

報告書二五「国際会議の流れと日本のハンセン病政策」から

第一回国際らい会議が一八九七年ベルリンで、第二回会議が一九〇九年ベルゲンで、第三回会議が一九二三年ストラスブルグで開かれました。これらの会議では、感染病であることを前提にハンセン病の予防・治療は一般法の枠内で行い、隔離は放浪する患者に限ることなどが決議されました。第三回会議で光田健輔は隔離こそ病気再発を予防する方法だと主張したが、支持は得られなかった。……一九三〇年の国際連盟らい委員会（バンコク）や、一九三八年の国際らい学会（カイロ）の報告においては、ハンセン病は公衆衛生問題の一環として捉えるべきで、隔離は例外的な場合に限るとされました。しかし日本国内では、絶対隔離政策を定めた「癩の根絶策」を内務省が公表し、一九三一年に「癩予防法」が制定されました。その直後の一九三三年に国際連盟を脱退した日本は、国際動向を無視し、東アジアの占領地においても隔離政策を開始しました。

以下は検証会議に出席しての印象的なことをごく一部記します。

ホルマリン漬けの胎児と病理解剖標本

検証会議では、療養所内に残されていたホルマリン漬けの胎児について岡山大学の法医学の教授を招いて聞きました。死産だったと主張する被告国と、生きて産まれてきたと主張する原告の女性たちのどちらの言い分が正しいのかについて、そのことを確認できるかを聞きました。一般的には生まれてきて一度でもオギャーと泣くと肺に空気が入るので水に浸けると浮き、一度も泣かなければ肉の塊なので沈むとか、胸囲と腹囲の関係でもチェックはできると言われました。しかし数十年ホルマリン液の中に浸かったままの胎児ではそのチェックはできないというのが結論でした。「看護婦が、私が産んだ赤ちゃんの口を覆って連れ去った」ということの殺人か死産かについては、今となっては法医学的チェックができないということでした。

言えることは、ハンセン病療養所は治療が目的ではなく隔離と絶滅が基本理念だったので、要は産ませない、ハンセン病者の子孫は残さないという方針を取ったのですから、結婚するなら断種をしてから、妊娠したら中絶を、産んだら殺すということが公然と行われたのでした。

ホルマリン漬けの胎児は全療養所から百十五体（邑久光明園は四十九体）見つかりましたが、実は光田健輔のお膝元長島愛生園ではかなりの胎児標本と病理解剖標本があったと入所者は言っています。これ見よがしに、一か月胎児、二か月胎児とラベルが貼ってあったと、未感染児童として（母親がハンセン病）十二歳まで園にいて、その後外の児童施設に預けられ、社会の隅で生きてきたという五十歳代の男性から聞きました。今でも疲れた時などホルマリン漬けの赤ちゃんの夢を見てうなされると言いました。それが検証会議の時にはすでになくなっていました。一九九六年の「らい予防法」廃止の後、今後問題にされることを心配して業者に持ち去らせたと自治会活動をしていた方が言いました。

ちなみに国は二〇〇六年、各園に残されていた胎児を焼却、埋葬（合祀）、供養、慰霊しました。

私たちは急遽「ハンセン病胎児標本問題と取り組む市民の会」を立ち上げ、焼却前に、標本の詳しい調査、当事者への聞き取りなどによる強制堕胎の実態の把握を通じて隔離政策の歴史の検証と反省を深めること、そして今後のために医療倫理、生命倫理などの見地からの総括を、焼却に先んじて行うことを求める行動を起こしましたが、聞き入れられませんでした。

また長島愛生園、邑久光明園における検証会議で明らかになったことは、一九八〇年ごろまで「患者の死亡イコール遺体解剖」という図式が、入所者にほぼ強制的に「当然のこと」として受け入れられていたので入所者の九〇%は病理解剖標本としてホルマリン漬けにさせられていました。病理解剖が今後のハンセン病の研究のためだったという証拠は残っていないと検証会議で結論づけられましたが、ほんの数例使用された形跡があると聞きました。むしろ若手医師の解剖体験のためだったのではないかと入所者の証言から推測できました。解剖の本人同意書も、ハンセン病者は「解剖願い書」だったと志村康さんの「わたしの弔い合戦」には書かれています。

奄美和光園で聞いたこと

遺族の立場からの証言がありました。家族の中の誰か一人がハンセン病の烙印を押されると、本人のみならず家族全部が差別されると同時に有菌者扱いされ、その子どもであった自分は「未感染児童」として子どもながらにどれほどの人生を歩まねばならなかったかと、涙ながらに語りました。

しかし、またこの奄美和光園は他の療養所と違って、カトリック教会の神父が園の中に住んでいて（普通は職員以外は園内には住めない）、「堕胎は罪だから決して堕胎してはいけない。産みなさい、育ててあげる」と言う神父のもとに入信し、二歳までを園内の「天使園」で、その後を園外の「白百合寮」で育て、六十四名の子どもたちが一九七五年まで社会に巣立っていったと証言しました。

この話を聞いたとき、傍聴者たちから喜びのどよめきが起こりました。中絶させられたよその園の方々から考えると、信じられない嬉しい報告でした。どうしても産みたくて、身重の身で夫婦して療養所から逃げて、何とか産みたいと頑張ったが、結局見つかって連れ戻され、堕ろさせられてしまった等の証言を他の所で聞いていたので、本当に嬉しかったのです。

愛楽園では報道者の立場からの証言を聞いた

検証会議での報告や証言は各療養所に任せられていたようですが、沖縄愛楽園では、沖縄タイムスの記者の証言がありました。奇異に感じましたが、納得のいく貴重な証言でした。当時の新聞のコピーを検証会議委員に配布して、一九五八年十二月二日付け沖縄タイムス朝刊で「患者を在宅治療に」「らいをむやみと恐れるな」の見出しのもと、他の伝染病と区別して考える必要はないというマーシャル衛生官の報告を記載しつつ（一九五八年は東京で国際らい学会があった年）、一方で、「野放しらい患者」「非行患者」「無法地帯の南静園」「逃亡らい患者」など恐ろしさを煽るような記事のあり方に、マスコミとしての責任を感じないではおられない。このことは現在のマスコミのあり方にも問われる事柄だと証言しました。

宗教者の役割と責任

ハンセン病者に対しての宗教者の責任は重大なのに、このことが検証会議で議題に上がったのは、報告書提出（二〇〇五年三月一日）前年の秋一回きりでした。各宗教の割合は二〇〇四年八月現在、国立療養所入所者数三、四三六人中何らかの宗教に属している人は八七・八％。内仏教系四八・六％、キリスト教系三一％、新宗教系八・四％でした。割合から言えば当然仏教系から一番に証言に立つのかと思っていましたら、キリスト教からでした。呼ばれたのは日本キリスト教団のO牧師でした。

検証会議報告書に、「キリスト教系の団体のハンセン病問題への取り組みとして注目しなければならないのは、支援団体である好善社や日本救癩協会（MTL）の活動、そしてキリスト教精神によって設立された私立のハンセン病療養所の役割である。しかしこれらもまた、日本MTLの目的にある『本会は癩者に基督の福音を宣伝し癩の予防救癩事業の促進を図りこれが絶滅を期するを以て目的とす。』という言葉からも伺えるように、国家政策との強いつながりの中にあるものであった」とあります。

次いで、「国策への呼応としては、……国民に対する、国の絶対隔離政策の正当性が社会に認知され定着していくことを目的とした、世論喚起の取り組みがあった……」とも書かれています。ちょうど戦時中に「国の勝利のために軍用機一機献納しましょう」（当時のお金で七二万円余）と燃えて、国の政策が間違っているなどと思いもしないで、ただ素直に国策に乗ってしまったように、隔離が一番良いことと信じて入所を勧め、慰問につとめたのではないか。かわいそうな方々をお慰めしよう、と。おそらく入所規定があって退所規定がない等という法律の下にあったなどとは、入ったが最後一生出られない療養所などとは、菌の撲滅こそ考えるが人間の絶滅が目的だったなどとは想像もできなかったのではないか。それとも、そんな病気になってしまったのだから、家族のためにも諦めて早くあそこへ行きなさい、ということだったのでしょうか。ともあれ、割合からもあったように光明園でも「オレら、牧師に三か月もしたら帰れるからと勧められて入ったんよ」とお聞きしました。

とにかく検証会議では、長く関わっていたのならそれなりの考えがあってのことだろうし、国賠後どう考え、検証会議が始まってどう考えているのか、ハンセン病問題に関して大きい動きの中での「今」の考えが聞きたかったのですが、O牧師は長くいかにハンセン病療養所内教会に関わったかを縷々話され、最後に「教団が一九九七年秋に謝罪声明を出したので、自分も教会で謝ったら『謝ってくれるな』と言われました」とだけ話され、何の考察もありませんでした。検証会議の委員一同呆気にとられたことでした。

十三の療養所ごとに開かれた検証会議では、どこも検証会議の委員方に何をどのように伝えようかとたいへん考慮され、その療養所でしか聞けない事件や状況や証言を聞いてきただけに、各委員の本当に呆れと落胆が眼に見えるほどでした。日本キリスト教団の信徒の一人として穴があったら入りたいくらい恥ずかしかったのです。検証会議が何なのか、時代がどう動いているのか全くわかっていない方がこの貴重な証言の場に選ばれたのです。

検証会議委員が聞きたかったのは、宗教者が隔離の受容を植えつけている役割を果たしたのではないか。隔離政策の非人間性が共々に見えていなかったのではないか、信仰が生きる支えになったとしても信仰から隔離を問うような教えをしてきたか、その反省はあったのか、なかったのならなぜか、「救済」の視点だったのではないかなど、そんな話し合いがしたかったのです。齟齬《そご》をきたす状態で終わりました。

療養所内教会でも、これまで「療養所には全く人権がありませんでした」と証しをしていた方々が、裁判が起こったとたん、「国が良くしてくれたから、今まで長生きさせてもらった。働きもせんのにメシも小遣いももらって、国に感謝こそすれ国賠なんか起こしませんよ」という意見に反転してしまったことに何の矛盾も感じなくさせた宗教者の責任は大きいと思いました。

宗教者というと、牧師とか僧侶だけのように考えがちですが、「慰問」という形で療養所内教会に通い続けた信徒一人一人もまた問われている事柄です。

二〇〇一年八月四日のキリスト新聞に掲載された荒井英子先生（当時、恵泉女学園大専任講師、農村伝道神学校教師、著書『ハンセン病とキリスト教』ほか）の文章は真に言い得ていると思いましたので、引用します。「……もとより、近代日本のハンセン病に関わるすべての問題を法廷に持ち込み争うことはできない。今回の判決も日本のハンセン病史総括の一段階であり、これでハンセン病問題は解決したという錯覚に陥る事だけは避けたい。国会の『不作為責任』が問われる中、私はキリスト教の『負作為責任』を改めて思わざるを得なかった。明治、大正、昭和、平成と九十年に及ぶ隔離政策の半分は、直接的に近代天皇制国家の国策として推し進められたものである。『国辱・富国強兵・民族浄化』の掛け声の高まりとともに、強制隔離の世論形成や『無癩県運動』を担い、国策を積極的に推進したのは、他ならぬキリスト教の『救癩』団体、医療従事者、聖職者たちであった。隔離・断種政策へのキリスト教の『貢献』は覆うべくもない事実である。野田正彰は『戦争と罪責』の中で次のように語っている。『謝罪するとは、すみませんでした、二度としませんと単に頭を下げることではない。自分がなぜ残虐な行為を行ったか分析し、それを被害者に語り、さらに罪を背負っていかに生きているかを伝えることである。許しは、分析と語りかけと生き方の中にしかない。』キリスト教の謝罪はこれからである」と。

先にも紹介した邑久光明園の中山秋夫さんが、先に亡くなっていった仲間たちのことを、「ほとんどの人が安らかな死に顔でした。療養所で偽名を使っても家族に被害が及んで、差別や偏見の中で患者の家族の自殺や離婚は枚挙にいとまがないほどでした。そんな苦しみをもう持つこともない、誰にももう迷惑をかけない安堵感だと思いました」と。

6　黒川温泉宿泊拒否事件から考えさせられること

これは、二〇〇三年十一月に熊本県阿蘇郡南小国町の黒川温泉にあったアイレディース宮殿黒川温泉ホテルが、ハンセン病元患者の宿泊を拒否した事件です。相互にいろいろ交渉はありましたが、最終的には「総支配人が菊池恵楓園に、宿泊を拒否したことの謝罪に来る」というニュース。最後に「その謝罪を療養所側が拒否した」というニュースが全国を巡ることになりました。

実はここにマスコミの責任があると思います。総支配人が謝罪に来たとき、菊池恵楓園自治会は謝罪を受け入れる用意をしていました。しかし総支配人が謝罪を縷々述べた最後に、「このことは私の責任です。本社は関係ありません」と言ったので、「トカゲのしっぽ切りのような謝罪文は受け取れません」という、いわば総支配人への同情でした。しかしマスコミはその真意を確認しないまま全国に「謝罪拒否」だけを流してしまったのです。

そのことがあって自治会に全国から抗議やたしなめる文章の手紙、電話、ＦＡＸが殺到しました。私の手元には四十九名分のそのコピーがあります。つらくて読み通せません。

ハンセン病に関して、二〇〇一年五月に奇跡的な勝訴判決が出て、やっと市民権を得たという思いになっていた矢先にこの事件です。電話は鳴りっぱなし。FAXは流れっぱなし。自治会の方々は怖くて受話器が取れなかったと言いました。ここでその避難や抗議文章などを記しますと再差別になりますので、控えます。ただここで一つだけ記録しなければならないことがあります。

この差別手紙、FAXの中に浦本さんという方の手紙があります。部落解放同盟東京都連合会執行委員の方です。この方がハンセン病元患者自治会にひどい差別的な文章を送りつけていました。しかし実はこれはある青年のしわざでした。部落の人の名前でおどろおどろしい差別語を並べ立てていました。彼は二〇〇三年五月から一年半の間に東京を中心に、全国の被差別部落出身者やハンセン病元患者、障がい者など被差別少数者に対して悪質な差別ハガキを大量に送りつけていたのです。結局浦本さんの著書『連続大量差別はがき事件』によりますと、「私たちは『名誉棄損』（刑法二三〇条）での立件を求めていた。……だが現在、日本に部落差別を禁じる法律はない。部落差別を禁じる法律がないだけではない。基本的に差別行為を処罰する法体系をこの国はまだもっていない」と書いています。そのような状況下で敏腕弁護士によって法的に処罰されることになりました。逮捕され、裁判の結果、懲役二年の実刑判決を青年は受けて服役し、二〇〇七年二月に出所するのですが、浦本さんはこの世の生き地獄を体験したと言っています。

少し話がそれましたが、黒川温泉宿泊拒否事件から一つ考えられることは、弱い立場の人が「お世話になります」、「すみません」、「ありがとう」と言っている間は、市民は「何とかしてあげよう」、「かわいそうに」、「気の毒に」と思って関わってくれるのですが、「それはおかしい」、「私はこうした自分のこととして想像をたくましくして他者の思いにならない限り、差別はなくならないと思います。対等に関わり、い」、「それはいやだ」と主張すると、「生意気な奴」になるのではないでしょうか。

7 私たちは歴史から何を学んだか「長島事件」

古い話になりますが、簡単に言いますと、「大阪府ハンセン病実態調査報告書」によれば、一九三六年八月十三日にいわゆる長島事件が起きます。八九〇人の定員に対し一、一六三人も入所させたことで、わずかばかりの患者作業賃金や生活の窮乏に対する抗議でした。光田園長ほか三人の職員の辞任要求と患者自治会を認めさせる事件でした。一、一六〇人の血判を交えた署名を添えて内務省に郵送し、八月十六日内務省理事官、岡山県警部長、特高課長、警務課長らが来園したとあります。最終的に園長辞任は要求を撤回しますが、患者自治会が認められます。

このことに関して、早くも十月に多磨全生園の通信物「山桜」に、ツカダ・キタロウという人の文章が載ります。引用します。

「長島の患者諸君に告ぐ」

……諸君の現在の生活場所の、如何に自然の美に恵まれているかは、私よりも諸君の方が知って居る筈である。……諸君が慰められ、又癒されているかを思う時に、感謝そのもので無ければならぬと信じます。

幸不幸は、外部の事情によって定まるに非ずして、各自の心がけひとつにより決まることとなるは、既に既に諸君の実験ずみの事実であります。……人間の欲というものは、限り知らぬものでありま す。と同時に、世間より同情されればされる程、増長するものであります。足る事を知らぬ者ほど、世にも哀れな人間は無いのであります。

……世の中の不幸なる出来事は、凡て、この足る事を知らぬ人間の、不平不満の思いより発するものであります。これを私は、今回の長島の事件に、明白に認める者であります。

……全国の癩病中他のいずれの病院と比べるとも、長島の患者諸君ほど、幸福な境遇におかれているものは、一つとして無い事も事実であります。満たず、足らざるは、人世の常であります。

……井の中の蛙大海を知らず、とか。実際井の中の蛙の諸君には、世間の苦労や不幸は判らないのであります。したがって、如何に諸君が幸福であるか、如何に患者が満ち足れる生活をさせてもらっているかを知らないのであります。蛙は蛙らしく、井の中で泳いでいればよいのであります。生意気にも、大海に出ようなどと考える事は、身の破滅であります。……又、大海も蛙どもに騒がれては、迷惑千万であります。

身の程を知らぬという事ほど、お互いに困った事は無いのであります。……卑しくも徒党を組み、大勢をたのんで非を通さんとするが如き行為は、人として最も恥ずべきであります。

私は断言する。患者諸君が、今回の如き言行をなすならば、それより以前に、国家にも納税し、癩病院の費用は全部患者において負担し、然る後一人前の言い分を述べるべきであると。国家の保護を受け、社会の同情のもとに、僅かに生を保ちながら、人並みの言い分を主張する等は、笑止千万であり、……

開拓以来の諸君の努力の結晶は、今回の諸君の不心得により、一朝にして灰燼に帰したのであります。天下の同情の的であった長島愛生園は、今や、全国民の憎悪の中心であります。今にして、諸君が自らの非を悟らずば、諸君の最後は実に惨めな事があることを、私は心から諸君に告げて、

光明神社

光明神社の狛犬の脚に刻まれている文字

諸君の反省を促すものであります。

よく似ています。今回の黒川温泉宿泊拒否事件にです。いろいろな所で繰り返されている差別は、自分の側からだけしか物事を見ていないことです。もっともらしいたしなめになっています。しかし

寺町
（納骨堂を取り囲むように日蓮宗、真宗等と並んでいる）

新良田高校
（全国の療養所の中で唯一、長島愛生園にできた高校）

当事者の側から物事の真実を掘り下げ、しかもこのハンセン病に関しては根底にある悪法を見過ごしては何も見抜けません。物事は誰から何をどう聞くかではないでしょうか。

療養所というところに、火葬場、納骨堂、監房、寺と教会があり、偽名、強制労働、園内通貨、断種、堕胎、中絶、ホルマリン漬けのあかちゃんがありました。「そんな昔の事を」と言われる方もありました。そうです。一九六〇年代くらいから少しずつ療養所は良くなっていきました。一つずつ患者が勝ち取っていったのです。国が思いやって改良されたのではありません。現在はたいへん良くなってきていますが、あまりにも悪法が長すぎたので、差別や偏見や恐怖がしみ込んでしまったのです。解きほぐすには時間がかかります。

結局字数オーバーで肝心の無癩県運動について書けませんでした。読んでくださった方々への宿題とさせてください。

最後に、二〇〇九年の奇跡と思える事柄を記して終わりたいと思います。

8　宇佐美さんの甥御さんが会ってくださった！

宇佐美さんとの出会い

邑久光明園の隣の長島愛生園に宇佐美さんがいます。裁判を通して知り合いました。宇佐美さんは全国原告団の副団長。私は「瀬戸内ハンセン病人間回復裁判を支える会代表」でした。

裁判が終わり、しばらくしてお部屋を訪ねました。彼はその時ちょうど「ハンセン病問題検証会議・検討会議」の委員になったのに、連れて行ってくれる人がいないと残念がっているところでした。幸いそのお手伝いをさせていただくことになり、全国の療養所をまわることになりました。おかげさまで列車の中、飛行機の中、車の中ずっとしゃべりっぱなしで、たいへん親しくなりました。

きっかけはお墓の話から

検証会議も終わり、それまでどおり療養所への来訪者にハンセン病者の置かれた立場や悪法「らい予防法」下でどのようなことがあったかなどを、それぞれ現地案内や証言をしつつ日を重ねていました。

ところが八十二、三歳になり、死を考えるようになったのでしょうか。それまで愛生園の納骨堂である万霊山に入るしかないと言ってきたにもかかわらず、「万霊山にだけは入りたくない」と言いだしたのです。「そんなこと言ったってお家とは縁が切れてるんだから仕方がないでしょ」と言っても「いやだ」と。「じゃあ難波家のお墓に入る?」と言うと、「おう、入れてくれ」と。

そこで私は、宇佐美さんが亡くなってから、愛生園とトラブルないように、「難波幸矢は宇佐美さんのお骨を引き受けることに同意しています」という文章をA4サイズ一枚に書き、難波家のお墓の写真を同封して「これを園のほうに出しなさいね」と言って渡しました。ちなみに、「何はともあれ六十年余り入所者の方々と共に過ごし、共に人権のために闘ったり泣き笑いしたりしてきた仲間の眠る万霊山ではなく、難波家のお墓でいいの? よく考えてくださいね。入ってからやっぱりさみしいわ、思い出話もできないわ、愛生園に戻りたいわと言っても無理ですよ。それにうちのお墓（夫・難波紘一のお墓）には、姑も入っているからね。姑は自分の夫のお墓ではなく息子（私の夫）のお墓に入りたいと言って入っているからね。天国へ行っても嫁と姑をやらないといけないのよ。プライドの高い人だからちゃんと御挨拶しなさいね」とも添えて申しました。

お墓が一件落着すると今度は親族の話

お骨の行き場所が決まって安心したのか、今度は会うたびに（基本的に週二回）、「あの人はどうしているかなぁ、甥は倒産したらしい、弟は亡くなったらしいが、いつ死んだかわからん」、「弟の嫁はもう死んだらしい」と呟くようになりました。親族のことばかりでなくご近所のことも本当によく覚えていて、どうしているかなぁ、と。

そこで「いっそ甥御さんに手紙を書いてみようか」と言いました。「お墓の件はもう解決しているのだから、親族と近所のことなどを話に来てください。決して迷惑はかけません。皆さんのことがわかったら安心して旅立てると思います、と書いてみようか？」と。

「清毅（甥御さん。兄の長男）と死ぬ前に会いたい。甥たちは私のことを知らないんだ。誰が死んでも墓参りになど来てくれるなと言われている。親父が死んだときに香典を送って叱られた。兄嫁（清毅さんのお母様）には、お父さんとお母さんが死んだら縁を切りますと言われている。自分がこの病気になったためにどれほど親族に迷惑をかけたか申し訳ない気持ちがいっぱいで、どんな仕打ちも仕方がないと諦めているが、死ぬ前に清毅に会いたい。清毅が生まれたとき、二階で寝ていた私のところへ、触ってはいけないけど見せてやると、ばばさまが抱いて見せに来てくれた。しばらくして兄たちは家を出たからな、それっきりだった。」

宇佐美さんの呟きと嘆きを受けとめて、そっと来てくださいと手紙を書きました。マスコミに知られてドラマティックな再会シーンなどにならないよう、そっと来てください。宇佐美さんは清毅さんに会われたら安心して逝かれると思いますから、と書きました。

清毅さんが偉かった！

宇佐美さんから住所を聞いても地番までは覚えていないし、平成の大合併で地名も変わってしまっているかもという中で、住所と名前を書きました。「セイ」は清い。「キ」は東条英機の機だというのでそのとおり書きました。郵便屋さんが「地番もないし、名前も間違っていますが、お宅と思います」と言って届けてくれました。清毅さんは中の文面を読んで、知らぬ存ぜぬで通そうと思えば、「宛所に該当者いません」の郵便局印をつけて送り返してもよかったし、こちらも、やっぱり住所がアバウトだったからね、で終わっても仕方がなかったのですが、清毅さんから「行きます」と連絡が入りました。

すぐに宇佐美さんに連絡しました。「行くって！」、「あ、そうか。どうせ来やせんよ」、「えっ？？？」、「どうせ来やせんよ」……来る約束のその日まで彼はそう言っていました。

清毅さんは、重いお米を私のために持って岡山駅に降りたってくださいました。よくぞよくぞ来てくださったと、あふれる思いでお迎えし、一路長島愛生園へ四十キロ余りを走りました。

二人とも立ったままで号泣

「清毅さんですか。ああ兄貴にそっくりだ！」、「初めまして。清毅です。ああ、じいさまとばあさまの写真を今までずっと（六十年余りも）飾ってくれていたんですか」と書棚の紋付き袴姿の二人の写真を見て言われました。私は「とにかくお座りになって」とお茶などを出したものの、宇佐美さんは興奮して、あの人は？ この人は？ と、下の甥の名前を聞いたり生活状況を聞いたり矢継ぎ早に大声で質問攻めでした。

二人を乗せて食事に出ても、周りの人に何事かと思われるほど興奮して大声になり、清毅さんの知らない親族の話やご近所の話になり、「叔父さんはよく覚えていますね」と言いながら答えられ、最後は私の家で一週間早い誕生日のお祝いにケーキを食べ、いっぱい話して岡山駅まで送りました。

駅から長島までのあいだじゅう、「来たなぁ、来たなぁ、来たなぁ、会えるとはなぁ」ばかりでした。「来てくれたね」と何回言っても、「来たなぁ」でした。そして倒産したとか離婚したとかつらい人生だった親族の話になると、「オレのせいだ」と言うのです。「何でもかんでも自分のせいにしないの。下界はいろいろあるのよ。自分で稼いで自分で食っていかないといけないでしょ。うまくいかない時もあ

邑久長島大橋
（1988 年 5 月わずか 30 m足らずの橋がやっと架かる）

るのよ」などと私が言っても、全部自分のせいだと言っていました。

すべてのことに時がある

実は、私が手紙を出す前に、清毅さんは宇佐美さんのことを知るきっかけがあったのです。それを清毅さんのお手紙から引用します。

叔父治は、「幼い時に病気で死んだ」と祖母より聞かされておりました。……教育長になって半年ほど過ぎ、『宇佐美治さんが、地域文化広場での講演に来るよ』と共産党の議員から聞かされ、『先生の叔父様だよね』と言われました。私は六十年間、祖父母や両親から、ハンセン病で長島愛生園に収容されているいる叔父治のことは、全く聞かされておりませんでした。祖母や父母の心情を思うあまり、議員の前で涙があふれて止まりませんでした。後日分かったことですが、知らなかったのは私たち夫婦だけでした。私はすぐにでも会いに行かねばと思ったのですが、……悩みました。家内にもなかなか話すことができず……。朝日新聞の記者も取材に来て、夕刊の特集記事を送って頂きました。……

貞明皇后の碑。1932年11月に宮中女官の月例歌会で「らい患者を慰めて」と題した貞明皇后の御歌。碑文には「つれづれの友となりてもなぐさめよ　ゆくことかたきわれにかはりて」と詠われている。

私は教育長という立場上、政治活動やマスコミの餌食になるのを避けたいと思いました。いや、公になるのを恐れたように思っています。

会って帰られてから次のような手紙をいただきました。

『野道の草』（宇佐美さんの本）を一気に読みました。祖父母や父母や叔父の心情を思い、涙を浮かべながら真剣に、久しぶりに精読しました。……難波さんからいただいた手紙により、愛生園へ面会に行く勇気を与えてもらい、人間としての差別意識を再度勉強する機会となりました。そして私の知らなかった宇佐美家の歴史の一端を話の中で聞くことができ、我が家の歴史の空白を埋めるものとなりました。多くの皆様に支えられ、ハンセン病絶対隔離政策に立ち向かい国家賠償請求裁判やハンセン病補償法の成立などに尽力した叔父を誇りに思っています。……月曜日に市長と二人で話す機会があり、勇気をだし、叔父のことを涙を流しつつ話しました。……今まで胸につかえていたことが徐々に少なくなっていくように思えました。講演の講師を時々させて頂いていますが、「私の叔父はハンセン病だった」という題で話をする材料に使えそうな気がしています。

すごい人です。清毅さんは本当に偉かった。腹をくくり叔父さんに向かった！　どれほどの決心か！　政治家も記者も、ともすると土足で人の心に踏み込むようなところがあり、私はひたすら、あっちにも人権があるのだ、家族を守らねばならないのだと、清毅さんへの他人の介入に本当に慎重でしたが、すべてのことに時があって家族が関係の回復を成し遂げることができました。私は二〇〇九年の奇跡だと思っています。それもこれも清毅さんの勇気のおかげです！

おかげさまで、先祖のお墓にどうぞ入ってくださいと言っていただき、もちろん墓参りに来てくださいと言ってもらい、ご両親のお墓の前で長い時間深々と宇佐美治さんは頭を垂れていました。仏壇にも蠟燭と線香とお土産を供えることができました。

参考資料

『ハンセン病について』国立療養所邑久光明園慰安会
森田竹次『全患協斗争史』森田竹次遺稿集刊行委員会、一九八九年
『壁をこえて』国立療養所菊池恵楓園、二〇〇六年
『大阪府ハンセン病実態調査報告書』大阪府、二〇〇四年
『戦争を乗り越えて～宮古南静園からの証言～』みやこ・あんなの会編、二〇〇〇年
中山秋夫『一代樹の四季』一九九八年
中山秋夫『父子獨楽』一九八九年
島田等『「花」島田等遺稿集』島田等遺稿集刊行委員会、手帖舎、一九九六年
『ハンセン病問題に関する検証会議　最終報告書』（要約版）財団法人日弁連法務研究財団、二〇〇五年
志村康『わたしの弔い合戦～いま、なぜ、国家賠償請求訴訟か～』一九九九年
荒井英子『ハンセン病とキリスト教』岩波書店、一九九六年
浦本誉至史『連続大量差別はがき事件』解放出版社、二〇一一年
『山桜』多磨全生園

「浦河べてるの家」のあゆみから

社会福祉法人「浦河べてるの家」就労サポートセンタースタッフ
向谷地悦子

はじめに

浦河赤十字病院の精神科病棟から退院してきた数名のメンバーが「このまちで自分たちにもできることは何か」と、生きる手応えを求めて仕事を始めたのがべてるの活動です。その活動が「べてるの家（以下、べてる）」と命名されたのは、今から三十年前の一九八四年です。

北海道浦河町にある小さな教会、日本キリスト教団浦河伝道所（以下、浦河教会）で宮島美智子牧師夫人の手を借りて、細々と昆布の下請けをしていたころ、早坂潔さんたちが暮らしている旧会堂に名前をつけよう、という機運が生まれました。その時、宮島利光牧師が目にしたのが、小塩節先生（ドイツ文学者で中央大学名誉教授）が「聖書と教会」（日本キリスト教団出版局）という雑誌に寄稿したドイツの「ベーテル」の記事でした。それは、第二次世界大戦中のナチスによる「障がい者絶滅政策」から関係者が障がい者を懸命に守ったという内容でした。

宮島利光牧師は、「私たちに、このような勇気があるなどとは思いません。ただ、そうありたい」という願いを込めて「浦河べてるの家」の名称をつけられました。

現在べてるでは、年間延べ三千人を超える見学者や研修の受け入れをし、海外との交流も始まっていますが、最初に質問されることは「べてるの家」の名前の由来でした。今までは宮島牧師から伝え聞いたまま、ベーテルの説明をしていましたが、実際にベーテルを訪問をして、私たちにとって遠い存在であったベーテルが、身近な存在となりました。

そのきっかけとなったのが、社会事業の「歴史・理念・実践～ドイツ・ベーテル研究会」に参加する機会を与えられたことでした。研究会では、橋本孝先生（宇都宮大学名誉教授）から、ドイツのベーテルの歴史の中でも、特に創設時代の牧師たちの多くの苦難について学びました。次々と耐えられないような困難の中、神さまを信じて奉仕された人たちの上に、神さまの憐れみ、決して見捨てない神さまの軌跡の救いの業がありました。このようなベーテルの歩みに触れたとき、「医療と福祉の街ベーテル」を訪ねたいという思いがより一層膨らみ、二〇一三年四月に、橋本孝先生がベーテルに行く日程に合わせて「べてるのルーツを訪ねる旅」をべてるの家のメンバーやソーシャルワーカー・看護師等の有志十名で企画しました。

私たちは、成田から韓国経由で十数時間をかけてフランクフルト国際空港に到着し、高速鉄道に乗り一路、ドイツ北西部のベーテルがあるビューレフェルト市に向かいました。しかし、思わぬダイヤの乱れで、深夜乗り継ぐ電車がなくなり、そのためにケルンに一晩泊まることになり、何と泊まったホテルが世界遺産であるケルン大聖堂の目の前という幸運に恵まれ、早朝の聖堂見学をした後、再びビューレフェルトを目ざしました。

一泊二日をかけて到着した念願のベーテルがあるビューレフェルト市は、工業都市といくつもの大学がある学際都市という二つの顔を持っています。私たちは、タクシーで市の中心部にあるベーテルに向かいましたが、お店も工場も、みんなカラフルなパステルカラーで、町並みは美しく、十分ほど走ると「Bethel」の名前が入った駅や看板が目につくようになります。ベーテルというエリアは、およそ十二平方キロ（二キロ×六キロ）の広さでビューレフェルト市の街に溶け込み、地域と一体化しながらも、障がいを持つ人たちと暮らす独自の地域文化を育んできました。もちろん、長い歴史の中では、ナチスドイツによる迫害だけではなく、さまざまな誤解や偏見に基づく地域との軋轢もあったようです。ベーテルのエリアにあるホテルに旅の荷物を置いた後、私たちは、桜の咲く町を歩きながら、障がいを持つ人たちの働くさまざまな種類の工房や宿舎、病院、学校（日本でいう養護学校）を見学し、ベーテルのはじまりの象徴である教会やメンバーの働くお店などにも足を運びました。そこで思ったのが、百四十年以上にもわたって、一つの理念を守り、それを実際のサービスとして持続させる原動力はどこにあるのかということです。スタッフの説明やメンバーの声を聴くなかで最も特徴的だったのはベーテルの教育棟でした。ベーテルで仕事をするためには必ずその教育棟で歴史や理念・奉仕の精神などを学び研修を受けるシステムがあったことです。これだと思いました。

ベーテルが設立（一八六七年）してから百四十年間、次の世代にこの証しが絶えなく引き継がれている秘訣がここにあると思いました。「施しよりも仕事を」の設立理念に基づき、現在ベーテルは医療や福祉、教育に広く発展し、暮らしに必要なほとんどすべてのサービスがある中で、地域で暮らすおよそ八千人のメンバーたちが高い技術を身につけて職人として仕事をしています。この活動は、地域に挑戦し、役割を持って仕事をする生き方を模索してきた私たちべてるの家の理念と一致していました。それは、この浦河の過疎の町で「金儲けをしよう」と、精神科病棟に長い間入院していたメンバーが退院し、商売を通して人間本来の〝当たり前の苦労〟を取り戻し、病気と折り合いながら、仕事をすることを大切にしてきたものでした。

ベーテルに滞在中、橋本孝先生が語ってくれた歴史に触れてみたいと思い、ベーテルの本を片手に歩いていると、導かれるように創設者である歴代の関係者たちが眠る樹木に囲まれた広大な敷地の墓地に着きました。そこには、墓地を清掃している数人のメンバーの姿がありました。その方たちに、本に載っている創設者のフリートリッヒ・フォン・ボーデルシュヴィングのお墓まで案内してほしいとお願いしました。そこは、手入れされたお墓にたくさんのお花で飾られた美しい場所でした。心を込めて墓地を守っているその働きには、苦労を重ねてきた先人たちの生きた歴史を単に物語として終わらせるのではなく、しっかりと継承し、神さまに導かれてきた証しとして大切にしようという思いが花に象徴されているように見えました。

そして、不思議なことに、フリートリッヒ・フォン・ボーデルシュヴィングと家族のお墓の前に立ったとき、私たち自身が励まされているように感じました。すると、どんな苦労の中にあっても、神さまからそれを乗り越えられる力が次の世代に受け継がれ、守られてきたベーテルの歴史の一端に、私たちも加えていただいたような深い感慨に満たされました。

浦河べてるの家が設立（一九八四年）されてから三十年。私たちはべてると歩みを共にしてきました。べてるの歩みと並行するように、精神保健福祉の世界も移り変わり、精神障がいを持つ人の社会的なサポートが全くない時代から、障害者総合支援法に象徴されるように、制度としての仕組みは進展しました。そして、一番の変化は、精神科医をはじめとする専門家中心の精神医療が、当事者の役割重視に変わってきたことです。

一方、この三十年を振り返っても、地域は過疎化が進み、地域経済もかつての半分に縮小したと言われています。そればかりではなく、精神障がいはその性質上、対人関係に深刻な危機をもたらします。その結果、さらなる孤立を生み、そこから二重の差別や偏見を生じさせます。「浦河に暮らしてもっとも惨めなことは、七病棟に入院すること」と言われるなかで、共に歩むとは、同じ境遇、経験を生きることを意味します。そんな中で、私たちは「地域の苦労を自分の苦労に」を合言葉に、〝日高昆布を全国に〟という勝手な町興しをこっそりと始めたのでした。それは、ありがちな、「精神障がい者のための社会復帰」という活動の立ち上げに付きまとう〝地域住民の理解〟という関門を突破するための発想の転換でもありました。

べてるをとりまく日々の状況が大きく変化していくなかで、べてるも時代の波に翻弄されながら進んできました。その中で私は、浦河赤十字病院を辞め、激変する状況の中から振り落とされないように必死につかまりながら走ってきました。時には、教会のガレージが火事になったり、べてるに住むメンバーが近隣とトラブルを起こしたりするなかで、もっともつらかったのが、メンバーの死でした。そんな時、〝自分が今まで関わってきたやり方は本当にこれで良かったのか〟、〝もっと良い関わりができたのではなかったか〟という深い自責の念に襲われながらも、嵐の中を、みんなで肩を寄せ合い、祈りながら一歩一歩を歩いてきたような気がします。

そんな中で生まれたのが当事者研究（二〇〇一年）です。私たちは長年の歩みの中で、当事者を主体として「当事者研究」をはじめとする自分助けのプログラムを大事にしてきました。自分の苦労は一見、意味があるようには見えず、もう二度と向き合いたくない嫌な存在であることが多いのですが、たとえどんなつらい苦労でも、それは大切な〝意味あるもの〟に変えられます。その「当事者研究」の中にある「経験は宝」の理念に助けられてきたのはメンバーだけではなく実は私自身でした。

創設時代からべてるに関わった人たちが、失敗を積み重ねながら試行錯誤した自分の苦労を語り継いでいくことこそが、新しく働く者への教科書となり、べてるを知りたいと思う方々への証しになることをドイツべーテルから学んだ今、ここで少し立ち止まり、今まで培ってきた歴史を振り返りながら、自分が何を大切にしてきたのかを当事者研究的に語りたいと思います。

Ⅰ　べてる以前〜導かれた地

◆べてるの家前史

一八八〇（明治十三）年、神戸の旧士族である鈴木清氏、沢茂吉氏を中心に、北海道開拓を目的としたキリスト者の開拓組織「赤心社」が結社され、一八八二（明治十五）年に北海道日高地方の浦河荻伏に入植が始まりました。そこで設立された「元浦河教会」が入植者の精神的支柱となり、農耕・

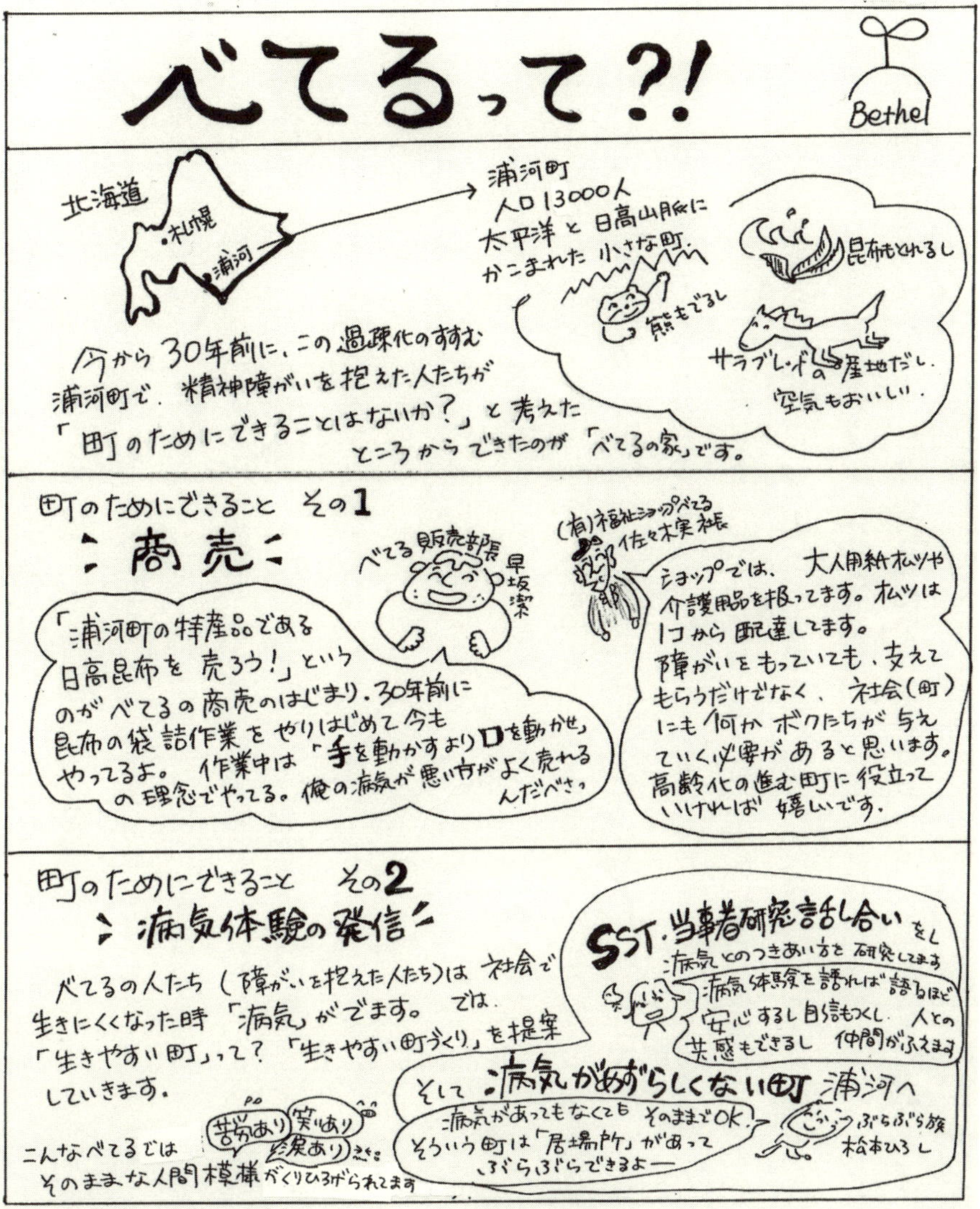
べてるって?!
Bethel
北海道
札幌
浦河
浦河町
人口13000人
太平洋と日高山脈に
かこまれた小さな町
昆布もとれるし
熊もでるし
サラブレッドの産地だし。
空気もおいしい。
今から30年前に、この過疎化のすすむ浦河町で、精神障がいを抱えた人たちが「町のためにできることはないか?」と考えたところからできたのが「べてるの家」です。
町のためにできること その1
商売
べてる販売部長 早坂潔
(有)福祉ショップべてる 佐々木実社長
「浦河町の特産品である日高昆布を売ろう!」というのがべてるの商売のはじまり。30年前に昆布の袋詰作業をやりはじめて今もやってるよ。作業中は「手を動かすより口を動かせ」の理念でやってる。俺の病気が悪い方がよく売れるんだべさ。
ショップでは、大人用紙オムツや介護用品を扱ってます。オムツは1コから配達してます。障がいをもっていても、支えてもらうだけでなく、社会(町)にも何かボクたちが与えていく必要があると思います。高齢化の進む町に役立っていければ嬉しいです。
町のためにできること その2
病気体験の発信
べてるの人たち(障がいを抱えた人たち)は社会で生きにくくなった時「病気」がでます。では、「生きやすい町」って?「生きやすい町づくり」を提案していきます。
SST・当事者研究話し合いをし
病気とのつきあい方を研究してます
病気体験を語れば語るほど安心するし自信もつくし 人との共感もできるし 仲間がふえます
そして病気がめずらしくない町 浦河へ
病気があってもなくてもそのままでOK。そういう町は「居場所」があってぶらぶらできるよー
ぶらぶら族 松本ひろし
苦労あり
笑いあり
涙あり
こんなべてるでは
そのままな人間模様がくりひろげられてます

牧畜・樹芸・養蚕・商業など諸事業がなされました。その後元浦河から十五キロ離れた浦河町昌平町に一九五六年、浦河伝道所の会堂が建てられ、ここがべてる発祥の地となります。同じ年に、山本光一牧師の祖父菅野保次先生が初代院長となる浦河赤十字病院が開設されました。（一九三九年、日本赤十字社浦河赤十字療院として設立されるも、震災復旧のために一時浦河町に移管、一九五六年に再び日本赤十字社に移管され、浦河赤十字病院となる。）翌年総合病院としての承認を受けた後、一九五九年に精神科病棟が五十床で開始されました。入院している精神科の患者さんは統合失調症のほかに、特にアイヌの人たちが多く暮らす浦河町は、アルコール依存症に苦しむ人たちが多く、世代連鎖による貧困や差別に苦しんでいました。

◆日高最初のソーシャルワーカーとして

この当時は、精神科病床を増床させる方針が国策として推進されている時期であり、浦河赤十字病院の精神科病床は六四年に五十六床から六八年に六十床、七〇年に七十二床と、病床数が増えていきました。向谷地生良が大学を卒業し、日高管内初のソーシャルワーカーとして赴任した当時（一九七八年）には、九十床になっており、さらに一九八八年には百三十床にまで増床しています。

当時は、今のような精神障がいを持つ人への支援の根拠となる支援法もなく、就労も含めた地域生活支援はもとより、受診受療援助まで、すべて病院が丸抱えでやっていた時代です。ですから、病院は、一種の共同住居と診療所を併せ持った役割をしていました。ですから、当然のように、長期間入院が一般化していました。その典型例が、七年間も入院していた佐々木実さん（現・社会福祉法人浦河べてるの家理事長）です。

べてるの創設者の一人である佐々木実さんは、一九六〇年に浦河高校を卒業し、希望に満ちて神奈川の日立製作所に就職しましたが、八年後に統合失調症を発病し、失意とともに地元に戻り、浦河赤十字病院精神科に入院しました。しかし、精神科は母校の目の前にあり、かつては「頭のおかしい人たちが入っているところ……」というイメージで見ていた病棟に、まさか自分が入院することになるとは、想像もできないことでした。「これで自分の人生は終わった」と考えた佐々木さんは、一度は病院を抜け出して逃亡を企てたこともあります。それほど入院は絶望的なことでした。

しかし、佐々木さんは、入院中にもかかわらず「作業療法」として病棟から町内の自動車整備工場に出向き仕事をして給料をもらい、コツコツと将来のために貯金をしていました。当時は、そのような外勤作業が一般的でした。ですから、佐々木さんにとって精神科の病院は寝床として使っていたにすぎませんでした。

そんな佐々木さんも、実は子どものころ、地元の日高管内えりも町で日本基督教団幌泉教会の教会学校に通っていました。新米ソーシャルワーカーであった向谷地が最初に退院支援を手掛けたのが佐々木さんでした。その頃、当時「回復者クラブどんぐりの会」初代会長の岡博昭さんが、「どんぐり会の活動を盛り上げたい」と向谷地のもとを相談に訪れ、佐々木さんの退院祝いに合わせて、どんぐり会のメンバーと一緒に町内の焼肉屋「味道園」で例会を開くことになりました。

当時この小さな一歩が、浦河町の精神障がい者の当事者たちにとっては希望の第一歩となりました。その後、佐々木実さんは「回復者クラブどんぐりの会」の中心的存在となり、べてる設立の立役者となります。

新人ソーシャルワーカーとして浦河に赴いた向谷地の目の前にあったのは、病院内にねぐらを求めて入り込むホームレスのアルコール依存症者でした。アルコール依存症は、人と職業にわけ隔てなく発症する病ですが、浦河の特徴は、家族内発症と世代間連鎖とその大半がアイヌの人たちだということでした。向谷地のソーシャルワーカーとしての仕事は、生活に困った人の相談を病院で待っているのではなく、病院のワーカーとしての枠を越えて、言葉にできないほど弱っている人の困りごとを拾いに地域に足を運ぶことでした。

ある日、牧場地帯の長屋で暮らすアルコール依存症を抱える老夫婦の家を訪ねたとき、そこの家の床は抜け破れ、天井から外の明かりが漏れる家の中に、アルコールで衰弱しきって汚物まみれになった老夫婦が横たわっていました。その布団の横にはネズミの死骸が転がり、真夏にもかかわらず、離脱症状で寒い寒いと震えながら幻視におびえていました。その二人を毛布に包み、背負って車に乗せて、なんとか病院に連れて行ったこともありました。

また当時、病院を退院して生活を維持するためには、保健所を通じての「職親制度」を活用して、精神科を通院しながら働いていた時代です。特に家族や親類がいないひとり身の患者にとっては退院して帰る所がなく、アパート等の物件が数少なかった状況でした。精神科病棟への入院歴があること、生活保護を受給していることは、まるで「信用できない人」であることの証明であるかのように誤解され、よりいっそう住宅の確保が厳しい状況でした。このような現実に直面するなかで、ワーカーとしての向谷地のもう一つの挑戦は「一緒に暮らす」ことでした。七九年から無牧師だった浦河伝道所を借り受けて、精神科に通院する統合失調症を持つ青年たちの安住の場として、同じ屋根の下に暮らし始めました。そして、佐々木実さんも教会を住まいとして退院生活が始まったのです。

しかし、長期入院していたメンバーにとっては、当時は、SST（生活技能訓練、コミュニケーションの練習方法）や当事者研究という心理教育プログラムもなく、病気を抱えている本人も病名を知らされず、服用している薬の名前だけでなく、効能もわからないままにいることが普通の時代でした。制度的な地域支援体制も全くない状況の中で、保健所、役場の保健師と病院のソーシャルワーカーが走り回っていた時代でした。病気との付き合い方もわからない、頼りない自分に頼って生きていくしかなかった彼らは、「自分を助ける」術を知らないままに幻覚妄想状態に陥り、地域住民とのトラブルが絶えず、再入院を余儀なくされていました。

また、アルコール依存症の人たちは病院を退院した後、真っ直ぐ酒屋へ行き、お酒を買って酔った勢いから、お金の貸し借りをめぐってメンバー同士の言い争いが始まり、警察が出動するというトラブルが日常的に起きていました。そんなメンバーと〝一緒に暮らすこと〟に挑戦していた向谷地と結婚するということは、その苦労を一緒に担わなければならないという生活の始まりを意味しました。

Ⅱ　導かれた地～私のべてる以前

私は、向谷地が浦河赤十字病院に赴任した一九七八年四月に、地元の十勝を離れ、浦河の日高医師会看護専門学校（現・浦河赤十字看護専門学校）に入学しました。浦河に初めて受験で来たとき、浦河駅から会場の浦河赤十字病院まで約二キロ余りの道を小雨の中歩いて向かいました。あまりにも遠く感じるので、すれ違う人に道を尋ねたかったのですが、そもそも道を歩いている人がおらず、とても寂しい印象でした。夫の向谷地が大学を卒業して、就職のために初めて浦河駅に降りたとき、さびれた様子に愕然として札幌に帰ろうかと思った気持ちと重なっていました。

私は札幌の学校も受験して両方の合格通知を手にしたとき、友だちから都会の生活のほうが楽しいに違いないと札幌の学校に一緒に行こうと誘われました。しかし、実家に帰るには交通の便が悪く、どこにも遊びに行く所がない小さな町の浦河を選びました。一見、自分の意志で選び始まった生活に見えますが、「まだまだ未熟者だから、あなたにふさわしい苦労を用意してある」と神さまから背中を押され与えられた地でした。そして、看護学校のプログラムとして学生向けに開かれた講演会の講師として招かれた恵庭市にある島松伝道所牧師、土橋修先生のお話を聴き、浦河にも教会があることを知りました。それが縁で、子どものころから十勝管内大樹町にある教会学校に通っていたこともあり、浦河教会に通い始めました。浦河教会は無牧師で、五～六人の信徒数で、礼拝説教はカセットテープを聞きながら守り、司会を高校生が担当するという家庭的な教会で、向谷地とそこで出会いました。そこで向谷地に声を掛けられ、頼まれたことは、土曜日に教会の礼拝堂の掃除をすることと、ガリ版で週報の印刷をして礼拝の準備をした後、難病の子どもたちの家庭訪問でした。看護学校の生活は実習やレポートで忙しい毎日でしたが、奉仕の精神を学び、与えられた役割を喜んで務めていました。今思えば、よく学校と両立していたものです。

そんななか、共同牧会の支えの中で一九八〇年、無牧だった浦河教会に宮島牧師夫妻が赴任しました。同年私は正看護師資格取得のため釧路市立看護専門学校に進学しましたが、准看護師として夏休みや冬休みは浦河赤十字病院の内科病棟で働きました。久しぶりに教会に行ったとき、まだ入院中の早坂潔さんが「俺は洗礼を受けるんだ」と力強く報告してくれました。潔さんは宮島牧師から物置き作りの手伝いを頼まれて、お昼ごはんをごちそうになったとき、食前の祈りの中で牧師が潔さんのことを祈ってくれました。潔さんにとって自分の存在に「感謝です」と祈ってくれた言葉が、神さまへの感謝の気持ちに変わり、一九八三年四月退院して教会に住むことになります。

向谷地は旧会堂でメンバーたちと生活することのほかに、アルコール依存症に悩む家庭の子どもたちの〝お兄さん〟として、十年ローンで買った九人乗りのワゴン車に乗せて、川遊びや遠足に連れて行く等の子どもの支援活動をしていました。それは、ワーカーとしての業務を超えた生活でした。一方で私は宮島美智子夫人と協力して、子どもたちのために土曜日に手作りのおやつを作り、勉強を教えていました。それは、現在も続いているアイヌの子どもたちの学習を支援するノンノ学校の先駆けとなる活動でした。

一九八二年四月に釧路の看護学校を卒業後、浦河赤十字病院で最初に勤務した場所は人口透析室でした。病院として立ち上げたばかりの部署だったため、看護技術の取得のために先輩看護師と一緒に札幌の病院に数週間の研修を受けてからの勤務でした。透析室自体がまだ技術面で経験不足だったことから、透析中の患者さんの急変や透析機械の緊急時操作まで、いろいろな場面を想定して毎日緊張状態で仕事をしていました。透析を無事に終えて患者さんが帰ると、スタッフ全員安堵した状態でした。夜は救急外来の当直も行い、緊迫した場面が多い中、看護師として新人だった私は必死で働いていました。当時も看護師不足のために当直の翌日も透析室の日勤を務め、思い起こせば過酷な勤務体制でした。そんな中で、その年の十一月に向谷地と結婚しました。

結婚前に向谷地から紹介されて読んだ本は、神谷美恵子の『生きがい』と、フランクルの『夜と霧』でした。結婚して幸せな家庭を夢見る以前に、〝人間の生きる意味とは何か〟の問いを突きつけられたようなスタートでした。結婚してさっそく始まった出来事は、向谷地が支援しているアルコール依存症の家庭の子どもたちをわが家に連れて来て、「ちょっと頼むね」と置いて断酒会に行ってしまうことでした。たいていの家庭は、夜の家族団らんの時間や休日を家族の時間として大事に過ごすものと思っていたため、想定していなかった出来事に戸惑いました。結婚して早々、お腹を空かせて、何かに脅え、不安げな顔をしている子どもたちをわが家に招き、夕食を共にする夫のいない団らん生活が始まりました。そもそも子どもたちは、ほとんどお風呂に入っておらず、時にはお漏らしをしたまま服も汚れて臭っていたので、毎回入浴させることから始めなくてはなりませんでした。

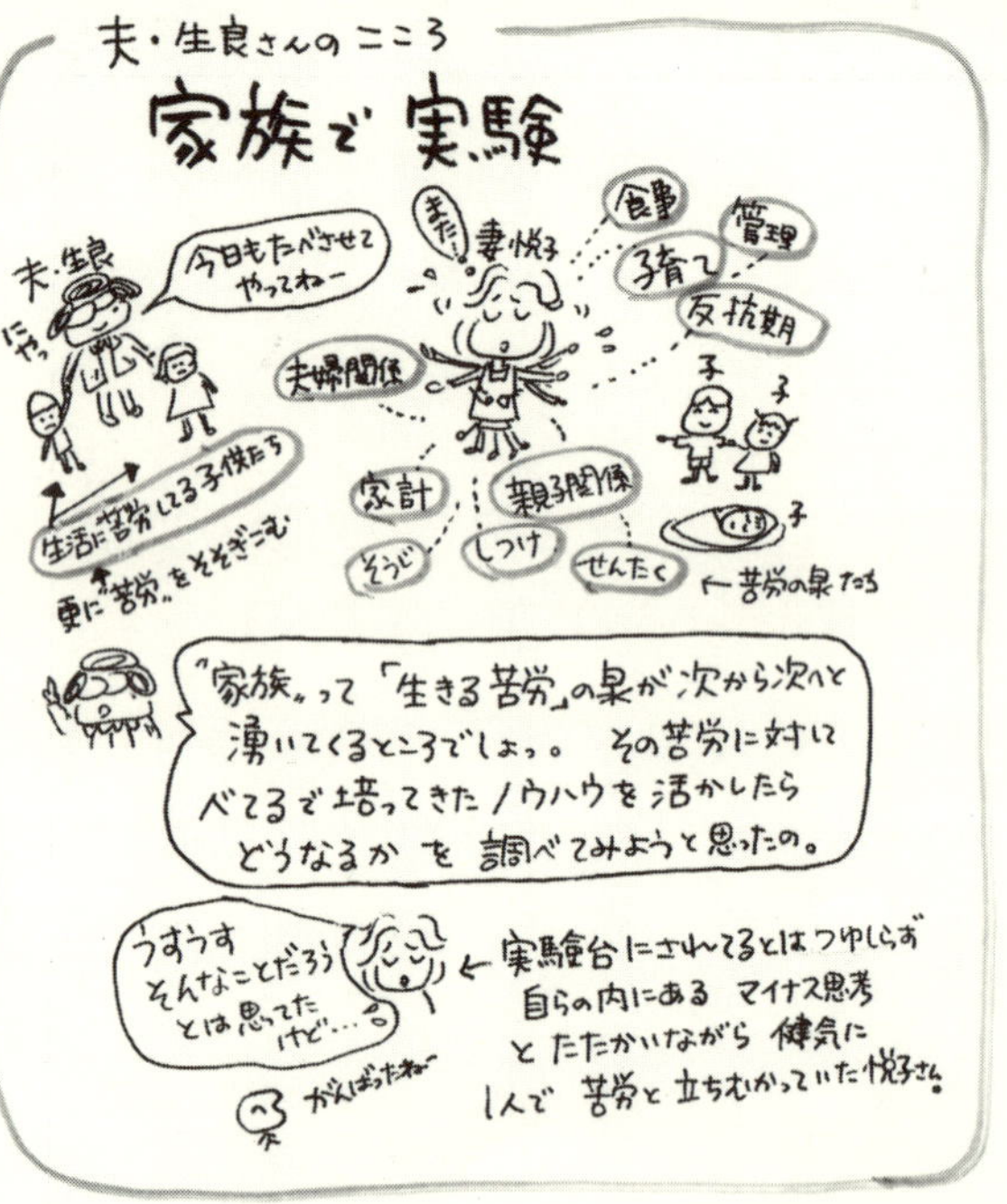

アルコール依存症の家庭は、毎日酔っぱらっている父親が暴れる夫婦喧嘩の中、子どもたちは罵声を浴びせられ、父親が鉞《まさかり》を振り回す脇で、子どもが必死でその父親を止めるような危険な状態でした。そこから子どもたちを守る場所として、わが家と教会が必要とされていたのです。

また、このころ、川村敏明医師（べてるの設立から関わっている医師）も研修医として浦河赤十字病院に赴任し、従来から活動していた断酒会活動とともに、アルコール依存症の回復のプログラムであるＡＡ（アルコホリクス・アノニマス）活動が始まりました。これによって日高のアルコール依存症の人たちの回復を支援する体制が、さらに充実することになりました。

そんな中、当時の私には理解できないことが次々と起こりました。それは、向谷地だけが兼ね備えている〝心のルーペ〟で、さまざまなトラブルで心がボロボロになっている人を見ると、〝いい苦労をしている人〟として素晴らしく輝いて見えるようなのです。困っている人や苦労している人に出会うと、賜物を発見したかのように、「紹介するよ」と嬉しそうに連れて来ました。

結婚後、引っ越しをした住宅の近所に、〝ブラボーお兄さん〟と呼ばれている統合失調症を持つ青年がいました。彼はクラシックが好きで、札幌交響楽団が毎年浦河で演奏会をするとき、観客の中央に立ち、〝なりきり指揮者〟として用意していた菜箸を振って、演奏の最後には立ち上がって、「ブラボー」と大きな声で叫ぶことで有名な人でした。彼はひとり暮らしで、清掃関係の仕事を長年務める頑張り屋さんでした。彼は教会にも通っていましたが、菜箸を片手に毎晩わが家にも来ていました。仕事中にいじめられてつらかった話を、早口で機関銃のようにしゃべり続けていました。ある日、風邪を引いて熱が出たから、わが家で休ませてほしいとパジャマ姿で上がり込んできました。熱が下がるまでの数日間、わが家で寝込んでいました。私は、こんな時どうしたらよいのかと困っていることや自分の大変さを訴えましたが、向谷地はそれに対してまったく動じることなく、逆に〝それは良かった〟と言わんばかりに、嬉しそうな表情を押し隠していました。そのことはしっかり私にばれていました。

当時の私は、看護師の仕事だけでも気持ちと体が緊張して、自分を守るだけで精一杯だったため、お手上げ状態を主張し白旗を上げていました。しかし向谷地は、必要とされていることはすべて受け入れることを揺るぎない態度として持っていたため、私が今持ちきれないほど持たされていた苦労を拒否しようとすると、せっかく良いものと出合ったのに、どうして手放そうとしているのか信じられない、という感じでした。純粋にびっくりしている夫と私との感覚のズレに、私は自分をどのようにコントロールしたらよいのかわからず、自分との戦いの続く生活でした。

結婚の翌夏、長男の宣明が誕生しました。当時、退院して昆布採りの仕事をしていた潔さんは、早朝の昆布干しを終えた後わが家に来て長男と一緒に昼寝をし、午後から昆布の取り込みに行く日々でした。たくさん母乳が出るようにと毎日牛乳を持って遊びに来てくれるメンバーもいました。アルコール依存の家庭の子どもたちも子守りに来てくれました。産前産後の六週間の休みの間は、新生児を囲み、私も周りも安定し、ほのぼのとして一番良い時期でしたが、再び仕事が始まると戦争のような忙しさでした。

仕事に行くときは宮島夫人に長男を預け、協力をもらいました。一方で引き続きアルコール依存の家庭の子どもたちは、わが家に夕食を食べに訪れていました。安心した場ができて、ほっとした表情

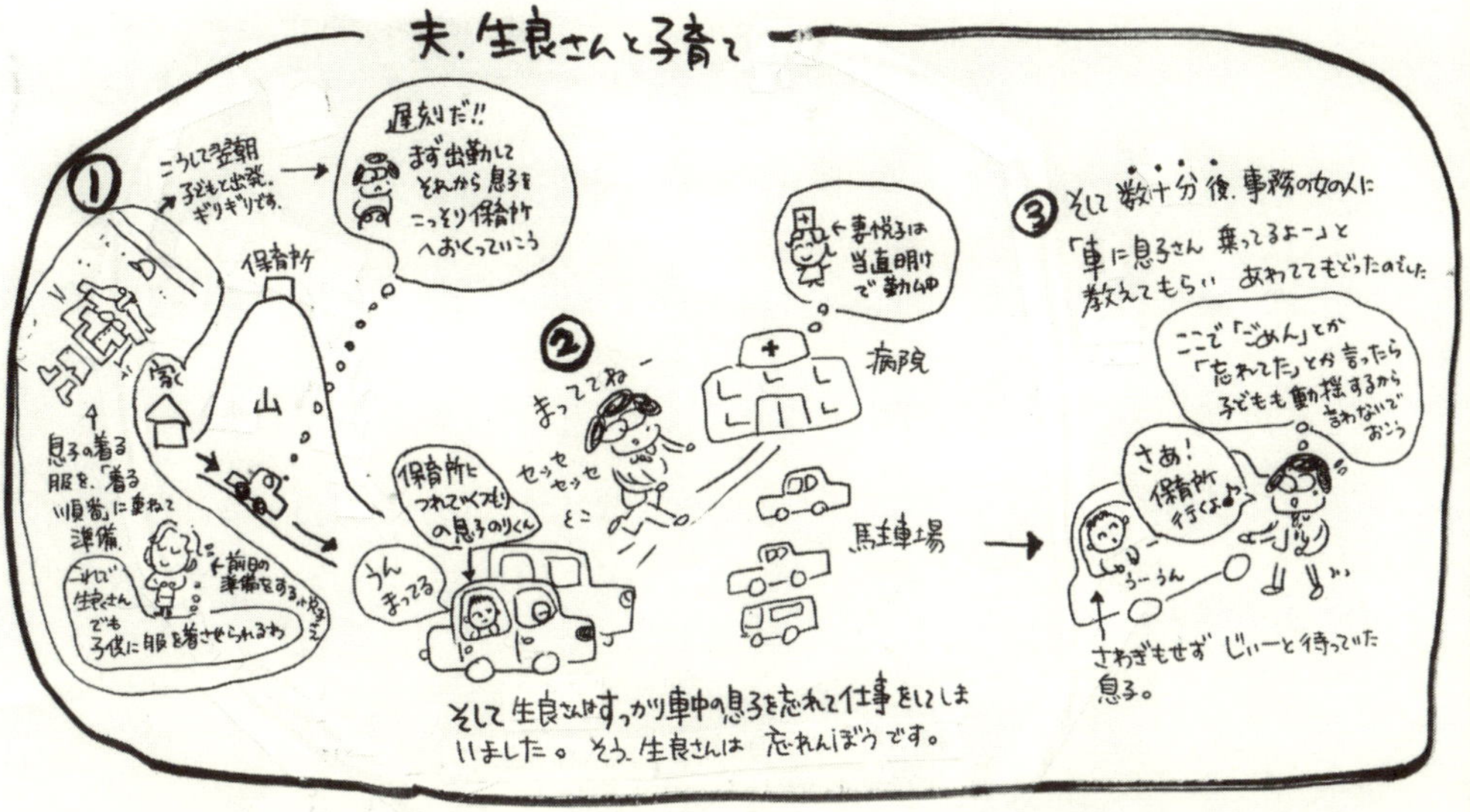

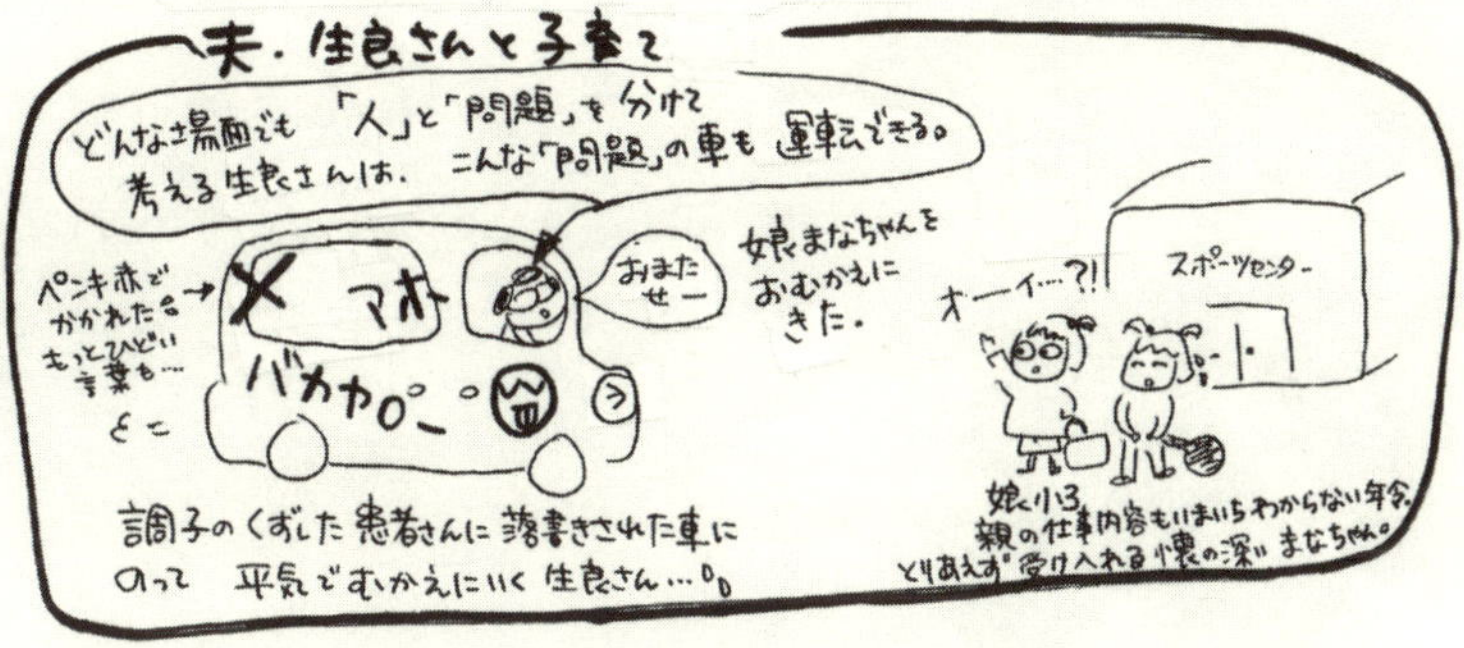

を見せ始めた彼らの次の課題は勉強でした。子どもたちの家庭は宿題ができる環境でなかったため、学力が遅れている子が多く、授業中の勉強がわからなくて困っている状況でした。夕食後は毎日宿題やテスト勉強を教えていました。中学生は赤点を取らないことを目標にして、高校受験の勉強にも取り組みました。生活が安定し楽しくなってきた子どもたちは、同じ境遇で困っている友だちをわが家に連れて来るようになりました。

　ある日、お礼にと子どもの母親が「今日獲れた魚です」と持って来てくれました。しかし、魚をさばくことが苦手な私は、ギョロギョロした魚の目を見ると、「今晩中にさばいてくれ」と魚にも責められているかのようでした。「目の前のことに忙しく、自分の子どもの面倒もきちんと見られないのに、魚の面倒なんて見ることなんてできない」と自分を責める想いにもかられていました。職場でも看護師不足の病院はいつも忙しく、体調を崩すと、「健康管理が悪い」と看護部長に怒られ、休みたくても決して休むことができない職場のプレッシャーがストレスにもなっていました。疲れるとすぐ扁桃腺が腫れ、熱を出すことを繰り返し、そのたびに点滴を受けながらの仕事と子育てと、さらに地域の抱える苦労の受け入れという三足のわらじは厳しく、やらなければいけないことが波のように押し寄せていました。

まだ弱くて、気持ちが幼かったゆえに孤独を感じ、すべてが苦労の塊となって投げつけられるような恐怖感を覚えていました。この時期、体は忙しいままでも、そこに心をホッと安心させることができる、自分にかけてあげる言葉は何だったのかなと思います。

わが家に来ている子どもたちは兄弟が多く、その従妹たちの数も多かったため、高校を卒業し就職のため浦河から出た後も、その下に続く兄弟たちが続きました。もしかしたら、この状態は永遠に終わらないのではないかという恐怖に似た思いの中、「大丈夫。いつかは終わるから」と自分に言い聞かせて過ごしていました。

向谷地は、この子どもたちに、「父親みたいな大人だけには絶対にならないと思っていても、いろいろな苦労にぶちあたったとき、必ず同じつまずきに陥るかもしれない」と事あるごとに語っていました。S家四人、K家五人、T家四人、全員が浦河から卒業して旅立ったとき、私は「終わった。ばんざい」と心の中が解放感で満たされました。

ところが、子どもたちは、予定どおり父親と同じ道を追いかけるように依存症になって、アルコールやギャンブルでトラブルを起こし、職場や生活での人間関係は崩壊し、健康を害して、一人二人と浦河に戻って来ました。しかしこの出来事は、小さい時から共に予測してきたことであり、「それで順調」と大事に受けとめ、現在も何人かの人がべてるに繋がっています。

Ⅲ　べてるの家の誕生

教会には、いつも悩める若者たちが集っていました。向谷地が私と結婚して教会を出た後、一年間だけアパート暮らしをしていた佐々木実さんが教会に移り、教会に住むメンバーが一人二人と増えました。

一九八三年四月には潔さんが退院し、教会に住み、地域での仕事に挑戦しますが、なかなか続きません。早坂潔さんでもできる仕事をしようと、宮島夫妻が教会の片隅で昆布の袋詰めの請負作業を始めました。当時、昆布の請負は町の主婦たちの内職でもありました。一九八四年に宮島牧師に「べてるの家」と名づけられ、地域での仲間同士の交流や居場所づくり等、自分たちの役割を求めて集まる当事者たちが昆布の仕事を模索している時期でした。しかし、特に、ミスターべてること早坂潔さんは、蚤の心臓というあだ名のとおり、いつのまにか〝ぱぴぷぺぽ状態〟に陥り、幻覚妄想状態で入退院を繰り返しながらの生活でした。

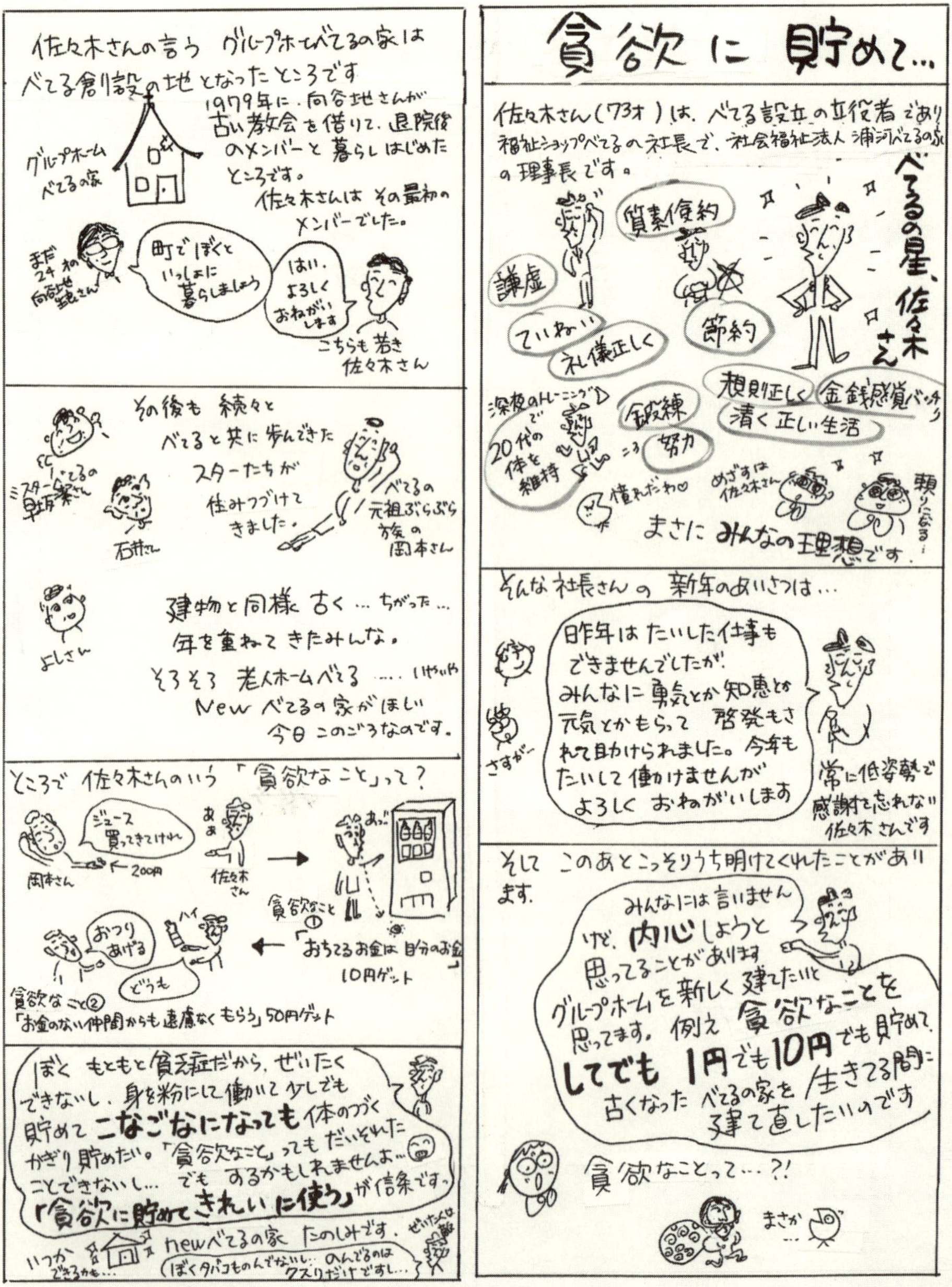

貪欲に貯めて…
佐々木さん(73才)は、べてる設立の立役者であり福祉ショップべてるの社長で、社会福祉法人浦河べてるの家の理事長です。
謙虚
質素倹約
ていねい
礼儀正しく
節約
べてるの星、佐々木さん
規則正しく
金銭感覚バッチリ
清く正しい生活
深夜のトレーニングで20代の体を維持
鍛練
努力
憧れだわ♡
めざすは佐々木さん
頼りになる!
まさにみんなの理想です。
そんな社長さんの新年のあいさつは…
昨年はたいした仕事もできませんでしたが、みんなに勇気とか知恵とか元気とかもらって啓発もされて助けられました。今年もたいして働けませんがよろしくおねがいします
さすが〜
常に低姿勢で感謝を忘れない佐々木さんです
そしてこのあとこっそりうち明けてくれたことがあります。
みんなには言いませんけど、内心しようと思ってることがあります
グループホームを新しく建てたいと思ってます。例え貪欲なことをしてでも1円でも10円でも貯めて生きてる間に古くなったべてるの家を建て直したいのです
貪欲なことって…?!
まさか…
佐々木さんの言うグループホームべてるの家はべてる創設の地となったところです
グループホームべてるの家
1979年に、向谷地さんが古い教会を借りて、退院後のメンバーと暮らしはじめたところです。
佐々木さんはその最初のメンバーでした。
まだ24才の向谷地生良さん
町でぼくといっしょに暮らしましょう
はい。よろしくおねがいします
こちらも若き佐々木さん
その後も続々とべてると共に歩んできたスターたちが住みつづけてきました。
べてるのミスター早坂潔さん
石井さん
べてるの元祖ぶらぶら族の岡本さん
よしさん
建物と同様古く…ちがった…年を重ねてきたみんな。
そろそろ老人ホームべてる……いやいや
Newべてるの家がほしい今日このごろなのです。
ところで佐々木さんのいう「貪欲なこと」って?
ジュース買ってきてけれ
岡本さん
200円
ああ
佐々木さん
あっ
貪欲なこと① 「おちてるお金は自分のお金」10円ゲット
おつりあげる
ハイ
どうも
貪欲なこと② 「お金のない仲間からも遠慮なくもらう」50円ゲット
ぼく もともと貧乏症だから、ぜいたくできないし、身を粉にして働いて少しでも貯めて こなごなになっても 体のつづくかぎり貯めたい。「貪欲なこと」ってもだいそれたことできないし… でもするかもしれませんよ…
「貪欲に貯めてきれいに使う」が信条です。
いつかできるかも…
newべてるの家 たのしみです。
ぜいたくは敵
ぼくタバコものんでないし… のんでるのはクスリだけですし…

こんなべてるの活動が始まった一方、結婚して二年も経たない一九八四年四月に、精神科専従ソーシャルワーカーであった向谷地が、当時、一緒に仕事をしていた上司（医師）から突然「精神科立ち入り禁止」「精神科患者との相談禁止」を申しわたされ、病院一階にある事務室の〝窓際〟に異動となり、精神科の患者さんとの接触を閉ざされた状況になりました。

向谷地はこの時期を振り返り、ソーシャルワーカーとして一九七八年に浦河に着任して以来、ひたすら〝転落〟の一途をたどる中で掘り当てた「絶望という鉱脈の発見」と表現しています。じつは、向谷地ばかりではなく、研修医として浦河に来ていた川村敏明先生も、同様に「浦河出入り禁止」となりました。その理由は、二人の独特の〝ノリ〟に当時の上司の先生がついていけなかったのかもしれません。

札幌の病院に戻った川村先生と毎晩のように電話で話している様子を聞いていると、究極な苦労の真っ只中にありながらも、毎日、何か楽しそうに笑っていました。「向谷地君、これ以上精神科の先生に嫌われることをしたらだめだよ」とからかうように川村先生に言われたとき、「川村先生、じつは、先生もけっこう嫌われているみたいだよ」と楽しそうに伝え、すると「まったく気がつかなかったなー」とお互いに大笑いをする感じでした。そんな川村先生も、念願かなって四年後に浦河に奇跡のUターンを果たし、窓際の向谷地は、五年後に「相談禁止」を解かれますが、現実には、確かにいろいろな困難な中にあっても、そこから見えてくる豊かな可能性を見通し、将来の、べてるの妄想を描きながら、夢を膨らませるために与えられた大事な試練の時でした。

その中で、再発を何度も繰り返して、入退院に忙しかった早坂潔さんに困っていた私は、入院したら落ち着き、退院したら具合が悪くなるという、このパターンの違いはどこにあるのかと試行錯誤しながら研究していました。

そこで、早坂さんに、お腹いっぱい食べさせてみようと試みましたが、途中で固まって動かなくなってしまいます。次にゆっくり寝かせようと布団を整え、布団の中に入れましたが、そわそわと落ち着かず起き上がり、大きな声をあげ、頭は興奮状態で飛んだり跳ねたりする状態でした。もしも早坂潔さんが激しく暴れて殴られそうになったら、どこに逃げようかといつも考えながら仕事をしていました。

ある日、潔さんが急に興奮し、私に向かって突進してきたとき、玄関に逃げました。しかし、私の足がもつれて、もたもたしている間に追いつかれ、早坂さんに頭部を殴られました。もう限界を感じ、病院に連れて行くことを決断し、自分の車の後部座席に何とか乗せましたが、いっそう暴れ出したため、私ひとりでは手に負えず、タクシーを呼び、救急外来に連れて行きました。車の中でぶるぶる震えて「うー、うー」とうなって固まっている姿を見ると、やはり病院に入院しないと回復は難しいのかと、地域での支援の限界を感じながら病院に着きました。ところが、精神科の看護師さんの姿を見るなり、潔さんは急にシャキッとしだして、普通にトコトコと歩き始め、看護師さんの後ろについて病室に入って行ったのです。そんな早坂潔さんを見たとき、真剣に心配した自分にがっかりして、タクシー代がもったいないと腹が立ち、カリカリしながら歩いてべてるに帰りました。

向谷地はそんな早坂潔さんにめげずに、べてるで「マジンガーゼット！」と大声をあげながら発作を起こしている潔さんをわが家に連れて来ました。四歳になった長男は、マジンガーゼットが大好きです。向谷地が「のり、マジンガーゼットを連れて来たよ！」という感じで潔さんがわが家に連れて来ると、息子は大喜びしました。長男はテレビの影響で全人類を救うヒーローになりきっていましたから、潔さんが来ると、張り切って変身ベルトを締め、戦う準備をして戦いを挑みました。潔さんは「おっかね〜」「おっかね〜」と言いながらも、怪獣ごっこをして、遊んでいる長男とは何語かわからないコミュニケーションが取れていました。長男が「エイ！」と潔さんに向かって行くと、タイミングよく倒れたり、「ヤー！」と棒を振ると、うまい具合に転がったりしながら、上手に手加減をしながら遊んでいました。もしかしたら、こちらの言っていることはわかっているのに、具合の悪いふりをして、試されているのではないかと不思議な部分もあり、なにが起こって症状として現れるのか、理解できないところがたくさんありました。

しかし、その後も激しくガラスを割ったり、壁に穴を開けたりするため、手の施しようがなく、祈るしかないと思って、景色の良い丘の上に連れて行き、大きな声で讃美歌を歌ったり、聖書を読んだりとあの手この手を試しました。

そのころ、半分あきらめの気持ちで、固まった潔さんを何とかしようと、向谷地は長男のおもちゃのピコピコハンマーに「川村ドクター推薦発作止め」と川村先生に書いてもらい、固まったとき、ピコッとしました。一瞬現実に戻りごはんを食べ始め、振りかざした拳も止まり、少し効果がありました。

当時まだ三十代だった早坂潔さんが、急に認知症になってしまったお年寄りのように「あ〜」とか「う〜」しか言葉を発せなくなってしまいます。しかしよく観察していると、その現象は、パチンコに行ってお金を使い過ぎて金欠になった時や、好きな女性のことで隠し事をしている時などに多いことがわかってきました。現実の苦労と向き合わなければならない時、自分から深い霧の中にスーと入ってしまい、自分の面倒さえもみられなくなってしまう状態は、まるで病気という盾に守られているようでした。すっかり病気に助けられていました。

しかし潔さんは本当は自分の苦労を周りに丸投げするのではなく、自分の苦労の取り扱いが上手になりたいと思っていました。「病気とうまく付き合う」とはどういうことなのか、必死に探しもがいていました。同じように私たち支援者ももがいていました。潔さんが病気にすっぽり包まれる前に、言葉で気持ちを伝えられないか、行き詰まりをもっとわかりやすい形でSOSのサインとして出せな

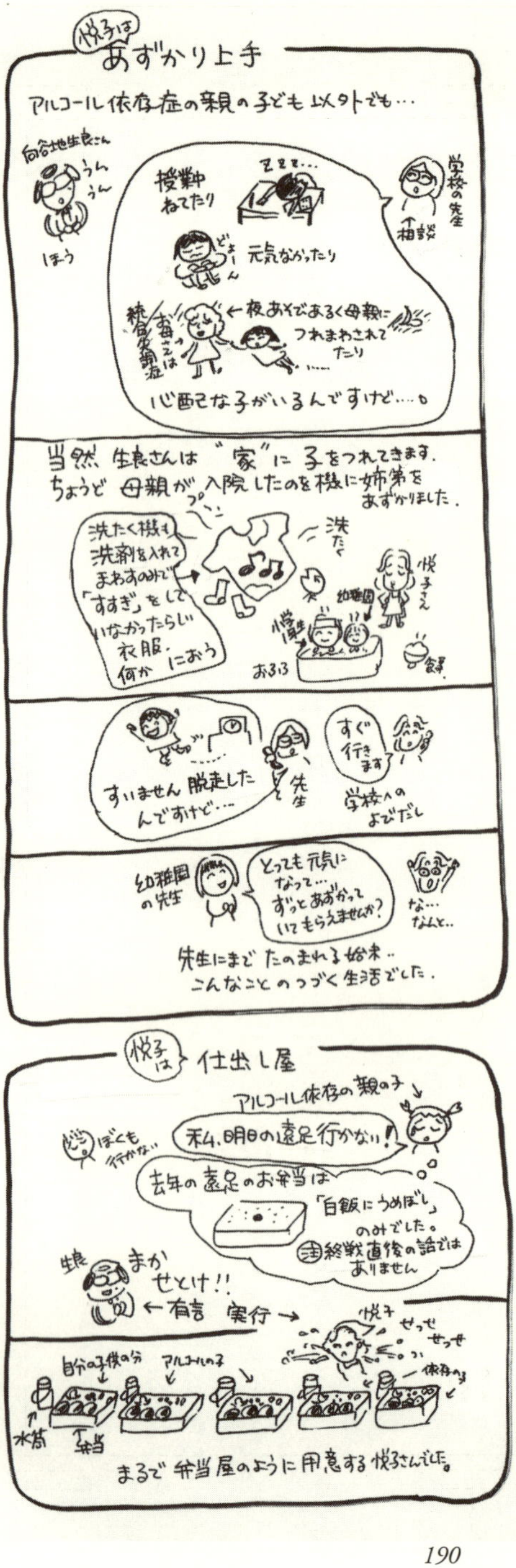

いか、そういったお互いの思いが重なり、自分を助けるプログラムを生み出すエネルギーとなりました。

一九八八年春、川村医師が浦河赤十字病院に再度赴任してきたとき、新棟が完成し、精神科のベッド数は百三十床とピークに達しました。同時に宮島牧師夫妻が滝川二の坂教会に異動となり、教会を拠点に活動していたメンバーたちは戸惑ったと同時に、わが子を牧師夫人に預けて勤務していた私の生活も困難に追い込まれました。夜中に教会へ逃げ込むことが多かったアルコール依存症の妻と子どもたちの受け入れや土曜学校の運営等、今まで牧師夫人がカバーしてくれていたことが次々と忙しさを増してきました。まだ入院中でしたが、べてるに通っていた石井健さんが、下請けしていた昆布の納入が遅いことに腹を立て、業者とケンカをしてしまいました。そのため、牧師夫人と始めた請負作業でしたが、それがきっかけで仕事を断られてしまいました。

しかしこのことをきっかけに、下請けから、自分たちで商売をするチャンスへとつながったのです。請負作業で商品にならず取っておいた昆布の切れ端に目をつけ、はさみでカットしてパックに詰め、〝だしパック〟の商品が誕生しました。刻み昆布の内容量が七グラムと決まるまで、十グラムや五グラムを入れて、実際にお味噌汁やお鍋のだしを取ってみんなで決めました。ラベルはプリントごっこで手作りして昆布の産直を始めました。

翌春のことです。北海教区の総会で、初めての〝だしパック〟の出張販売が計画されました。その準備の矢先に、潔さんがいつもの〝突進発作〟で入院してしまったのです。入院中だった潔さんが販売に行くことを主治医の川村先生に申し出たところ、簡単に外泊の許可を出してくれました。川村先

ベてるで育った向谷地家の子どもたち

生は、よもやひとりで販売に行くとは思っておらず、あっさりと許可をしたようです。しかし、潔さんは予定どおり総会の販売コーナーで固まってしまい、横になっている間に女性の方たちが「潔さんが具合悪いんだから、みんな買ってねー」と呼びかけてくれたおかげで完売となりました。

意気揚々と帰って来た早坂さんのお手柄にメンバーは拍手を送り、この売上がみんなの初給料となりました。〝病気が悪いほど昆布は売れる〟のキャッチフレーズがここで生まれ、潔さんは自信に満ち、販売部長に抜擢されたのです。

以後、毎年この集会には販売に出かけ、全国の教会バザー用にダイレクトメールを出して注文をもらいました。また浦河赤十字病院や在宅に「紙おむつを一個から配達します」と口コミで宣伝し、人手がかかったとしても〝利益のないところを大切に〟の理念を掲げ、苦労の中にも仕事の希望が見えだした年でもありました。

Ⅳ　SSTとの出会いと当事者研究の始まり

私はそれまで看護師をしながら「ボランティア」としてべてるに関わってきましたが、紙おむつの販売や日高昆布の産地直送も始まったべてるは、仕入れや発送で忙しくなってきました。そんな中、三人目の子どもを妊娠した初期に安静が必要になり、二か月間点滴治療の入院を強いられました。べてるの帳簿を持参してベッドの上で仕事をしていました。ところが、べてるのメンバーは「今日は給料日だよー」と、産婦人科病棟に次々と訪れました。全く遠慮なく入って来るメンバーに驚いた同室の患者さんたちは「べてるは何をしているところなの？」と興味を持ってくれ、べてるのメンバーを紹介するきっかけとなりました。

そんな中で、三人の子どもの育児と病院の看護師をしながら、片手間ではべてるで働くことができなくなり、一九九一年に浦河赤十字病院を退職し、〝無給（休）よろずスタッフ〟となりました。「共同作業所」としての指定を受ける書類作成の準備を進めながら、子どもを連れてべてるへ仕事に行く生活が始まりました。小学一年生になった宣明と四歳で保育所に通う彩良は、放課後、べてるで遊ばせ、生まれたばかりの愛はメンバーのおかげですくすくと育ちました。ミルク作りやおむつ替え、乳母車での散歩など赤ちゃんの扱いは、不器用な上に荒っぽさがありましたが、娘の愛を囲んだべてるは賑やかになり、みんな楽しそうでした。

そうしたなか、相変わらず問題だらけのべてるでは、〝治すこと〟を主流にやってきた看護師時代の感覚で押し進めてしまい、目の前にある症状や問題を解決させることの〝問題の扱い方〟のズレが生じ、メンバーとどうしても噛み合わない苦労が生じました。私にとってどこから手をつけてよいかわからないメンバーたちの服薬管理、健康管理をはじめ、衣食住すべての生活課題への対応に、ほと疲れ果てたとき向谷地に相談しました。ところが返ってきた言葉は、「早坂潔さんに相談したら」とさらっと流されてしまいました。ソーシャルワーカーなのだから、私の悩みもきちんと聞いてほしいという願いもかなわず、あの頼りのない一番私を悩ませている潔さんに、自分の悩みを聞いてもらうなんて、私の気持ちなんてわかるはずがない、と夫の言っている意味が理解できませんでした。

まだ、共同作業所の認可も受けていないべてるは、スタッフを雇って給料が払える状態でなかったため、べてるで相談する人もいませんでしたから、仕方なくあまり期待せずに潔さんにつぶやいてみました。その日の朝にならないと誰が顔を出すかわからないべてるでしたので、昆布の注文がたくさん入って納期が迫っている状況でも、いなくなってしまう潔さんに、「今日は忙しいとわかっているのに、どうして釣りに行っちゃうの？」と聞きました。すると、潔さんは「天気がいいからだ！」と呑気に言います。頼りにしていたメンバーが次々と入院してしまい、働く人がいなくなった状況の中で、潔さんまでも入院になったら困ると思い、「パチンコをしてしまえば入院になるとわかっているのに、なんで行くの？」と聞くと、「パチンコがおれを呼ぶんだ」と答える潔さんに、私は「はぁ～」と溜息をつきながらも、気を取り直し、困っていることをこちらから相談し、作業の段取り等を提案して、共に考え、工夫しながら仕事を始めました。そこから生まれたのが「弱さの情報公開」でした。

　翌年（一九九二年）、前田ケイ先生（現・ルーテル学院大学名誉教授）との出会いで転機が訪れました。前田先生は一九八八年に東大のデイホスピタルで、日本で初めてＳＳＴを導入し、全国への普及啓発に熱心に取り組んでおられました。前田先生が札幌市の出身であったことから、縁あって九一年に浦河にも足を運んでいただき、ＳＳＴを教えていただく機会を得ることができました。ＳＳＴは、アメリカカリフォルニア大学ロサンゼルス校（ＵＣＬ

A）教授（精神科）リバーマン博士が一九八八年に東大の客員教授として招かれ、東大病院デイホスピタルでSSTのデモンストレーションをしたのが始まりです。一九九四年、SSTは、精神科における「入院生活技能訓練療法」として診療報酬に取り入れられるようになり、現在は、更生保護領域（司法）や学校教育の分野にも広がっています。

SSTは、〝自分らしい苦労の取戻し〟を大切にしていたべてるにとって、本当に待ち望まれていた「自分を助ける」プログラムとなり、メンバーたちにとっては、昆布を売る商売の練習に始まり、地域で生活するうえで、人間関係の苦労は満載でしたので練習課題には尽きませんでした。SSTで練習することで、生活のスキルがアップし、仲間とのコミュニケーションが上手になってきたメンバーは、成功体験を積み重ねることで自分に自信がつき、仲間同士の会話の中で「困った時は、SST

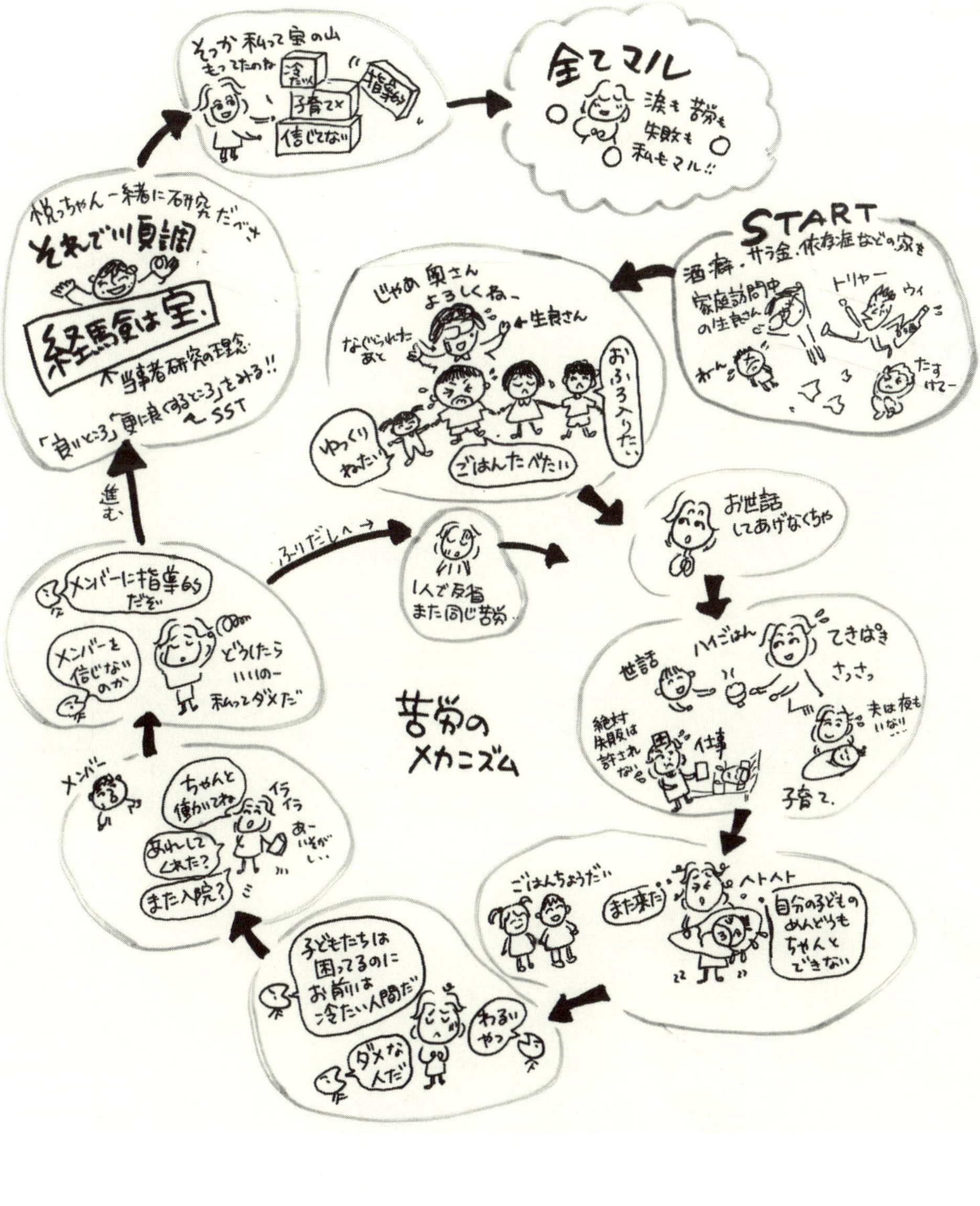
苦労のメカニズム
START
酒害・サラ金・依存症などの家を
家庭訪問中の生良さん
トリャー
ウィ
わーん
たすけてー
じゃあ 奥さん よろしくね―
←生良さん
なぐられたあと
おふろ入りたい
ゆっくりねたい
ごはんたべたい
お世話してあげなくちゃ
世話
ハイごはん
てきぱき
さっさっ
絶対失敗は許されない
仕事
夫は夜もいない…
子育て
ごはんちょうだい
また来た
ヘトヘト
自分の子どものめんどうもちゃんとできない
子どもたちは困ってるのにお前は冷たい人間だ
わるいやつ
ダメな人だ
メンバー
ちゃんと使いってね
イライラ
あーいそがしい…
あれしてくれた?
また入院?
メンバーに指導的だぞ
メンバーを信じないのか
どうしたらいいのー
私ってダメだ
ふりだしへ→
1人で反省
また同じ苦労
進む
悦っちゃん一緒に研究だべさ
それで順調
経験は宝
当事者研究の理念
「良いところ」更に良くするところ」をみる!!
SST
そっか 私って宝の山もってたのね
冷たい
子育て×
信じてない
指導的
全てマル
涙も 苦労も
失敗も
私もマル!!

をしたらいいよ」と合言葉のように浸透し、SSTを積極的に取り入れました。

SSTは、仲間との弱さや苦労の分かち合いの場となり、また仲間の良かったことを見つけることが上手になり、その人をみんなで応援する体制と、メンバーが語る言葉が変わってきました。その言葉は、お互いをいたわり励まし合う言葉となり自分を大切に扱う心の言葉となって、自分との付き合いが上手になる大事な鍵になりました。職業的に、問題点を先に見つけることは得意でも、ほめることができなかった私に、SSTとメンバーのおかげで自分自身が回復していく兆しが生まれました。〝良かったこと〟をメンバーと一緒に確認することができるようになった私は、メンバー以上に救われたのかもしれません。そこから、今まで、問題行動をする困ったメンバーをこちら側が、一方的に支えるのではなく、自分で自分のことを何とかしたいと願うメンバーと、応援したいこちらの願いの共同の営みが始まりました。どんな困難な中にあるメンバーでも〝必ず回復する〟見通しの光が、べてるにいる誰もが見えるようになってきました。

以前、向谷地しか持ち合わせていないと思っていた〝心のルーペ〟は、特別なものではなく、ごく自然にみんなが持てるようになりました。さらに、二〇〇一年二月、〝爆発〟に困っている一人の青年を前に、「一緒に研究しよう」という一言から始まった当事者研究が、自分を助ける活動として広まりました。「自分自身で、共に」の理念にあるように、自分の抱える苦労への対処を専門家や家族に丸投げしたり、あきらめたりするのではなく、それは大切な苦労として取り戻し、研究を通じて「自分の苦労の主役」「自分の専門家」になろうとする試みは、病気との付き合い方もより上手になる可能性をもたらしたばかりではなく、当事者自身が自分を語る言葉を取り戻すことを通じて、統合失調症などの精神疾患に対するイメージを変える契機となりました。

その年のわが家の出来事としては、川村家と一緒に「里親」の登録をしたことです。そして、向谷地家の里子第一号が、当時、中学三年生の吉田めぐみさんでした。統合失調症を抱えるお母さんと暮らし、苫小牧弥生教会に通っていましたが、お母さんの体調不良などから児童相談所に入所していました。そのめぐみさんが、偶然にもわが家の里子になったのです。そのめぐみさんも現在は、べてるの事業を担うスタッフの一人として活躍するまでになっています。

私たちが大切にしてきたことは、他教会との連帯です。教会は、生きる苦労の宝庫です。ですから、教会でこそ当事者研究は用いられるという確信を持っています。当事者研究が生まれた二〇〇一年、同じ苫小牧地区にあって、障がいを持つ人たちとともに歩む教会を目ざしている恵庭市にある島松伝道所と浦河伝道所がタイアップして「教会を元気にしていく」プロジェクトが始まりました。クリスチャンというと、〝敬虔なクリスチャン〟という言われ方をするように、私生活においても、イメージとして他の模範となる姿勢を期待されることがあります。しかし、病気は、私たちに正反対の現実をもたらします。そこで、私たちは、島松との交流の中から、〝弱さを絆に、けじめがなく〟という言葉をキーワードに、新しい連帯の形を模索してきました。その象徴が、自ら躁鬱病をかかえる島松伝道所の辻中徹也牧師が始めた当事者研究と、現在、島松伝道所が地域の人たちに当事者研究の場として用いられるという出来事です。

ここで、当事者研究を紹介します。べてるのメンバーで、教会にも通っている佐藤太一さんの当事者研究です。佐藤さんは統合失調症を抱えるばかりではなく、「多飲水」という厄介な症状を持って

人生の方向音痴症候群 吉めぐ物語
めぐの「対策」
① ねる時のお共は「包丁」
めぐ
「殺されるぐらいなら自分で死ぬ」とおもって包丁を手ばなさず…
② 正油をのむ
ごくごく
「正油を1ℓのめば死ねる」と聞いて実行。ただの迷信と確認。
母さん なんか変だなぁ。何かにとりつかれてるんじゃないかなぁ？ でも人には言っちゃいけない気がするし。そうだ 神さまにおいのりしよう！
クリスマスも誕生日もプレゼントいらないから母さんをなおして下さい
泣きめぐ
母さんは性格がわるくてサボってんだな こまったな
親戚
父さん
このころは お母さんの病気を誰も気づいてなかったのです。
めぐの「苦労」
いっしょに死のう
しめる
グエ
母さん 幻覚妄想状態
小3のとき首しめられる
お母さん そんなことしちゃダメだよ おちついて
包丁だ
ドキドキ
お母さん包丁はいけないよ
おりる
ダメ
何回もアパートの3階からとびおりようとする母さん
いつでも母さんを説得した どんなときでも
ある日 吉めぐは母さんから暴力をふるわれ、大家さんに助けをもとめました。そして母さんが入院し、「1人ぐらし」になった吉めぐは児童相談所とつながる そして…
ようやく吉めぐがべてるへ…
平成13年、里親制度を取得した向谷地家へ里子としてくることに。
中3になってました。
彩良ちゃん 中1
うんうん じゃ いっしょに あそぼう
小4 愛ちゃん
こっちの手には りかちゃん人形
手には リストカット
あたし1人ぼっちだったから お友だちなの
めぐ
子どもたち 吉めぐを たのむね〜
悦子さん
← 吉めぐは片づけにがて
べてるで育った2人 "慣れてます"
吉めぐと精神年齢が同じ
なれました
昆布作業
どう？
仲間もできました
ここがニューべてるです
オリエンテーション係
べてるで仕事するように
今は「誤作動」と「本物」の気もちが見極められない症候群 それに酔ってるタイプです。
そして今は…
が… がんばる
泣きながらも自らの経験という宝を全国に発信中です♪
母さん
ねえねえ
吉めぐ
母さん 幻聴さんにおねがいしてみたら
母さん自身も仲間をサポートするようになりました
母さんや仲間のピアサポートもしてます。

います。その彼を、当事者研究を通じて応援しています。

“多飲水の苦労”のメカニズムの研究——地域で仲間と暮らす中で

佐藤太一

◆はじめに

僕は「多飲水（水中毒）」に苦労しています。わかりやすく言うと、強迫的に水を飲みすぎて、止まらなくなる状態が続いています。自分だけの力ではコントロールが難しく、抑制のブレーキが壊れた状態です。一日に何度も水道の蛇口から一気に五〜六リットルの水を身体の中にいれると、次第に電解質バランスが崩れ、低体温、むくみ、頭痛など様々な症状が起こります。身体は震え、意識ももうろうとし、床や布団や目の前にいる人の前でも、とにかくそこら中につばを吐いて身体を楽にしようとするのですが、当然楽にはならず、代わりに仲間からの評判が落ちます。

周囲に「もう助け時！」と言われ、病院に行き、点滴や入院での治療をすることになります。入院中は個室での施錠や病棟という枠の中で、環境的に水から遠ざけてもらい、やっと自分を守れる状態です。一時的に身体機能が回復するので、すぐに退院になりますが、抑制のブレーキは壊れたままなので、僕はまた水道の蛇口の前に行って水飲みを再開してしまいます。大量に水を飲むことは手っ取り早いストレス解消の方法のひとつです。命の危険が伴う危険な「自分の助け方」ですが、金欠の僕

にとっては、水道の水はお金がかからずすぐに手に入る便利さが、辞められない理由のひとつです。僕は病気になってから家族関係も悪くなってしまい、現在は実家を離れて仲間と一緒にべてるのグループホーム（浦河教会の隣）で生活しています。今までは、病気と付き合いながら生活するにはどうしたらよいかがわからず、服薬もできないこともありました。病院とは違う自由な地域の中で、自分の命を守りながら安心して生活をするにはどうしたらよいのかを探るために、研究を始めました。

◆苦労のプロフィール

僕は北海道の新冠町で生まれ、今年で三十歳になりました。自己病名は「統合失調症無人島漂着タイプ」。両親や親戚の期待に応えようと、勉学に励み、地元の中学を卒業後は札幌の有名進学校に入学しました。実家を離れ、寮生活になりました。

在学中、周囲や遠方から笑われたり怒られたりするような気持ちになり、幻聴が聞こえ始め、寮の部屋でじっとしていられなくなりました。勉強はできたので卒業はできましたが、大学受験に失敗。仕方なく自動車工場に就職し北海道を離れますが、調子が悪くなり、仕事を辞めて地元に戻りました。

地元に戻った後、幻聴さんにジャックされ自宅で引きこもるようになりました。特に弟と祖母に暴力を振るってしまい、絶縁状態になり、浦河から往診に来てくれていた川村先生とソーシャルワーカーのすすめで、二十三歳で初めて精神科に入院をしました。

退院後、浦河に住むようになりますが、自分がなぜ地元に戻れないのかわからず、病気の説明を受けても、どうなれば「良い状態」なのか、今の何が良くない状態なのかを理解できませんでした。その結果、数々の問題を起こしてしまいました。

その一　アパートボヤ事件

初めての入院後、退院して浦河のアパートでひとり暮らしを始めました。しかし、浦河で生活する意味を見いだせず、虚しくなり、昼間にすることもなく、順調に服薬もできずに、タバコの不始末で布団が燃えるボヤを起こしてしまい、再入院をしました。

その二　地元逃亡事件

次の退院後は、グループホームべてる（浦河教会の旧会堂）に入居し、早坂潔さんや佐々木実さん等の仲間たちとの生活が始まりました。しかし、虚しさは消えず、やはり地元に帰りたくなり、誰にも言わずに夕方に住居を出て、五十キロ以上離れた実家に向かいました。JRの列車に乗ったのですが、日高線は本数も少なく、田舎なので、時間的にも実家にいく公共交通機関もなく、仕方なく隣町の駅で一泊しました。そうしたら、家族にも仲間にも心配をかけ、捜索願いが出され、翌朝お巡りさんに保護されました。

その三　シケモク拾い事件

地元逃亡事件の後も、人生の虚しさは増すばかりです。虚しさに比例してタバコの量が増えますが、慢性的な金欠で自分の小遣いで買えるタバコ一箱は一気に吸ってしまい、町内でシケモク拾いをしました。シケモクを吸うと一時的にイライラがおさまるので住居に戻りますが、すぐにまたイライラはやってくるため、朝から晩までシケモクを探しに町内を歩き回りました。

その四　多飲水事件

このころから、仲間と過ごす時間を増やすためにも、べてるへ仕事に行くようになりました。しかし、仕事には集中できず、タバコの吸い過ぎや薬の副作用もあり、水飲みが止まらなくなりました。水中毒の症状で仲間からの評判も落ち、水飲みで電解質バランスを崩し、入院もしました。

◆研究の目的・方法

病院に入院すれば、服薬や水飲みの管理で強制的に自分を守ってもらえますが、地域での生活では自分で自分を助けるしかありません。僕は仕事をしてお金を稼ぎたいという希望もありますが、水を飲むことやシケモクを探すことに忙しくなると、べてるにも行けなくなります。体調気分良く過ごしたいし、家族と和解して地元にも帰りたいと思っています。苦労のメカニズムがわかって、地域で希望をかなえながら安心して生活するスキルの獲得が、研究の目的です。

べてるの当事者研究ミーティング、SST、グループホームのミーティングで、自分の苦労をあげて、何が起きているのかと、新しい対処方法を仲間と考え、実践しました。また、水飲み等についてデータを収集し、毎日チェックシートを使って記録をしました。

◆苦労の内容と新しい自分の助け方

①家族との和解

今までひとりで勝手に実家に帰ろうとしていましたが、計画をたてて、仲間と一緒に実家に遊びにいくことにしました。まず母に、今までの苦労をねぎらい、実家で暴れていたことを謝る練習をSSTでしました。母は泣いて喜んでくれて、以来、定期的に遊びに行くようにしています。

母も定期的に浦河に来てくれるので、僕は働いた給料でべてるのカフェのランチをおごることにしました。この時のコミュニケーションもSSTで練習しました。母はまた泣いて喜んでくれました。

今は、祖母や弟との和解の練習の作戦をたてています。

② 体調気分よく過ごす

水飲みについて、仲間とミーティングを開き勉強をしました。「多飲水」とは、何杯も飲むことや、注意されても飲む、一日三リットル以上飲むことで、「多飲水」によって身体の中の水分量が増え、体調に異変が起きることが「水中毒」だとわかりました。「水中毒」とは、血液が薄くなり、低ナトリウム血症が起こったり脳がむくんで頭痛がしたりイライラしたり意識を失うこと、胃腸のむくみでもどしてしまうこと、尿の量が増えること、心臓もむくんで心不全が起きやすくなること等の症状があると知りました。

③ そそのかし幻聴さんとの対応

研究の結果、「多飲水」のきっかけとなっているのは、僕の場合、幻聴さんの〝水を飲め！〟という命令だったことがわかりました。今までは、イライラは疲れや口の渇きや頭痛によって起こるものと思い、水を飲めば気分転換になり一時間くらいは落ち着く、という自分の助け方をしていたので、これは命の危険性がある方法だったのだと、初めてわかりました。

そこで、幻聴さんに丁重に「水を飲み過ぎると危ないので、今日はやめときます」という練習をSSTでしました。すると、幻聴さんがおとなしくなることを発見しました。特に、暇な時にひとりでいたりすると、幻聴さんの命令ですぐ水道のほうに行ってしまいます。そこで、みんなで幻聴さんに語りかけて、上手にお帰りいただくことを試しています。そして、仲間からもアドバイスをもらい、「せっかく飲むなら、仲間とおいしいお茶を飲む」「ヒマ対策で仕事をする」「塩分を取る」「体重を計ったり、チェックリストでデータ収集をする」などが新しい自分の助け方として実践していることです。

幻聴さんが「働いていないぞー」「人の役に立ってないぞー」「立派な人間になれー」「真面目すぎるから面白いことをしろー」と自分には無理なことを言ってきますが、そそのかし幻聴さんには「べてるで送迎のアシスタントの仕事をして、仲間の役に立っています」「今は仲間と楽しくやっています」と丁寧に対応しています。

④ 役割を持つ

送迎アシスタントとして車の中で仕事をしている間は安心です。アシスタントとして、送迎者の専

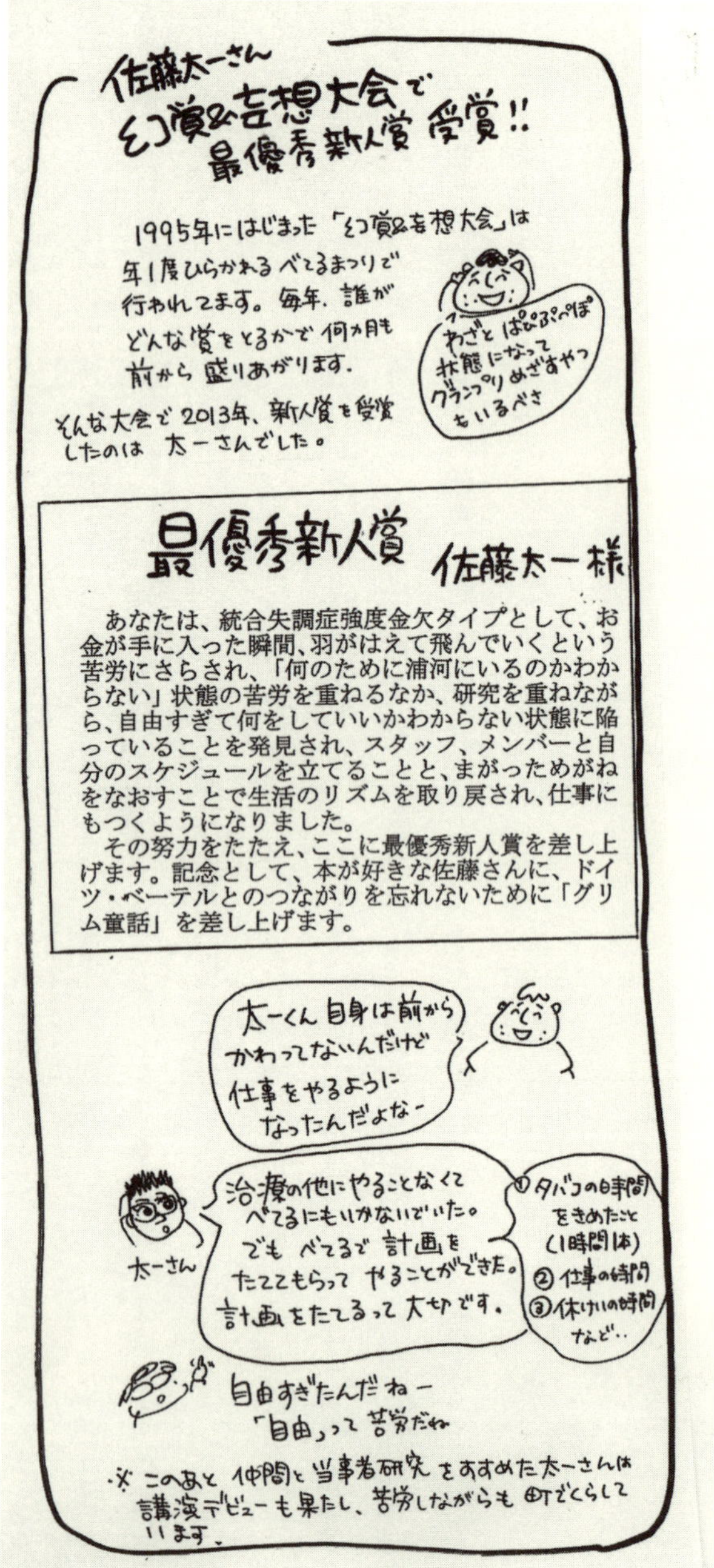

用携帯電話かかりとして助手席に座り、仲間からの送迎の依頼に対応する練習をSSTでしています。
「もしもし、送迎アシスタントの佐藤です。フラワーハイツからニューベテルまでですね。少々お待ちください。」「松本さん（ドライバー）、今からフラワーハイツまでどれくらいで行けますか？はい、わかりました。」「〇〇さん、あと十五分でお迎えに行けますのでお待ちください。」
ポイントは、冗談も加えて言葉で仲間とつながるようにして自分も楽しむ。

⑤水からアミノ系の飲み物に変えて、水分のコントロールをする

一時間に百ミリリットルを目安に、ペットボトルにテープでしるしをつけて、自分も周りもどれぐらい水分を飲んでいるのか把握できるようにします。

◆まとめ

水飲みが止まらない時、仲間から「なんでそんなに飲むんだー」とか「飲んだらだめ！　死ぬぞ」と頭ごなし注意されても水飲みは収まりませんでした。厄介な「多飲水」は、自分に何が起こっているのかと仲間と考えたとき、幻聴さんが自分をそそのかし、幻聴さんのその声の内容は自分が考えていることと同じでした。幻聴さんが自分にはっぱをかけるのも無理のないと思いました。病気で自分は何もできないことは現実であり、自分に自信がなかったのです。

水飲みの症状はちょっとそのままそっと横に置いといて、仕事をすることを仲間と考えたとき、送迎のアシスタントが自分にとって一石二鳥とあみ出したとき、希望がわきました。孤独だった自分ですが、仕事が仲間とのつながりを生みだし、人の役に立っている実感を感じられたとき、仲間から感謝され、自信がつきました。

このことを通して一番変わったのが幻聴さんでした。丁重なお願いをしたら、幻聴さんが黙ることを発見できたこともよかったと思います。これからも、「多飲水の研究」を通じて、自分の希望を実現していきたいと思います。

V　社会からの逆風と順風

一九七〇年代に、障がいを持つ人たちの居場所、働く場として市民運動の中から始まった「作業所」は、全国各地に広がり、重要な社会資源として認められるようになり、日高昆布の産直から始まったべてるも、地域の小規模共同作業所として道の補助対象となりました。そんな作業所も、国の方針として任意団体から公益法人化を推進する流れの中で、二〇〇二年に社会福祉法人浦河べてるの家として衣替えをしました。それは、ちょうど浦河赤十字病院の精神科の病床削減（百三十床から六十床）と入院患者の地域移行という時期と重なり、精神科デイケアもオープン（二〇〇二年六月）するなかで、べてるはその受け皿としての役割を期待されるようになりました。

その中で、二〇〇三年四月に向谷地が北海道医療大学（看護福祉学部臨床福祉学科）に教員として赴任することになります。向谷地は以前からソーシャルワーカーの実習生をたくさん受け入れ、後進の育成にも力を入れていましたので、これからのために、自分のできることとして、教育現場に行くことも必要と考えていたのでしょう。

突然の話に、私の中では結婚当時、「頼むね」とアルコール依存症の子どもたちとともに置いて行かれた時のような不安がよみがえりました。なぜなら向谷地は、浦河赤十字病院と地域の架け橋として重要な役割を担っていたからです。常にメンバーが爆発した時の危機介入や入院が必要な時の病院との手配等、病院と地域の連携がスムーズに的確に行われるようにしてくれました。その役割が、一気に自分の手に渡され、地域で繰り広げられているトラブルや事件の介入等、特に警察とのやりとりで夜中の出動が多くなりました。深夜、メンバーが幻聴さんの言うままに、浦河を出て、遠くに行ってしまい、町外の警察署まで身元引受人として行くこともあり、当時、中学生になったばかりの愛（次女）と二人生活であったため、朝起きて母親がいなくて不安にならないために、置き手紙を残して出かけることもありました。

あれから十年、べてるはメンバーも百人を超え、働く職員も六十人を数えるまでになったばかりでなく、全国に当事者研究のネットワークも広がり、国際交流も盛んになりました。企業とのタイアップ事業や商品企画も検討され、「起業精神」にも火がついています。そんな矢先の二〇一三年秋に、二〇一四年四月をもって浦河赤十字病院が突然精神科廃止を表明するという事態が起こりました。日高管内唯一の「総合病院の精神科」存続に向けて、関係機関や地域の人たちと対応を話し合い、廃止反対と存続に向けた運動を進めた結果、一時、廃止撤回となりましたが、先行きは不透明です。病棟には、いまだ入院している仲間が数名います。地域移行に挑戦できたメンバーもいますが、一人二人と他の病院に転院していく姿を見送りました。地域で生活しているメンバーたちは「次の入院はどうしたらよいのか」と、今後のことが不安で、調子を崩す人もいました。

しかしこれからは、今まで以上に、日高の精神医療と福祉を当事者、家族、地域の方々と共に考え、一緒に築いていくことが求められています。当事者は自分たちがこの三十年で培ってきたこの歴史の中で、獲得してきた自分の助け方を宝にメンバーたちは乗り越えていけると確信しています。しかし、課題はメンバーではなく、支援者側にあることです。当事者たちには、〝病気〟という、決して離れない自分を助けてくれるものを兼ね備えています。さらに、もう一つ、後から獲得した自分の助け方の〝当事者研究〟もあります。しかし、健常者と言われる支援者には何もありません。支援者という以前に、自分も当事者であり、自分の助け方を獲得する課題が残されています。

べてるは、「今日も、明日も、明後日も、順調に問題だらけ」の日々を重ねてきました。これからも、新たな苦労が次々に生まれてくるでしょう。支援者には〝その苦労を受け入れていくことをやめない〟勇気と〝新しい苦労も受け入れ続けていく〟必要があります。かつて私が、こんなにたくさんの苦労なんて、持ちきれないと、放り投げだしたくなって、もがいていたときでも、それを乗り越えられたのは、病気の苦労を抱えながら生きているメンバーに支えられ、共に歩むことができたからです。

また、支援者が乗り越えるためのもう一つの課題は、当事者研究は、病気や日常の生きづらさなどの問題や困り事から始まることが多いことです。しかし、べてるの歩みは、「べてるの繁栄は、地域の繁栄」という理念に象徴されるように、起業から始まっています。その意味で、当事者研究の真価は、起業展開の中でこそ、その面白さが発揮されるように思います。そのためには、メンバーの働くこと、暮らすことを支える仕組みである社会的な支援体制の整備とともに、病気や障がいを持ちながら暮らす「自分を助ける」手立てとしての当事者研究が活用される必要があり、今後は、起業やビジネス展開と自分助けという当事者研究の二重の活用が必要になってくるように思います。

おわりに

親がべてるで働く〝べてるで育った子どもたち〟がこの春、中学や高校を卒業し、希望を胸に、この浦河から巣立っていきました。高校に進学し、寮生活をする子どもには、学校から送られてきたリストにしたがって布団や衣類など必要な持ち物を、一緒に準備しました。

先日、高校に進学する予定のA子さんが、浦河から旅立つ前にひょこりと当事者研究にやって来ました。すると、かつて、わが息子が進学する時に、べてるのメンバー松本寛さんに「病気になるコツ」を教えてもらったように、急遽、彼女に、べてるのメンバーの経験から〝どうやったら友だちができないか〟という生活の知恵を餞別代わりに贈ろうということになりました。「友だちを作らない方法の研究」当事者研究を通じてわかったのは、①友だちと目を合わせないで常に下を向いていること、②楽しい場面でも笑わないこと、③挨拶をしないこと、④授業をさぼること、⑤ご飯はいつもひとりで食べること、でした。これを守ると絶対に友だちができない、というお墨付きをもらい、笑いながら聞いていたA子さんは、笑いころげながら照れくさそうに「みなさんありがとう。すべてこの反対をやったら、友だちがたくさんできることがわかりました」と感謝の言葉を述べました。

わが家で一時保護していたI家の長男も、児童養護施設から就職のため浦河を出発しました。パチンコ依存症の両親はミルク代もおむつ代もパチンコで使い果たし、熱いシャワーを子どもにかける虐待をしていたときに、兄弟二人をわが家で預かりました。その父親は現在、べてるで働いていて、子どもを見送る時のＳＳＴを、仲間の応援をもらいながら行いました。真剣なまなざしで「就職おめでとう。もしかしてお父さんがお金を貸してほしいと言ってしまう時があるかもしれないが、その時は断ってほしい。仕事、頑張れよ」と伝えることができ、仲間から大きな拍手がわき上がり、私は、彼の〝苦労の先取り〟を含んだ言葉に涙しました。どんな人でも、仲間とともに、自分のテーマと向き合って、自分を助けることができるようになるべてるの場の力に感動しました。メンバーとともに「良かったね」と喜び合えることができたこの三十年に心から感謝します。

最後に、この原稿を書き進めている途中、励まし続けくださり、イラストを描いてくれた鈴木裕子さんと当事者研究に協力してくれた佐藤太一さん、スタッフの池松麻穂さんに深く感謝いたします。

べてるが映像で観られます。
「YOUTUBEチャンネル　chiikinokiuna」
URL：https://www.youtube.com/user/chiikinokizuna　↓　べてるの家　で検索！

いのちが響きあう社会を目指して

社会福祉法人イエス団
京都市南部障がい者地域生活支援センター「あいりん」センター長
平田《ひらた》　義《ただし》

1　イエス団のミッション

社会福祉法人イエス団の定款第一条（目的）には、以下の言葉が記されています。

「この社会福祉法人は、キリスト精神にあって、多様な福祉サービスがその利用者の意向を尊重して総合的に提供されるよう創意工夫することにより、利用者が、個人の尊厳を保持しつつ、心身ともに健やかに育成され、又はその有する能力に応じ自立した日常生活を地域において営むことができるよう支援することを目的として、次の社会福祉事業を行う。」

どこの社会福祉法人にでもあるような目的ですが、特徴的な言葉があります。それは「キリスト精神」という言葉です。私たちの法人は、「定款」の中にきっちりと「キリスト精神」を基本に歩むことを宣言しています。法人の「定款」の中で「キリスト」を明文化していくことに対して、厚生労働省や行政は、宗教色が打ち出されることを嫌い、「キリスト」を削除するように求めてきました。しかし、社会福祉法人の成り立ちの中で、キリスト者の働きがなければ成立しなかったのですから、「キリスト」を削除することは許されることではありませんでした。

イエス団の基本理念は、一九九九年に制定された「イエス団憲章」に記されています。そこには「賀川豊彦の精神を引き継ぐ」ことが謳われています。

その後、賀川豊彦献身一〇〇年を契機に、イエス団の歴史的検証も含め、これからの時代のニーズや課題に即しながら、イエス団の自己理解と使命を再確認するために、「イエス団憲章」に加え、新たに「ミッションステート

イエス団憲章

私たちは賀川豊彦献身90年にあたりここに意見を定める。

◆ ◆ ◆

賀川豊彦は1909年12月24日に
当時の社会矛盾からくる社会悪とたたかい、
最微者(いと小さき者)に使えるために事業をおこし、
多くの賛同者にまもられ今日に至った。
そこで21世紀を生きる私たちイエス団に連なる一同は、
イエス・キリストの贖罪愛に触れ、
それを実践することを終生貫き通した
賀川豊彦の精神を引き継ぐものである。

◆ ◆ ◆

一、私たちは、賀川豊彦が実践したsettler(地域に生きる人々と共に歩む者)の精神を引き継ぐ。

一、私たちは、自立と相互扶助を目指した開拓的・実験的事業の精神を引き継ぐ。

一、私たちは、地域を越え、国境を越えて共に生きる平和な世界の実現に努めた精神を引き継ぐ。

メント」を策定することになりました。

この「ミッションステートメント二〇〇九」を策定するにあたり大切に考えられたことは、賀川豊彦の「優生思想」に基づくさまざまな差別発言などの過ちも含めて、過去の歴史を検証するということです。また、もう一方では、イエスに倣った賀川の働きを継承していくこと。そして、私たちもまたイエスに倣って生きることです。

この五項目の宣言は法人の使命であるとともに、法人の構成員である各施設の使命でもあります。私たちがだれと共に、何を目指し、何を実践していくかという具体的な行動を起こしていくための規範として位置づけられています。

このような、イエス団のミッション

ミッションステートメント2009

◆ ◆ ◆

わたしたちイエス団の実践は、
1909年12月24日の賀川豊彦の献身に始まる。
そして、イエスの愛に倣い、
互いに仕えあい、社会悪と闘い、
新しい社会を目指して
多くの協働者とともに今日まで歩み続けてきた。
この歴史を検証し、働きを引き継ぎ、
今、わたしたちはイエスに倣って生きる。

◆ ◆ ◆

わたしたちは、いのちが大切にされる社会をつくりだす

わたしたちは、隣り人と共に生きる社会をつくりだす

わたしたちは、違いを認め合える社会をつくりだす

わたしたちは、自然が大切にされる社会をつくりだす

わたしたちは、平和をつくりだす

のもとで行ってきた愛隣館での活動をご紹介します。

2　地域での取り組み～愛隣館での働きの変遷～

私どものセンターは京都市の南端、宇治市と隣接している伏見区向島というところにあります。京都市の住宅施策から生まれたニュータウンで、十一階から十四階建ての高層の団地に約一万二千人の方が住んでおられる地域です。この地域に、一九七八年に保育所「野の百合保育園」と児童発達支援センター（当時、知的障がい児通園施設）「空の鳥幼児園」が開所され、その翌年に地域の隣保館としての働きを担うことを目的に「空の鳥幼児園」の二階部分に「愛隣館研修センター」がスタートしました。今現在は、生活介護事業「愛隣デイサービスセンター」、重症心身障がい者通所（B型）「シサム」、障がい児者ホームヘルプ事業「ゆうりん」、委託相談支援事業「京都市南部障がい者地域生活支援センター・あいりん」の四つの事業が行われていますが、「愛隣館研修センター」が設立した当初は、今のように障がいのある方の支援を行うことが活動の中心になるとはだれも考えていませんでした。

◆自立障がい者柏木正行さんとの出会い

向島ニュータウン内の市営住宅の一階部分に、車いすの方が生活しやすいバリアフリーの住宅が五十軒ほどあります。そこに柏木正行さんという方が、一九八〇年よりひとり暮らしをしておられました。柏木さんという重度障がい者との出会いによって、障がいのある方の地域生活に深く関わるようになっていきました。柏木正行さんは、一九四五年に和歌山県日高郡の山間の村で生まれました。生まれてまもなく重症の新生児黄疸に罹り、脳性麻痺による四肢体幹機能障がいの後遺症をもつことになりました。小学校に入学する時期になり、自分も学校に行くものだと思っていたのですが、村の教育委員会から〝就学猶予〟という決定が出され、学校に通う機会が奪われてしまいました。近所の友だちがランドセルを背負って楽しげに学校に通う姿を、自宅の二階の窓から羨ましげに眺めていたそうです。

デイサービスの一泊旅行で温泉に向かう車中の柏木正行さん

その後、父から文字を教わり、読書にふけりながらの在宅での生活が二十七年間続きました。その当時、在宅での介護がいっさい何もない時代、介護の中心を担っていたのは、高齢の両親と妹さんであったそうです。その妹さんが結婚することとなり、両親への負担が大きくなっていきました。そのころ、障がいのあるわが子を、将来を悲観した親が殺してしまうという事件が起きました（一九七〇年五月二十九日に横浜市で二人の障がい児をもつ母親が、二歳になる下の女の子をエプロンの紐で絞め殺したという事件）。その時の世論は、親が子どもの命を断ったことを責めるのではなく、福祉政策の貧困が生んだ悲劇、施設さえあれば救える、生存権を社会から否定されている障がい児を殺すのはやむを得ないことであると、親の罪を軽減するようにという嘆願の署名が集められるというものでした。「全国青い芝の会」（脳性マヒ者が中心の当事者団体。脳性マヒのありのままの存在を主張し、障がい者解放運動を展開）は、「殺される障がい者の生存権はいったいどうなるのか！」「障がい者は殺されるのが幸せなのか！」「殺人を正当化して何が障がい者福祉か！」と、母親の罪は罪として裁くよう厳正な裁判を要求する運動を行いました。その当時、「青い芝の会」にまだ出合っていなかった柏木正行さんは、自分の身にも同じことが起きるのではないだろうかとの不安が募り、京都府の山間の町に開設された身体障がい者療護施設への入所を決意されました。

　施設での生活は、障がいのある仲間たちと出会い、これまでの在宅での家族だけでの生活と違い、新鮮な日々であったそうです。しかし、施設での生活も七年を過ぎようとしていたころ、「青い芝の会」と出合い、これまで自分が抱いていた固定観念が突き崩されることになります。自分が人里離れた施設に入所していることに疑問を持ち始めたのです。生産能力のない重度の障がいのある方々を社会から隔離し、精神的に物理的に社会から抹殺するものが、障がい者収容施設ではないのか。そのような疑問を抱き、施設を出て自立生活をおくることを模索し始められました。両親からは「絶対反対だ！　施設を出ると死んでしまう！」と言われ続けていましたが、「施設で死ぬくらいなら、自分の部屋で死にたい！」との思いから、施設を退所し、地域での自立生活を始めることを決意されました。

　そのころに書かれた詩を紹介します。

自立

あなたはなぜ
自立するのですか
施設が嫌になったからですか
実家に戻りたくないからですか
一人前の人間になりたいからですか
寝たい時に
寝て
起きたい時に
起き
食べたいものを
食べたい時に
食べたいからですか
それで自立するのですか

自立は賭けです
生きるか死ぬかの
闘いです

あなたには
それが解っているのですか

解らなくても
とにかく出たいのですね
施設が嫌でたまらないのですね
もう二度と帰りたくないのですね
施設に帰る位なら
死んだ方がましなのですね
あなたには
その覚悟ができているのですね

このような覚悟を持って柏木正行さんは自立に向けて、まず京都市内にある大学を回り、介護者集めを行い、一日二交代制で二十四時間介護の体制を整えていきました。その当時は、障がいのある方の地域生活を支える介護制度は皆無に等しく、自分の介護者は自分で捜していくことが必要であったのです。

柏木正行さんにとっての自立というものは、どういう意味だったのか。上記の詩がおさめられた『路』という詩集の序に次のように記されています。

「ここでの自立は、私なら私という障がいを持った人間が、自らの障がいを克服して、歩けなかったのが歩けるようになるのでなく、障がいを持ちながら、あるいは障がいを持つか否かに関係なく、私という人間が、周りの人々との多様な人間関係を培いながらより人間性豊かに生きる。そうした意味での自立なのです。

確かに人は独りでこの世に生まれ、そして独り淋しくこの世を去るのです。同時に人は、独りでは人間と呼ばれない。そこには人と人との出会いがあって、はじめて自我も生じるものではないでしょうか。そして人は自我を意識した時、自分以外の存在をも意識し、それがいわゆる人間関係ではないかと思うのです。」

その柏木正行さんと一九八四年に出会いました。そのころの柏木正行さんの生活は、夜の介護者は埋まっていましたが、自立生活を始めた当初の学生たちは卒業していき、昼間の介護者が不足していました。夜の介護者が朝に出かけると、昼間はだれもいなくなり、食事もトイレもできないという不安な状態の日々が続いていたのです。私たちからみれば、柏木正行さん自身が自立生活を続けていけるかどうかの瀬戸際に立たされていた時期でもあったと思いました。

しかし、柏木正行さんが柏木正行さんらしく、人間性豊かに主体的に生きていくことが柏木正行さんにとっての地域での自立生活であると教えられました。

その柏木正行さんの自立生活をするというあたりまえの思いを継続させていくためには、その当時の公的介護制度の状況はお寒い限りでした。当事者の運動によって全身性介護人派遣制度など、さまざまな制度がつくられていきましたが、安心して地域であたりまえに暮らしていけるとは決して言えない現状でした。柏木正行さん以外にも向島ニュータウンの中には自立障がい者の方、障がいのあるご夫婦の方、高齢の母と障がいのある方との二人暮らしの方、障がいのある子どもたちなど、地域生活をおくるうえで、さまざまな支援の必要な方が多数暮らしておられました。

そのような方々と共に、地域で安心して暮らしていくための拠点つくりの活動を続けていき、行政や共同募金会などに働きかけていきました。その結果、日中集ってくることができ、そこに行けば必要な支援が受けられるセンターとして、身体障がい者デイサービス事業「愛隣デイサービスセンター」が始まったのです。

柏木正行さんという人間と出会い、関係を紡ぐことによって、ここ向島でのさまざまな活動が始まっていったのです。

◆地域生活支援の必要性

「愛隣デイサービスセンター」が開所され、柏木正行さんをはじめ地域の障がいのある方の日中の支援については、一つの拠点ができあがりました。しかし、障がいのある方が地域で生活していくうえで、日中の支援だけでは事足りません。また、障がい児やその家族、身体以外の障がいのある方にとって、身体障害者福祉法に規定された「愛隣デイサービスセンター」だけでは、制度の枠に縛られてしまい、使いにくいものでもありました。たとえば、体の大きな身体障がい児の方が自宅での入浴が困難になり、「愛隣デイ」での入浴を希望して福祉事務所で相談すると、十八歳以上の方が利用対象者だから、あなたのところは利用できませんと断られて帰って来るということがあったのです。

そこで、障がいのある方の地域生活支援のための新たなしくみが必要であるとのことから、障がいのある方や障がい児とその家族の方々とで、任意の団体「向島障がい児者地域支援センター『遊隣』」を立ち上げることになりました。障がいの種別や年齢の枠を越えて地域で生きていくために何らかの支援を必要としている方を対象に、できる限りの支援を行っていけるしくみをつくりあげたのです。障がい児の長期休暇中の支援や、親が急病で倒れたときの緊急の宿泊やショートステイ先への送迎など、制度の隙間を埋めていける働きを行ってきました。

◆医療的ケアが必要な方々との出会い

重症心身障がい者といわれる小中謙吾くん（三十一歳）。重度の身体障がいと知的障がいのある方で、なおかつ医療的ケア（痰の吸引が常時必要、気管支拡張剤の吸入、胃に直接管を通しての経管栄養剤の注入など）が必要な方です。

彼とのそもそもの出会いは今から九年前、彼が高校二年生の春先でした。その前年、「向島障がい児者地域支援センター『遊隣』」の準備会を開きました。その席上で私の正面に座る一人のお母さんが会議の間ずっと斜に構えて私のほうを訝《いぶか》しげな眼差《まなざ》しで見ていました。会議が終わりに近づいた時、その方はおもむろに手を挙げて発言なさいました。

「ちょっと平田さん、あなたはどんな障がいのある人でも受け入れるって言うたけど私の横に座ってるこの人の息子さんは痰の吸引が必要な子なんや。そんな子でもあんた受け入れるのか！」と、鋭い口調で私を問いただしました。私は正直、その時点では痰の吸引とはどういったものなのか全く知識がありませんでした。ですが、次のように答えました。「お母さんがやっておられることですよね。そしてそのお子さんが生活していくうえで必要なことなんですよね。それならばお母さん、僕たちに教えてください」と、医療的ケアのことなど何も知らない強みで答えてしまったのです。

この言葉がきっかけとなって私は、小中謙吾くんをはじめとするいわゆる医療的ケアを必要とする人たちと出会ったのです。

まずお母さんたちと一緒に食事会を開きました。管から栄養剤を入れる人ばかりでなく、口からミキサーで砕いた食事を摂取する人もおられました。私たちがひとくち口に入れるだけでゴホゴホと大きくむせる人たちでした。食事を楽しむという風景とはほど遠く、介助する側もされる側も緊張感で汗だくになっているというありさまでした。それは食事を摂ることによって逆に体力を奪われているようにさえ思われました。

いよいよ食事の練習も最後の日、その食事会にずっと参加していた私の友人である看護師が、「平田くんやめときって。絶対危ないから」と私を諭すように言ってくれました。しかしもう今さら後戻りはできない。どれだけ重度の障がいがあろうともその人たちが社会に参加することを阻む権利はだれにもない。いや逆にそのような人たちだからこそ社会に出ていくことに意味があるのだと自分自身に言い聞かせていました。それはおそらく心の奥にある怖いという気持ちをかき消すための強がりだったのかもしれません。

その強がりを実践するような試みをその年の夏休みに行いました。彼らを無謀にも夏の野外キャンプに連れ出そうと計画したのです。それがいかに無謀であったかは、小中謙吾くんの担任の先生が自分のかわいい生徒を殺されては困るという思いからキャンプに視察に来られたという事実からも伺えます。幸いにも、キャンプも無事終え、私たちと彼らとの距離がぐっと縮まったように感じることができ、彼らも定期的に「遊隣」を利用するようになりました。

そのような中で次に考えなければいけないことが起きてきました。彼らの卒業後の進路のことでした。小中謙吾くんは高校二年生の冬、進路先の実習見学の下見のために、某デイサービスセンターに行かれました。そのとき小中謙吾くんは鼻注の管を頭にくくりつけていました。それを見た某デイサービスの主任が「うちでは、医療的ケアが必要な人は利用できません」と冷たく言い放たれたそうです。まだ活動内容などの見学ではあたりまえの説明を受ける以前の発言でした。あまりにも衝撃的な発言に母親はショックの色を隠せず、その場で言葉を失ってしまったそうです。帰って来てから、私たちに次のように諦めの境地を話されました。「ええねや！　どうせええねや！　うちの子はこんなんやし、行くとこなんてあらへんねや！」

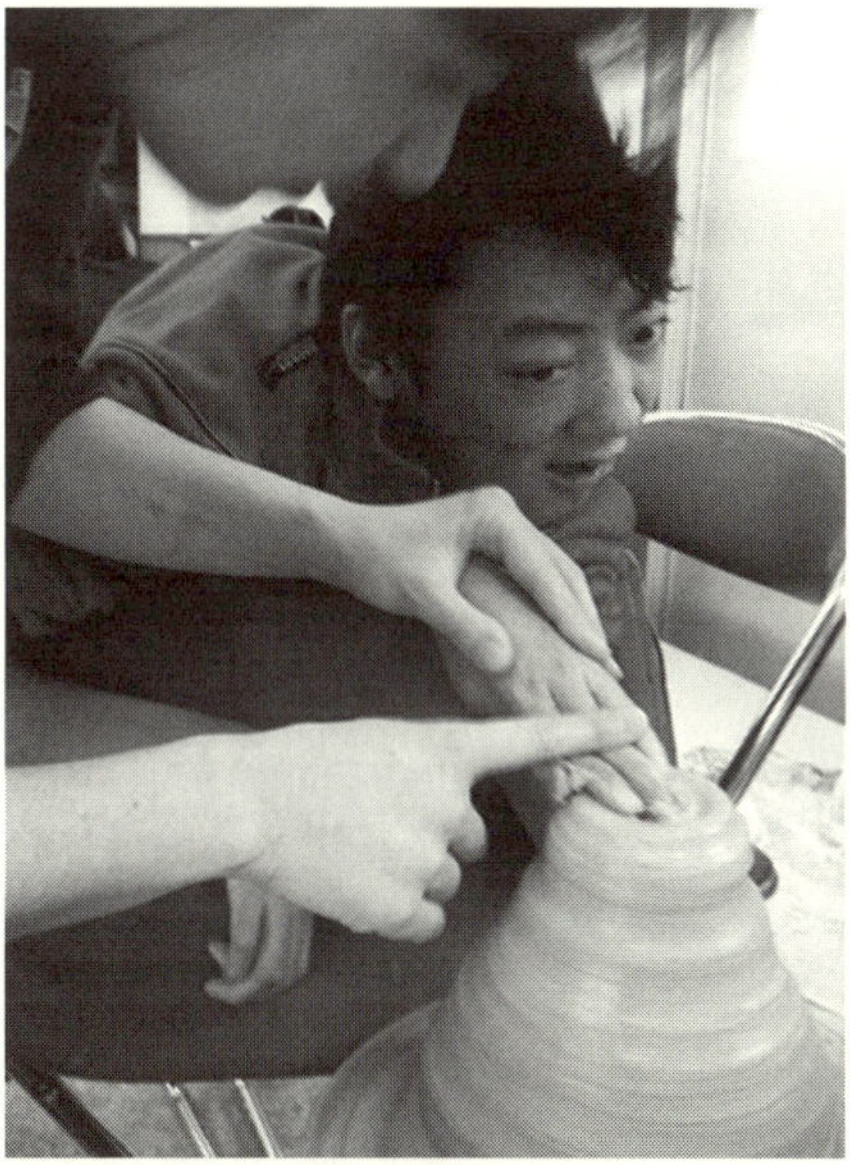
デイのプログラムで陶芸を行っている
小中謙吾くん

当初、それを聞いて私たちは、受け入れを拒否したセンターへの怒りがこみ上げてきました。けれども、私たちがやらなければならないことは別にある。小中謙吾くんが卒業した後、彼が安心して社会参加できる場を早急に作らなければいけないという思いを強く持ちました。

その後、保護者の方々と京都市に対して重症心身障がい者の通所施設を京都市南部の地域に作るよう陳情に出かけました。その席上で、一人のお母さんは京都市の担当者に対して「うちの子が養護学校でどんなふうに生活しているのか知ってるのですか。一度見に来てください」と、ものすごい迫力で涙ながらに訴えられました。

そのかいあってか、二〇〇二年に重症心身障がい者通所事業（B型）「シサム」がここ向島に誕生したのです。「シサム」とはアイヌ語で「私の隣り人」という意味です。私たちが彼らを隣り人として受け入れるという意味と、彼らから私たちも隣り人として受け入れられたいという願いから「シサム」と名づけました。

この間の小中謙吾くんたちとの出会いから教えられたことの一つは、「命の重さ」ということです。彼らは日々死と隣り合わせで精一杯生きています。彼らと同じような障がいのある人たちの中には、昨日まで元気に笑顔を見せていた人が原因不明の突然死をするような例も少なくありません。だからといって、医療設備の整った病院の中だけで過ごすのではなく、毎日毎日いろいろな刺激を受けながら地域の中でかけがえのない自己実現をしながら共に生きていくことこそが、「生きている」という証しになるのではないでしょうか。福祉の父と呼ばれた糸賀一雄さんは重症児の人を指して次のように言われました。

「この子らを世の光に」

この意味は、彼らこそがこの世の中を明るくする、また変革する力を持っているということです。まさしく命が軽んじられている今の時代において、彼らが「命の重さ」を私に日々教えてくれています。

教えられたことのもう一つは、「医療的ケア」が必要な方々の地域生活における課題です。私たちは、経管栄養や吸引などの日常生活に必要な「医療的な生活援助行為」を、治療行為としての医療行為とは区別して「医療的ケア」と位置づけ、「医療的ケア」が必要であるか否かにかかわらず、その人がその人らしく、自分の人生を豊かに生きていくことの支援をさせてもらっています。そして、医療的ケアが必要な方が、より安全にまたより快適にケアを受けることができるために「愛隣館医療的ケア委員会」を発足し、その下で「医療的ケア実施要綱」を作成しています。その流れの中で特に大切にしていることは、一人ひとりとの信頼関係をつくりあげてからでないと、「医療的ケア」の実施者にはなれないということです。つまり、Aさんの吸引はできるからといって、関係性がいまだ希薄なBさんの吸引はできないということです。

しかし、「医療的ケア」が必要である障がい者をとりまく現実は、「医療的ケア」が必要であるということで、さまざまな障がい福祉サービスを受ける制約があります。日中系サービスが受けられなかったり、居宅系のサービス事業所が見つからなかったりするのです。そのしわ寄せは、すべて家族のところにいっているといえるでしょう。昨年の四月から制度の改正があり、介護職でも一定の研修を受けることによって医療的ケアに携われるしくみができあがりました。高齢者福祉現場の主導で改正されたものですが、障がい者の現場でも、その人との関係性を重視する「特定の者」に対する資格として、医療的ケアが必要な方への支援の輪が広がっていくことが期待されています。

3　稀代の悪法「障害者自立支援法」から欺瞞に満ちた「障害者総合支援法」へ

障がい者をとりまく制度は、二十一世紀を迎えてからは、まるで糸の切れた凧のように、くるくると目まぐるしく形を変えていき、障がい当事者のみならず、事業者や行政も右往左往させられてきています。障害者基本法の改正や障害者権利条約の批准に向けての動きなど、評価できる点もあるのですが、生活していくうえで大きな影響を与える制度設計については、障害者基本法で謳っている基本理念を無視するかのごとく、二転三転を繰り返してきています。二転三転するだけならまだしも、二〇一三年四月から施行される「障害者総合支援法」の成立過程と内容については、許しがたい裏切りと欺瞞に満ちたものです。以下にその経過について述べたいと思います。

二〇〇六年十月から施行された稀代の悪法である「障害者自立支援法」ですが、毎年のように見直し案が提出される不備の多い法律であり、基本的理念においても大きな問題を孕んだ法律でありました。それを裏づけるように、二〇〇八年十月三十一日に、全国八地裁で二十九名（その後七十一名に）が、障がいを理由とした支援サービスの一割を強要する「応益」負担は、生存権や幸福追求権の侵害であり、憲法違反であると一斉提訴が行われました。これは、障がいのある方々が生きるために必要不可欠な支援を「益」とみなし、「障がい」を自己責任とする仕組みに対して、「否」であるとの意思表示でありました。

その後、二〇〇九年に民主党政権となり、政府は障害者自立支援法を廃止し、当事者参画の下で新たな総合福祉制度をつくることを約束しました。そして、二〇一〇年一月七日に、障害者自立支援法違憲訴訟原告団と和解し、「速やかに応益負担を廃止し、遅くとも二〇一三年八月までに障害者自立支援法を廃止する」との「基本合意」を締結しました。その際に、当時の長妻厚生労働大臣は、「障害者の尊厳を深く傷つけた」「心から反省を表明」し、「今日を新たな出発点として、障害者の皆さまの意見を真摯に聴いて新しい制度をつくっていく」と約束しました。

それに基づき、二〇一〇年四月に、障がい当事者、家族、事業者、自治体首長、学識経験者等の五十五名からなる「障がい者制度改革推進会議総合福祉部会」（以下「総合福祉部会」）が内閣府の下に設けられ、新たな法制度のための議論を経て、二〇一一年八月三十日に百二十一ページにわたる「障害者総合福祉法の骨格に関する総合福祉部会の提言」（以下「骨格提言」）が公表されました。その基本理念は以下のように記されています。

「わが国及び世界の障害者福祉施策は『完全参加と平等』を目的とした昭和五十六（一九八一）年の国際障害者年とその後の国連障害者の十年により一定の進展を遂げたが、依然として多くの障害者は他の者と平等な立場にあるとは言いがたい。

このような現状を前提に、平成十八（二〇〇六）年国連総会にて障害者権利条約が採択され、わが国も平成十九（二〇〇七）年に署名した。現在、批准のために同条約の趣旨を反映した法制度の整備が求められている。

障害者権利条約が謳うインクルージョンは、障害者が社会の中で当然に存在し、障害の有無にかかわらず誰もが排除、分離、隔離されずに共に生きていく社会こそが自然な姿であり、誰にとっても生きやすい社会であるとの考え方を基本としている。

そして、それは、障害による不利益の責任が個人や家族に帰せられることなく、障害に基づく様々な不利益が障害者に偏在している不平等を解消し、平等な社会を実現することを求めるものである。

とりわけ人生の長期にわたって施設、精神科病院等に入所、入院している障害者が多数存在している現状を直視し、地域社会において、自己決定が尊重された普通の暮らしが営めるよう支援し、地域生活への移行を推進するための総合的な取り組みを推進することが強く求められる。

そのうえで、障害者の自立が、経済面に限らず、誰もが主体性をもって生き生きと生活し社会に参加することを意味するものであり、また、この国のあるべき共生社会の姿として、障害者が必要な支援を活用しながら地域で自立した生活を営み、生涯を通じて固有の尊厳が尊重されるよう、その社会生活を支援することが求められていることを国の法制度において確認されるべきである。

この法律は、これらの基本的な考え方に基づき、障害の種別、軽重に関わらず、尊厳のある生存、移動の自由、コミュニケーション、就労等の支援を保障し、障害者が、障害のない人と平等に社会生活上の権利が行使できるために、また、あらゆる障害者が制度の谷間にこぼれ落ちることがないように、必要な支援を法的権利として総合的に保障し、さらに、差異と多様性が尊重され、誰もが排除されず、それぞれをありのままに人として認め合う共生社会の実現をめざして制定されるものである。」

このような素晴らしい理念の下で、新たな法律が制定されるものだと期待をしていましたが、この「骨格提言」の五か月後の二〇一二年二月に厚生労働省から示された法案は、わずかA４で四頁の粗末なもので、とても六十項目にわたる「骨格提言」に対して真摯に向かい合ったものとは言えませんでした。その部会において、総合福祉部会の構成員である東京大学教授で盲聾者の福島智さんは次のように訴えました。

「どうか、政治家としての原点の志を、初心を思い出してください。マニフェストに掲げただけでなく、裁判所という公正な場での議論を通して、『和解』が成立し、公式の文書に大臣が署名したことまでもが、もし、蔑ろにされてしまうのであれば、私たち国民は、いったい何を信じればよいのでしょうか。（略）政治への期待を繰り返し裏切られ、政治不信を通り越して、政治に絶望しかけている日本国民の一人としてお願いします。強く、お願いします」

しかしながら、このような訴えを無視するかのごとく、二〇一二年六月二十日に、「障害者自立支援法」の焼き直しにすぎない「障害者総合支援法」が参議院本会議で可決成立しました。これは、とんでもない暴挙です。

障がいのある人に対して、生きるために必要不可欠な支援を「益」とみなすなど、さまざまな問題を孕んだ「障害者自立支援法」を廃止し、新たな法律を制定するという、「障害者自立支援法違憲訴訟原告団」との「基本合意」を反故にする裏切り行為です。また、総合福祉部会においてまとめられた「骨格提言」を蔑ろにした法律が「障害者総合支援法」です。この「骨格提言」を蔑ろにするということは、それをまとめあげた障がい当事者や家族等の思いを無視することに等しいことであり、いったいだれのための法律なのか、血迷っているとしか思えません。

今の日本の状況は、「社会保障と税の一体改革」の流れの中で、二〇一二年八月に成立した「社会保障制度改革推進法」においても、社会保障費の抑制が明確に打ち出され、生活保護費の削減も視野に入れたものとなっています。障がいのある方のみならず、高齢者や児童、貧困者などの社会の中で弱い立場に立たされている人たちにとって、非常に生きにくい社会になっていきます。

「社会保障費削減」の方向性の下で、予算がないからという理由で、制度や法律が変えられ、福祉の予算は、必要な額を切りつめられていっています。しかし、国は、防衛費や基地建設や「思いやり予算」にみられるように米軍のためには、湯水のごとくお金を使っています。人間が幸せに生活していくための福祉についてお金は費やさないが、戦争のためにはお金を費やしていく構造になっています。とどのつまり、弱者の「いのち」を守ることにお金を使うことをやめると宣言しているに等しいと思えます。

4　脅かされる重症心身障がい者の「いのち」

社会保障費削減により脅かされる弱者の「いのち」の中で、私たちが日ごろ関わっている重症心身障がい者の「いのち」について考えていきたいと思います。

昨年の一月二十一日に開かれた社会保障制度改革国民会議（以下「国民会議」）の席上で麻生太郎副総理が、医療費問題に関連して、患者を「チューブの人間」と表現したうえ「私は遺書を書いて『そういうことはしてもらう必要はない、さっさと死ぬんだから』と渡してあるが、そういうことができないと、なかなか死ねない」などと発言しました。続けて副総理は「（私は）死にたい時に死なせてもらわないと困る」とも述べ、「しかも（医療費負担を）政府のお金でやってもらうというのは、ますます寝覚めが悪い。さっさと死ねるようにしてもらわないと、総合的なことを考えないと、この種の話は解決がないと思う」などと話したと報じられました（「読売新聞」「毎日新聞」「朝日新聞」二〇一三年一月二十二日号）。

また、一昨年には当時自由民主党の石原伸晃幹事長がテレビ番組で、胃ろう措置について「人間に寄生しているエイリアンが人間を食べて生きているみたいだ」と発言し、物議を醸しました（二〇一二年二月六日、BS朝日にて。「毎日新聞」「朝日新聞」二〇一二年二月七日号）。石原伸晃幹事長は会見で「私は人間の尊厳を重んじなければならないと絶えず言っていて、私自身もそういうこと（胃ろう措置）は夫婦の間で行わないと決めている」と述べました。その七か月後のニュース番組の中でも、「非常に誤解を招きますんで」と前置きしつつ、生活保護費を削減し尊厳死を認めることで国の歳出を抑える旨の発言をしました。その際生活保護を「ナマポ」と侮蔑的に呼びました（二〇一二年九月十一日、「報道ステーション」）。

この、一連の信じがたい発言は許されるものではありません。がしかし、堂々と国を代表する国会議員の先生たちが、社会保障費削減のためには、胃ろう措置をしてまで生きる必要はなく、胃ろうを選択しないことが尊厳のある死であると主張しているのです。本当に恐ろしい話です。今後、国会に「尊厳死法案」が提出される恐れがあります。この法案は「終末期の医療における患者の意思の尊重に関する法律案」とされており、人工呼吸器や胃ろうなどによる「延命治療」をせずに死を迎えることが尊厳のある死であるとされています。このような法律が成立することによって、私たちが毎日出会っている「人工呼吸器を使って生きる」、「胃ろうや経管栄養で生きる」という重い障がいのある人々にとっての「あたりまえで、かけがいのない生」を、「尊厳のない生」としてしまう危険性を孕んでいます。私たちは、どのような様態であろうと、いかなる年齢であろうと、当然に存在する「尊厳ある生」を共に生きるために、ある特定の状態を「尊厳のない生」とされることは絶対に許されることではないと考えます。

「医療的ケア」と称しているこれらの「生きる術」によって、安楽に幸せに暮らせる社会をつくりだすことこそが、多様な生を認める「より豊かな社会」であることは、国連の「障害者権利条約」を持ち出すまでもなく自明のことです。

また「延命措置の中止」という言葉が終末期の定義の曖昧さとともに、医療的ケアを必要とする重い障がいのある人々に、日常的に「生きるに値しないいのち」であるかのような重圧をかけることになり、存在自体が否定されかねません。必要なのは「治療の不開始」や「治療の中止」ではなく、「尊厳ある生」を保障するために介護や医療がきちんと保障されることです。

5　この子らを世の光に！

障がい者の父と呼ばれる糸賀一雄さんは、重症心身障がいの子どもたちについて「この子らを世の光に」と提唱されました。その意味について、下記のように記されています。

「ちょっと見れば生ける屍のようだとも思える重症心身障害のこの子が、ただ無為に生きているのではなく、生き抜こうとする必死の意欲をもち、自分なりの精一ぱいの努力を注いで生活しているという事実を知るに及んで（中略）、この事実を見ることのできなかった私たちの眼が重症であったのである。」（『福祉の思想』ＮＨＫ出版、一七五頁）

「どんなに遅々としていても、その存在そのものから世の中を明るくする光がでるのである。人間のほんとうの平等と自由は、この光を光としてお互いに認め合うところに、はじめて成り立つということにも、少しずつ気づきはじめてきた。この光は、新しい『世の光』である。それはこの人びとから放たれているばかりでなく、この人びとと共に生きようとしている人びとからも放たれているのである。この異質な光を認めるという働きは、何か特別な能力であるかのようであるが、実は決してそうではない。いつの世にも、そして誰にも備わっているのである。しかしその能力は、あやまった教育と生活のために、長いあいだ隠されており、働きが鈍ってしまったのである。」(「未発表原稿」)

重症心身障がいの人たちにこそ、この世の中を照らす光が備わっているという意味です。そのとおりだと思います。重症心身障がい者が、日々「いのち」をきらきらと輝かしながら生きておられます。その方々から「いのち」の多様性や重みについて教えられるのです。「いのち」が粗末に扱われる時代の中で、「この子らを世の光に」の言葉の意味を今一度かみしめていかなければならないと考えます。

キリスト教社会福祉の原点も、ここにあると思います。社会の中で弱い状況に置かされた人たちの苦しみを、腸が引きちぎられるように、激しく共感しつつ、なぜ苦しみの中に喘がなければならないのかを問い続けていくこと。また、そのような状況を許しているこの社会のあり方、またその社会に埋没している自分自身をも問い続けつつ、社会変革の道へと突き進んでいくことが求められているのではないでしょうか。

ディアコニア（愛の奉仕）について

富坂キリスト教センター総主事　岡田　仁

1　ディアコニアの概念

1　イエス――愛の奉仕者

「人の子は仕えられるためではなく仕えるために、また、多くの人の身代金として自分の命を献げるために来たのである」（マルコ一〇・四五。以下、聖句引用は新共同訳）。

「人の子」とは、神の子イエス・キリストのことです。聖書は、イエスが仕える（奉仕する）ために、また多くの人々に自らの命をささげるためにこの世に来ただけでなく、その十字架上の死において彼の愛の奉仕のわざがクライマックスに達したとも伝えています。

奉仕はもともとサービスつまり神礼拝を意味します。キリスト教では、日曜日から始まる週の最初の奉仕がこの礼拝にあたります。礼拝とはまさに、神を神として畏れることを表現する人間の行為です。キリスト教において礼拝すべき対象である神、イエスは、「しもべとなった王」（フィリピ二・六〜八）です。このイエスをキリスト（救い主）として礼拝する教会は、イエスがそうであったように、神に仕えると同時にこの世（世界）にも仕えるのです。この「奉仕」をギリシャ語で表したのが「ディアコニア」です。新約聖書にはディアコニアについてたくさん書かれていますが、特に冒頭のマルコ福音書一〇章の言葉は、ディアコニアがイエスの愛に満ちた生涯と生き方そのものを総括する言葉であることを私たちに告げています。

このように、真のディアコニアの基盤は愛（アガペー）です。この愛は、人間の尊厳の蹂躙に抗して人間を解放するものであり、この愛において私たちは、公正で隣人愛に満ちた社会を築くのです。愛の奉仕の根源であるイエスは、生涯を通して神の国の福音を宣べ伝え、そのために自らの命をささげました。ディアコニアはまさに、神の愛、イエスの愛の凝結だといえます。このイエスを信じ、イエスに従う者、あるいはイエスの教えや行為に共感する者は、その意思を継いでイエスの手足となるだけでなく、そのわざを継承する使命をも受けます。この使命を福音の宣教といいますが、それはただ単に聖書の教えを伝達することにとどまりません。神の国（神の愛の支配）の実現のために仕え、人々が神の愛を受け入れることによって真の正義と平和の秩序を回復するように促し、人間が創造された目的に到達するために助けるのです。

福音とは、神の愛の支配への招き、つまり自由への招きです。神の国の到来によって、差別・抑圧・暴力などの社会制度によって隷属された人、病気の人、貧しくされた人たちを解放し、自由を与えるからです（マルコ一・一五）。宣教の目的は、シャローム（神の平和）の実現なのです。

イエスは世の人々のところへ自ら出かけ、言葉と行為において神と人々の間で正義を実践し、人々の救いと幸福のために犠牲となったことでディアコニアの道を歩まれました。ここに相互関係が示されています。人が相互に責任的に交流する未来を開いたイエスこそ、唯一まことの愛の奉仕者（ディアコノス）であり、ディアコニアの模範です。ディアコニアは、イエスを基礎とするがゆえに、イエスに依りどころを求める者はディアコニアを回避することはできないでしょう。それは、ディアコニアがイエスに服従することと無関係ではないからです。ディアコニアは、イエスに服従することによって生きた信仰となります。それゆえに、愛の奉仕は、その本質において倫理的要請となると同時に、個々人（キリスト者も含め）が謙遜な思いで他の人に仕えるという責任でもあります。ただし、その責任とは強要や義務ではなく、神と隣人に結びつけられることによってのみ与えられる人間の自由という意味での責任です。

イエスに従うこと、イエスと共にあること、イエスの使命に参与することとは相互に深い関係にあり、弟子として召されることは神の愛の支配のための奉仕に参与することです。キリスト教二千年の歴史の中で、この愛の奉仕の意味と実践は常に時代状況と場において問われてきました。

2　旧約聖書におけるディアコニア

古代ギリシャ・ローマの社会では、奴隷（労働）とその人間性の否認が見受けられましたが、その後、人間の社会的営みや諸関係を要因とする困窮などが社会問題として浮上し、それによって社会的救済システムが現れ始めます。ギリシャ人にとって奉仕（給仕すること）は奴隷の仕事で、最低の事柄、無価値な生き方として理解されていました。

これと対照的なのがイスラエルの理解です。「神の前の平等」、つまり、神を媒介として奴隷人も自由人も同じ人間であり、神の子であるとしたヘブライ思想において新しい人間理解が示されたのです。隣人愛を行うようにとの教えは、旧約聖書の申命記やイザヤ書、ネヘミヤ記などにおいてみられます。土地に関する律法（神の教え）、「あなたの神、主が与えられる土地で、どこかの町に貧しい同胞が一人でもいるならば、その貧しい同胞に対して心をかたくなにせず、手を閉ざすことなく、彼に手を大きく開いて、必要とするものを十分に貸し与えなさい」（申命一五・七〜八）は、単に貧困者への経済的援助だけではなく、世話をすることも意図されています。土地のない人、寡婦、孤児、敗残者、奴隷といった人々の貧しさは、他の人々の不正な行いによって作り出されたものであり、貧困とは自然に発生するものではないからです。

憐れみと正義を意味するヘブライ語のツェダカーは、神を前提とするイスラエル民族の生活と結びついた理念で、貧困化への予防手段が打たれています。神への感謝、人間への義務、自然の管理すべてが社会事業のエネルギー源でした。


「自分自身を愛するように隣人を愛しなさい。わたしは主である」（レビ一九・一八）。

「ただ、あなたの神、主を畏れてそのすべての道に従って歩み、主を愛し、心を尽くし、魂を尽くしてあなたの神、主に仕え、……あなたたちは寄留者を愛しなさい」（申命一〇・一二〜一九）。

「お前たちが手を広げて祈っても、わたしは目を覆う。どれほど祈りを繰り返しても、決して聞かない。……悪を行うことをやめ、善を行うことを学び、裁きをどこまでも実行して、搾取する者を懲らし、孤児の権利を守り、やもめの訴えを弁護せよ」（イザヤ一・一五〜一七）。

「寄留者ないし滞在者を助けるようにその人（貧しい同胞）を助け、共に生活できるようにしなさい」（レビ二五・三五）。

これらは一部にすぎませんが、旧約聖書におけるイスラエルの奉仕理解で、ユダヤ教においてディアコニアが倫理的に受容されていたことがわかります。すなわち、隣人への奉仕は神への奉仕であり、律法を成就する愛そのものだということです。

また、慈しみや愛を表すヘブライ語のヘセドは、神の契約に対する忠実さ、愛するに値しない者への神の誠実な愛としてあらわれるだけでなく、そのような無償の愛に応える誠実な愛をも示しています。ここに、神の恵み（愛）と、それに応える信仰の原型があります。関係概念であるヘセドの本質は相互依存です。神は、この世に対する憐れみを生きた現実にするために人間の応答を必要とされます。神と人とのヘセドの関係は、同時に人と人との関係の模範でもあります。旧約聖書によれば、神は愛であり、抑圧や不正に苦しむ者とともに苦しまれる神です。「正義を行い、慈しみを愛し、へりくだって神と共に歩むこと」（ミカ六・八）が人間に求められるのです。ディアコニアを考える際に、憐れみと正義をあらわす相互扶助の教えは重要です。

歴史において啓示された神はイスラエルを選ばれました。この選びの目的は愛の奉仕です。イスラエルは小さくされ、貧しくされている人々にまず仕えるのです。そうでなければ、選びの意味そのものをイスラエル自身が失ってしまうでしょう。イスラエルの民は、神との契約において、社会の犠牲になっている人々に対する義務が何であるかを常に認識するのです。神の憐れみと正義、慈しみがイスラエル以外の民すべてを含んでいることは留意すべき点です。

3　新約聖書におけるディアコニア

使徒言行録八章三五節は、旧約時代に預言され、僕の姿をとったイエスこそがディアコニアの模範であると証言しています。このように、イエスは仕えるため、自らの命を与えるために世に来られました（マタイ二〇・二八、マルコ一〇・四五）。おのれを無にして、僕の身分になった（フィリピ二・七）イエスが、弟子たちをディアコニアへと招くのです。ディアコニアの主体は神でありイエスです。「隣人を自分のように愛しなさい」（マルコ一二・三一）。イエスの愛は、時や場所、生活環境のあらゆる障壁を打破するものであり、謙遜で無私、犠牲的奉仕の愛です。

すでに概観したように、旧約聖書においてイスラエルの宗教における信仰とわざ、礼拝と奉仕活動との結びつきをみることができます（ヨブ二九・一二、一五〜一七、申命一四・二六〜二九、一六・九〜一五、サムエル下六・一九、歴代下三〇・二一〜二六ほか）。ここでは、新約聖書において奉仕を考える際に重要と思われるギリシャ語の「レイトゥルギア」と「ディアコニア」に注目しましょう。

レイトゥルギア（奉仕、務め、礼拝、儀式）は、古代世界での民のための公の奉仕や職務、またその職務の遂行、さらに神殿における儀式の執行を表していました。つまり、聖の領域に限らず、世俗の領域に関わる務めを意味しました。典礼において、一方では垂直（神—人）の交わりが実現し、他方で水平（人—隣人—世界）の交わりを課題として担うべく人はこの世に押し出されるというのです。

ディアコニア（奉仕、接待、働き、務めなど）はどうでしょうか。自らを福音のディアコノス（奉仕者、しもべ）と呼んだのは使徒パウロでした。キュリオス（主人）に対するドゥーロス（奴隷）の依存関係および従属を表現するのが一般的でしたが、動詞ディアコネオーとその語群は、だれそれの利益を図ってなされる奉仕という思想を強く言い表します。ギリシャ語において、ディアコニアという語はもともと魅力のない言葉で、奴隷の仕事である「給仕をすること」を意味しました。そこから「奉仕」という包括的な概念へと拡張されていったのです。祭司や奴隷という身分に関係なく、最も偉大な主人に対する自発的、絶対服従的、献身的な人格関係を表す言葉であるといえます。

また、ディアコニアは、祭司が神と人との仲保をする犠牲・奉献の行為や、互いに仕え合う行為などからも、神と人間、人間と人間との関係をつける「橋渡し的な行為」を指すといえます。この語は、イエスの言葉と行為とに方向づけられています。

パウロは、イエスと教会とに対する奉仕との関係において自らをとらえ（Ⅱコリント三～六章、一一～一二章）、使徒的奉仕を遂行するなかで、福音宣教を中心的活動とみなしています（ローマ一一・一三、Ⅱコリント三・三、四・一、五・一八、六・三、一一・八など）。そのおもな務めは、告知と慈恵的奉仕（Ⅰテモテ三・八～一三）でした。女性のディアコノスという職も、ローマの信徒への手紙一六章一節にすでに見いだされます（女性執事フェベ）。

マルコ福音書では、十字架の死に至るまでのイエスの愛の奉仕がその理由づけとなり、この愛の奉仕の姿勢や態度が弟子として服従することの重要な要素となっています（一〇・三三～三四、三五～四〇）。イエスの言葉と愛の奉仕のわざに方向を定めて、十字架の道への服従を呼びかけているのです。

マタイ福音書では、困窮者や捕囚者への援助がイエスへの奉仕と理解されています（二五・四四）。ディアコニアのマグナ・カルタといわれるマタイ福音書二五章三二節以下は、飢える者に食べさせるなど一連の行為がディアコニアと呼ばれています。

ルカ文書において使徒の務めは、教会におけるあらゆる指導職務と奉仕の性格を持ちます。その起源はイエスの言葉と奉仕です。貧くされている人々と助けを必要とする者への奉仕は、教会の根本的な機能です（使徒六・一～二、二・四二）。

ヨハネ福音書では、弟子として従うこと（一二・五～九、一二・二、二六）が重要です。ディアコニアは、福音、イエス、イエスの言葉と行為にその聖書的根拠を持ち、イエスの弟子としての大切な要素であるというのです。

イエスに従う者の生活は、ディアコニアによって定義づけられるだけでなく、食卓で給仕することであり、手や足、からだなどを使う全身的かつ具体的な行為なのです。

4　教会と社会のディアコニア

「キリストのからだなる教会」という言葉のとおり、教会は、イエスという人格において基礎づけられる共同体です。イエスが唯一まことの愛の奉仕者（ディアコノス）であるならば、ディアコニアを基本とすることが教会の本質であるといえます。

ギリシャ語のエクレシアが、教会の意味に用いられるようになったのは、旧約聖書における神の民の集会の訳語として用いられるようになってからで、「召す」がその語源です。教会は、神によって命へと召されたもの（使徒二〇・二八、Ⅰコリント一〇・三二、Ⅰテモテ三・五）で、「あなたがたは、選ばれた民、王の系統を引く祭司、聖なる国民、神のものとなった民です。それは、あなたがたを暗闇の中から驚くべき光の中へと招き入れてくださった方の力ある業を、あなたがたが広く伝えるためなのです」（Ⅰペトロ二・九）。ディアコニアを考える重要な出発点がここにあります。からだという象徴は、教会が存続し、活動し、派遣をし、愛の奉仕（ディアコニア）をするものであることを示します。

神がまず私たちに近づき、私たちを愛された。この神の愛に生きることは、人と人との間につながりを築くこと（Ⅰヨハネ四・七～一二）です。教会は、人がそれぞれの賜物を出し合い、配慮し合う交わりの共同体でもあるのです。教会に招かれた一人ひとりは、ディアコノス（僕）としてその生ける有機体の一員であり、教会の内側だけでなく、外側、つまり世においても福音の僕となるよう召されています。それぞれがなす愛のわざ、苦痛の緩和、物質的欠乏の補完は、ディアコニアの聖書的概念に含まれていて、人間の魂の救いに対する抽象的な関心ではなく、どこまでも人間の肉体の必要に対する具体的かつ現実的な関心なのです。

ケリュグマ（宣教）とディアコニア（愛の奉仕）は常に結びついています。ディアコニアは、イエスと出会った者の新しい生き方であると同時に共同体の生き方でもあります。また、それは「新しい生、新しい交わり、自由な世界の先取り」であり、ディアコニアの生を生きることは、新しい生き方であるゆえに、この世において苦しみと既存の価値との闘いを伴うこともあるでしょう。

キリスト教のディアコニアは、神の言葉全体（聖書の律法と福音）を、教会と社会の両方にわたる生活全体をとおして、肉体と魂を含めた全人にもたらすものです。ディアコニアは、世俗的また霊的領域すべてを神が支配し、そこで活動するという意味で、愛と正義の両方に関わるのです。

2　ディアコニアの歴史的概観

1　使徒時代から使徒教父時代まで

原始キリスト教会の救済事業は、最初は長老、次に司教によって担われ、執事（助祭）が司教の手足となってこれを助けました。このころすでに女性の執事も存在しています。初代教会が固執したパン裂きの行為は、礼拝式への流れとともに困窮者救済に仕えるという具体的な側面があったといわれます。困窮の中にあるキリスト教徒を保護したという愛の事績は、新約聖書の使徒言行録（六・一～三）に記されていて、使徒言行録六章はキリスト教のディアコニアの発展の過程に影響を与えたことを示しています。

初期のキリスト教共同体は、男性と女性、支配者と奴隷、富者と貧者、与える者と受ける者、といった間に存在する「階層構造」を変革させる生活形態を、女も男も等しく共同体において創り上げようとしました。初代教会での執事の務めは、管理、福祉、慈善といった実際的な働きと関係があり、女性執事はおもに女性の洗礼志願者の教育、女性の洗礼における助け、病気の貧しい女性への援助、信仰のゆえに投獄された女性への奉仕などをその務めとしていました。彼女たちは、キリスト教会史最初期の段階ですでに活躍していたのです。

一～二世紀に、教会は相互的愛の群れとしての歩みを続けますが、愛の行為によって罪が赦されるという思想が芽生え、そのことで相互扶助の愛は次第に変質していきます。ローマ帝国による迫害や流行病などに遭遇し、愛の奉仕も様々に試みられます。この愛の奉仕は執事に委ねられました。執事は、支配者の立場へと移行し、職階制度に組み込まれることで愛の奉仕の自由さを喪失し、父権制的教職・聖職の成立に至ります。使徒教父時代の執事は、監督と長老に次ぐ三番目の位置にありましたが、時代が下がるにつれて監督の助手となります。執事を聖職者に仕立てあげたことで、ディアコニアは連帯を忘れた奉仕と化し、博愛や施しになるのです。愛の奉仕が教会制度の中に取り入れられ、博愛となっていくとき、その内容は変質します。

2　ローマ帝国時代から中世まで

キリスト教公認後、教皇グレゴリウス一世のもとに教皇権が発達するまでの約三百年間は、教会組織の強化がはかられました。各都市に監督が置かれ、大都市に大司教、各都市の監督の下に長老、執事が配置されます。個々のわざだけでなく、社会機構に働きかける愛の奉仕へというディアコニアの多様化もこの時代にみられます。

四世紀のコンスタンティノープル監督のクリュソストモスは、贖罪あるいは罪の軽減の方法として懺悔、他人の寛恕、施与、祈禱、断食を数えあげました。この教えがその後のヨーロッパ史に深い影響を与えます。教会が国家の枠の中で建設されるとき、本来の教会の使命が見失われ、国家の認可の範囲内でのみ愛の奉仕を行うという危険が現実化します。国家に迎合することによって、ディアコニアの務めを担っていた教会はディアコニア活動からの後退を余儀なくされるのです。

四世紀は女性執事の黄金時代といわれますが、修道院の発展に伴い、修道女がキリスト教の慈善や社会奉仕の担い手に取って代わります。男性執事と同等の地位にあった女性執事の果たす機能は縮小されます。忘れてならないのは、当時の教会や修道院が社会の貧困と悲惨を長引かせる体制の一部であったこと、また清貧が功徳であるとの理解が構造的な貧困問題に解決を与えるには至らなかったことです。

帝国教会の解体後、領邦教会がゲルマン帝国内に起こりますが、宣教によるキリスト教の拡大と、社会的混乱の中にあって、カール大帝や封建諸侯、都市当局者など国家のレベルで共同で担われていきます。このような教権と俗権の相互浸透や市民的諸ギルドの相互扶助の実践が中世においてみられます。

十字軍の遠征以降、とくに信徒間でディアコニア活動が起こり、施療修道院、騎士的修道会の救済施設などが生まれます。修道院は、社会的に多様なニーズに応えつつ、個人のディアコニアの働きに仕える人々を生みだしましたが、スコラ哲学者の愛の思想や行為に価値を置く傾向がありました。

貧困者の増加は、貧しさそのものに宗教的価値を置き、現世において住みよい環境を作ることより天国に神の救いを求めようとしたからでしょうか。その中で、アッシジのフランチェスコやドミニコ会修道士エックハルトなどが、本来のディアコニアの心に立ち返るべきことを説き、隣人愛の質の浄化に尽力したことは注目に値します。

3　宗教改革期から敬虔主義まで

宗教改革の意図は、原始キリスト教の回復にあったともいわれます。マルティン・ルターは、真摯に聖書にとりくみ、「救いのために慈善が必要」との功績思想を排斥することによって、隣人愛の動機を浄化しました。ルターは新約聖書の精神に立ち、ディアコニアをすべてのキリスト者の生活と使命の必須要素とみなしたのです。全信徒祭司性は、隣人が困っているとき、キリスト者が助けの手を差し伸べるという使命を含みます。彼は困窮者に対して会衆各自が援助する義務を強調し、困窮者への援助は教会の任務であり、個人倫理でなく、共同体の責任として理解したのです。一五二三年の共同金庫規定などは中でも有名です。

改革派の先駆者ツヴィングリは、積極的に市当局に働きかけ、困窮者救済の組織的実践を行いました。彼はディアコニアの職務を自らの手に引き受け、実践的キリスト教の先駆者としてキリスト教信仰と社会的現実とを関係づけました。

さらに、ブーツァーは、教会が信仰共同体であるとともに隣人愛を本質とする生活共同体でもあると理解し、聖書に基づいて愛の行為を教会のいのちの表現と認識し、ディアコニアは教会のしるしであると考えました。

ジャン・カルヴァンは、執事制を再建することで、それを実際に神によって定められた教会政治の必須要素としました。教会が愛の奉仕をするものとなることが彼の宗教改革における一つの鍵です。改革派教会は、聖書を単なる恵みの媒体としてのみ考えず、信徒生活ならびに社会的諸関係を律する、との考えから、社会生活改善に積極的に関わります。教会は国家に対して責任を持ち、常に助言し警告します。「人は神によって創造された以上、神に対し、人に対し、自己に対し責任を持つ存在である。」これは、今日におけるキリスト教の社会的責任の概念に基礎を与えるものです。

敬虔主義は、宗教改革後のディアコニアの務めの展開において最も重要なものの一つで、ディアコニアの務めを持つプロテスタント教会に大きな影響を与えました。この運動のはじまりはＦ・ヤーコプ・シュペーナー（一六七〇年ごろ）に見いだされます。

アウグスト・Ｈ・フランケは、人間の窮乏の緩和こそ教会の直接的不可避的義務であることに目覚めさせた敬虔主義運動のリーダーです。彼は、「聖書団」を形成し、ハレの敬虔主義の指導者となり、養護学校、市民学校、私立教育施設、孤児院などの諸施設を立てました。とりわけ孤児院は、慈善・教育機関の中心でした。

彼の影響を受けたツィンツェンドルフはヘルンフート兄弟団を設立し、共同体の共同生活と社会的共同生活の新しいモデルの豊かさを示しました。

貧困と社会との関係に鋭い考察を与えたヨハン・Ｆ・オバーリンは、織物工場、学校、農業組織、銀行などの設立をとおしてディアコニアの推進に貢献しています。

4　十九世紀から二十世紀まで

J・H・ヴィヘルンは、ルター派の男子の執事職の設立者、ドイツの「内国伝道」Innere Missionならびにキリスト教社会奉仕のリーダー、またキリスト教社会事業団創始者として知られています。彼は、愛の王国としての神の国を地上に建設するために、教会は社会に対して責任ある愛の奉仕をする使命がある、すなわち貧困その他の社会問題に対する救済事業と信仰へ導く伝道事業とが一体となり、しかも国家の協力で行われるべきであると考えました。一八四〇年、ハンブルクに「ラウエス・ハウス」（孤児や非行少年などの教育、職業訓練の家）を設立しますが、これが「ブルーダーハウス」の原型といわれています。彼はどこまでも、教会は初代教会を模範として執事職を再建するべきと主張しました。

T・フリートナーは、一八三六年にカイザースベルトにルター派「ディアコニッセの家」を設立します。「すべての肉体的ならびに霊的必要に対し、開かれた目と同情心を持つべきである」との宣言は、ディアコニアの本質を表すものです。彼は当時、人権を認められていなかった女性を尊重し、使徒時代のディアコニッセ職の再現を実現しました。「母の家ディアコニッセ運動」（一八三六年設立）はヨーロッパやアメリカにまで拡大していきます。

この二人の働きを補完したといわれるW・レーエは、一八五四年、ノイエンデッテルスアウに「ディアコニッセ」を、一八六五年には男子のソーシャルワーカーの家を設立します。

ちなみに、日本のディアコニッセ運動は東京の上富坂教会に始まり、一九四九年に深津文雄牧師から ドイツのディアコニッセの話を聞いた天羽道子が志願をしました。その後、深津牧師は、練馬に「ベテスダ奉仕女母の家」（一九五四年）、女性保護施設「いずみ寮」（一九五八年）、千葉県館山に女性保護長期収容施設「かにた婦人の村」（一九六五年）を創設します。

フリードリッヒ・フォン・ボーデルシュヴィング（父）は、「施しより仕事」をモットーに特に癲癇患者のために奉仕しました。執事の養成所とベーテル神学単科大学を創設し、これにより執事の働きは拡がりをみせます。父ボーデルシュヴィングの夢は、社会的弱者を救い、必要な場合には敢然と闘う勇気のある牧師を養成することでした。

子フリッツ・フォン・ボーデルシュヴィング（正式にはフリードリッヒ・フォン・ボーデルシュヴィング）も病を抱えながら、「生きるに値しない人はいない」とのベーテルの信条のもと父の事業を継承します。フリッツは、一九三三年の選挙で帝国教会監督に多数で選ばれますが、ナチスを支持するドイツ的キリスト者に反対し辞職。第二次世界大戦中、ヒトラーの安楽死政策に反対し、神のみを畏れ、人におもねることをせず、危機を乗り越えて、今に至っています。

二十世紀には二つの世界大戦と数多くの紛争が勃発しました。これらを要因とする苦難が触媒となり、ディアコニアの要素が再発見されます。「ミッシオ・デイ」（神の宣教）は国際宣教協議会ウィリンゲン大会（一九五二年）で最初に現れました。ミッシオ・デイは神の活動です。その活動は教会と世界の両方を取り込むもので、教会はそれに参与することが許されるという考えです。宣教とは、イエスの解放のわざにキリスト者が参与することです。

一九五九年には「世界のためにパンを」活動がドイツに生まれます。その目的は、飢餓、貧困、人権侵害などの克服に寄与することです。一九六〇年代から世界教会協議会はディアコニアの研究に関与します。カトリックの第二バチカン公会議は、教会のあり方とは権力的教会ではなく、愛の奉仕の教会、仕える教会であるという考えを強く再確認しました。

信仰と行為、教会とこの世といった誤った二元論の克服を試みた二人の神学者・牧師を紹介します。カール・バルトは、著書『教会教義学』第四巻「和解論」Ⅲ（一九五九年）においてイエスが派遣されたと同様、教会も世のために存在するべく世へと派遣されるのであって、この世に対してなすべき教会の奉仕は、この世と連帯することであり、世に対し共同責任を負うことであると述べます。教会は神に奉仕するべく集められた群れであり、そのためにこの世に派遣されたのです。肉体的・物質的に助けを必要とする人々のための助けとしてのディアコニアにおいて、教会はその証しを奉仕として行います。ディアコニアは教会の責任なのです。

ルター派神学の影響を受けつつバルト神学を受容したディートリッヒ・ボンヘッファーは、著書『共に生きる生活』（一九三九年）の中で、共に生きるため、特にキリスト者の交わりのための奉仕として、「注意深く（他者の言葉に）耳を傾ける奉仕」「惜しまず助力する奉仕」「他者の重荷を負う奉仕」が真実になされた時にのみ、「言葉を語る（神の言葉を宣べ伝える）奉仕」が可能になると言います。謙遜に他者の言葉に傾聴する者が謙遜に真実を語るのだ、と。彼自身、沈黙しつつ他者の叫びに耳を傾けていました。ここでの「他者」とは、当時ナチスによって迫害を受けていたユダヤ人をさします。この奉仕に基づく交わりこそ、すべての人に対して開かれた、多様性における一致を目ざす交わりです。彼の思想は、戦後のエキュメニカル運動のみならず、中南米の「解放の神学」や韓国の「民衆の神学」など今日もなお影響を与えています。

3　ディアコニアの今日的課題

これまでみたように、ディアコニアはそれぞれの時代状況や場において他者に仕えるときに展開され、その形態はじつに多様で自由であったことがわかります。

ドイツのベーテルでは、教会を中心に様々なディアコニアの事業が包括的に展開されており、その土台はイエスを救い主と信じ、賛美・告白する礼拝にほかなりません。ディアコニアの出発点とその根拠は礼拝であり、唯一の真のディアコノスであるイエスとの出会いによってディアコニアは引き起こされるのです。

1　とりなしの祈り

公同の礼拝で、困窮者、世の不公平に苦しむ人々のために、とりなしをすることは、ディアコニアの姿勢やディアコニアの生き方を育み、信仰者が義と憐れみをもって行動するための備えに向かわせます。祈りは愛の行動であり、この祈りによって人々は、イエスをおくられた神の愛に応えるのです。ディアコニアは、祈りと困窮者への参与とを相互に結びつける帯といえます。とりなしの祈りとは、他者のため、世のための（世に代わっての）教会の大切な働きであり、教会の内側だけでなく外側にも及ぶ力です。それは、他者に代わって行われる愛のわざであり、この世の命そのものである愛の回復を目ざします。

礼拝での告知（報告）もまた、社会の困窮やディアコニアの諸活動について教会の会衆に告知するという意味で重要です。相互に関連づけられた告知ととりなしの祈りに、ディアコニアの責任を担う人々は参与するのです。イエスにおける神の憐れみの告知はあらゆるディアコニアの源であり、力であるので、説教においてもディアコニアの要素が強化されるべきではないでしょうか。

2　癒しと和解のわざ

ケリュグマ（宣教）とディアコニア（和解、癒しとその他の形をとる奉仕）、コイノニア（交わり）が教会の三つの責任であると語ったのは、アメリカの神学者H・コックスです。近年、社会システムの急激な変化、社会の価値の変化と進歩的な世俗化、財源の減少、諸サービス提供者の市場競争の増加などがとりわけ都市において顕著にみられます。

教会のディアコニアの働きは「都市生活のひび割れの癒し」であり、教会の社会的課題は、媒介の諸課題を真実に受け取ることです。しかしながら、教会はそのような自覚を持ち、実際に責任を果たしているでしょうか。ディアコニアの本来の意味は、癒しと和解のわざであり、傷ついた者に包帯をし、隔たりに橋渡しをし、全体的人間の健康を取り戻すことです。癒しとは、それぞれの部分の主体性と相互依存を回復しつつ、統一体を作り上げることであり、教会はまず都市の傷を認識する必要があります。

ディアコニアは、人間の欠けと破れの現実に目を注ぐ全体的な癒しの行為です。それは、人と人との間の壁を取り除き、克服することに携わるがゆえに、いのちと正義と平和のための闘いから分離できません。いのちと正義と平和を共に経験する神の国の告知は、貧しくされた人々や悲惨な状況に置かれた人々に向けられています。神の国を視野に入れたディアコニアは、分離されたすべてのものが再び見いだされる現実的な和解の務め（Ⅱコリント五・一八）なのです。

3　連帯と予防責任

ディアコニアとは、人間の必要に対する連帯責任でもあります。教会は神の民の共同体として、世にあって世に対して証しをする群れです。教会の務めとキリスト者の使命は、イエスのダイナミックな愛の力を常に反映することにあり、教会と世、信仰とわざ（行い）といった二元論の克服がここで起こります。教会はディアコニアを有すると同時に、教会それ自体がディアコニアです。さらに、隣人性がディアコニアの主要語の一つであるとすれば、環境世界を保全することは、未来世代への責任、あるいは正義と平和を求める努力のための基本的条件でしょう。イエスは、私たちが隣人になるようにと呼びかけています。責任とは、神と隣人に結びつけられることによってのみ与えられる人間の自由にほかなりません。

また、物質的欠乏や人間の悲惨を生みだす諸条件を根絶するものがディアコニアであるならば、私たちは単に傷に包帯をするだけでなく、傷そのものを防ぐようにも今日召されています。つまり、予防としてのディアコニアは単に交通事故の際の救急車の役割を果たすだけにとどまらず、負傷者を予防し、交通災害をなくす役割を持っているのです。生命を脅かす社会構造に対抗し、生命を保護し、これを支持する連帯的活動に導く。委託されていることは、困窮者の叫びを聴き、その権利を擁護すること、そして正義と平和の神の国のために活動することです。

ディアコニアは、今ニーズを持っている人々に対して援助をするだけでなく、その問題の根を探り、解決できる方向を見いだし、再び同じような問題が発生しない将来のあり方をも考えるべきでしょう。その意味で社会の構造や政治の問題に関わらざるをえないのです。

4　相互依存・相互扶助

各自は有機体の一部であり、ひとつの複合体の中で生活します。その交わりにおいて、心の回心と生活状況の変革が同時に求められるべきでしょう。他者のための存在よりもまず、他者と共なる生が重要です。なぜなら、共に生きることの基本は、他者と共にあることであり、喜びと悲しみを共に分かち合うことであるからです（ローマ一二・一五）。

障がいを持つ人と持たない人が共に生きることを学んだところでは、助けを必要とする人と助ける人といった、これまでの演繹的な役割や関係性が崩れ、その時に両者は共にそれぞれの賜物と限界を携えて、互いに受けることと与えることを学ぶといいます。そのためにも、まずは置かれた現実を認識すること、批判的・客観的に判断すること、そこに方向づけられて行動することが重要でしょう。

ディアコニアは、具体的な手の働き、からだの行為です。実践であり、生き方です。ニーズへの共感や感受性も同時にそこでは問われます。ディアコニアは想像力といえます。鋭くあたたかい愛の感受性、想像力とともに、ニーズにかなった援助を提供できる知識と技術を持つ人々の養成・訓練が求められます。

教会は、愛の奉仕（ディアコニア）の要素を中心に据え、お互いがお互いのために相互に存在し、助け合う共同体を福音とともに展開する群れです。私ひとりが担うのではありません。イエスが重荷を負う者といつも共にいて、その人たちに仕えるように、私たちも時に助け、時に助けられる存在、つまり相互に仕え合う同伴者としてこの世に遣わされています。

5 スピリチュアリティー（霊性）とエキュメニカルな次元

キリスト教の霊性は、聖書などの文書によって培われてきましたが、社会的実践と表裏一体となってその全体性があらわれます。それはイエスの「祈りと行動」の霊性にまでさかのぼることができ、そこにキリスト教の源泉があります。神との出会いの場は個々の人間の魂の神秘的深みではなく、貧しい人々の社会的・心理的貧しさの深みであり、神の力は弱さの連帯の中でこそ新しく経験されます。観想は行動的、つまり方向転換と変革に向けられ、行動は観想的、つまり見通しがきき、反省的であろうとします。

人間は神にかたどって造られた霊的存在であり、その霊的な生は決して孤立した生ではなく、それぞれが帰属している共同体の霊的価値に参与しているため、私たちの霊性はどこまでも共同的経験なのです。霊性は、神の愛するこの世の現実をみる独自な見方でもあります。それはまた、隣人をどうみるかにも関わります。たとえこの世界が分断化の危機に見舞われようとも、なおそれを全体の展望において観させるのがディアコニアの霊性であり、それは、日常の愛の奉仕において信仰を「働く信仰」とする愛にほかなりません（ガラテヤ五・六）。

祈りと働きが、イエスとの出会いや隣人との出会いへと導く（ヤコブ一・二七、マタイ二五章）のであれば、ボンヘッファーの次の言葉もまた今日私たちが傾聴すべき指針でしょう。「今日キリスト者であることの意義は二つの事柄に限定される。祈ること、そして人々の間で正義を行うことである。」オイクメネー（地球上の全生活圏）には、神の支配と人間の責任という二つの広がりがあります。エキュメニカルなディアコニアと国際的なヒューマニティーは、それぞれの状況での個々の愛の奉仕や社会的奉仕といった国境を越えた協働なしには実現不可能です。多くの少数者の人権尊重の実現のために、エキュメニカルな努力はより強化されるべきですし、エキュメニカルな次元を超えた諸宗教間の相互依存や協働も求められるでしょう。ここに、愛の奉仕の究極の目標があります。

おわりに

キリスト教のディアコニアの歴史は、倫理の実現に勇気を与えてきました。ディアコニアはその意味で世界の教会の土台といえます。愛の奉仕は、その本質において倫理的な要請となり、同時に、個々のキリスト者が謙遜な思いで他者に仕えるという責任です。行為だけでなく心根や姿勢が重要なのです。「務めにはいろいろありますが、それをお与えになるのは同じ主です」（Ⅰコリント一二・五）、また、「その賜物を生かして互いに仕えなさい」（Ⅰペトロ四・一〇）とあるように、イエスが愛の奉仕の務めの与え手であり、その働きの意味を決定づけます。イエスは、多様な働きへと私たちを自由に招かれ、私たちの奉仕はこのイエスからの展望によって支えられ、勇気と確信が与えられます。

キリストのからだなる教会は、本来ディアコニアに対する能動的な主体であり、ディアコニアと教会とは根本的に分離できません。終末論的な希望が真摯に倫理に取り組み、神の国の希望のないディアコニアは、キリスト教の本来の使命を失い、予防責任を果たすどころかその実践と理論の上で福祉国家の行う様々なサービスの一部に陥ります。神の国の希望に根ざしたディアコニアが、真の正義と平和を伴う社会制度の実現を促し、この世のあらゆる不正義や差別を温存する社会制度の克服へと導くのです。

しかしながら、ディアコニアの限界も認識すべきでしょう。個人が世界のすべての課題について責任を負うことは困難だからです。すべてのものは断片にすぎません。それぞれに断片的な使命が託されており、断片同士が出会い、最後にイエスがその断片を一つずつ統合してくださるのです。ここに私たちの希望と慰めがあります。

共に生き、共にある倫理の根拠は、人となったイエスにあります。この世を愛し、私たちと連帯するためにイエスはこの世に出かけ、人となりました（受肉）。ディアコニアは、それゆえに「受肉した証言」（使徒二・一二）です。各自が行動を伴ったイエスの愛となれば、どんなに幸いでしょう。そして愛の奉仕が、教会の枠を超えて、世界的背景の下で理解され、他者との共同関係や相互関係に入ることができればと願います。

相互依存を視野に入れたネットワークを構築し、与えられた委託に対してそれぞれが賜物を活かし合いながら自分の持ち場で他者への愛の奉仕という具体的な責任を負うこと、そのためにも「ミッシオ・デイ」の宣教理解のもとディアコニアの源泉かつ基礎であるイエスの教えと行動に立ち返り続けること。神の国の到来を祈りつつ、それぞれの断片をその時代にあって誠実に生きることが重要なのです。

主要参考文献

井上良雄編『地上を旅する神の民　バルト『和解論』の教会論』新教出版社、一九九〇年。

門脇聖子『ディアコニア　その思想と実践　愛の働きの源流』キリスト新聞社、一九九七年。

ヴィヘルン『ヴィヘルン著作集1』北村次一訳、キリスト新聞社、一九八四年。

J・v・クリンケン『ディアコニアとは何か　義と憐れみを示す相互扶助』小塩海平訳、一麦出版社、二〇〇三年。

小牧治・泉谷周三郎『ルター』清水書院、二〇〇四年。

T・コーツ『ディアコニア　奉仕の生活』田端武訳、聖文舎、一九八五年。

E・ゴスマン、岡野治子、荒井献監修『女性の視点によるキリスト教神学事典』日本基督教団出版局、一九九八年。

H・コックス『世俗都市』塩月賢太郎訳、新教出版社、一九八七年。

M・E・コーラー『ディアコニー共同体』畑祐喜訳、新教出版社、二〇〇〇年。

A・ザロモン『社会福祉事業入門』増田通子、高野晃光訳、岩崎学術出版社、一九七二年。

関田寛雄『「断片」の神学　実践神学の諸問題』日本キリスト教団出版局、二〇〇五年。

K・ノールストッケ『人間、このかけがえのないもの――ディアコニアの基礎と実践』橋本昭夫訳、いのちのことば社、二〇〇四年。

橋本孝『福祉の町　ベーテル』五月書房、二〇〇六年。

橋本孝『奇跡の医療・福祉の町　ベーテル　心の豊かさを求めて』西村書店、二〇〇九年。

森野善右衛門「奉仕する教会」、雨宮栄一、森岡巌編著『罪責を担う教会の使命』新教出版社、一九八七年。

渡辺信夫『カルヴァン』清水書院、二〇〇一年。

Barth, H-M, *Spiritualität; Ökumenische Studienhefte 2*, Göttingen, Vandenhoeck & Ruprecht, 1993.
Bosch, D. J., *Transforming Mission: Paradigm Shifts in Theology of Mission*, New York, Orbis Books Maryknoll, 1991.（東京ミッション研究所訳『宣教のパラダイム転換』上・下、東京ミッション研究所、二〇〇四年）
Bonhoeffer, D., *Widerstand und Ergebung: Briefe und Aufzeichnungen aus der Haft*, München, Chr. Kaiser Verlag, 1951.（倉松功、森平太訳『ボンヘッファー選集5　抵抗と信従』新教出版社、一九六四年）
Bonhoeffer, D., *Gemeinsames Leben: Das Gebetbuch der Bibel, München*, Chr. Kaiser Verlag, 1939.（森野善右衛門訳『共に生きる生活』新教出版社、一九八五年）
Kittel, G., *Theologisches Wörterbuch zum Neuen Testament Band 4*, Stuttgart, Verlag von W-Kohlhammer, 1933.
Moltmann, J., *Diakonie im Horizont des Reiches Gottes: Schritte zum Diakonentum aller Gläubigen*, Theodor Schober.-Neukirchen-Vluyn, Neukirchener Verlag, 1984.（沖野政弘、芳賀繁浩、蓮見和男訳『人への奉仕と神の国』新教出版社、一九九五年）
Moltmann, J., *Gott kommt und der Mensch wird frei Reden und Thesen, München*, Chr. Kaiser Verlag, 1975.（蓮見幸恵、蓮見和男訳『神が来られるなら』新教出版社、一九八八年）
Ruddat, G. und Schäfer, G. K., *Diakonisches Kompendium, Göttingen*, Vandenhoeck & Ruprecht GmbH & Co. KG, 2005.
Poser, K.（ed）, *DIAKONIA 2000. Called to be Neighbours*, WCC-Geneva, 1987.

Schmidt, H. und Zitt, R. *Diakonie in der Stadt*, Stuttgart, W. Kohlhammer GmbH, 2003.
Schönherr, A. *Horizont und Mitte – Aufsätze, Vorträge*, Reden 1953-1977, Berlin, Evangelische Verlagsanstalt, 1979.

（本稿は、二〇一四年三月に発表した「ディアコニアの概念について」〔青山学院大学神学科同窓会『基督教論集』第五七号〕と「ディアコニアの歴史的変遷と今日的意義」〔『富坂キリスト教センター紀要』第四号〕をまとめ、加筆したものです。）

キリスト教会の牧師としての行き詰まり

日本基督教団京葉中部教会 牧師　山本光一

1　キリスト者のこの世への関心

私は、現在六十一歳、一九七九年の春にキリスト教会の牧師として働き始めてから三十五年が経ちます。ここに書こうとすることは、「キリスト教会がこの世との関係をどのように考えてきたのか」についてです。

キリスト教会といっても、ここに書かれていることは、私が属する「日本基督教団」のことです。そして、一九六〇年代から現在に至るまでの半世紀のことです。

私が属する教派は「日本基督教団」といいます。この教派は、第二次世界大戦中の一九四一年に国家が宗教団体を統制するために作られた「宗教団体法」によって、別々に活動していたプロテスタントの教派が日本基督教団としてまとめられ、設立されたものでした。

私は、二歳から高校卒業までを、札幌市にある日本基督教団札幌北光教会で過ごしました。一九六八年から一九七一年までの高校生時代に「宣教基本方策・宣教基礎理論」と「ミッシオ・デイ（missio Dei「神の宣教」）の神学」を教えられて、私のキリスト教理解の血のようなものができた、と今になって思います。

もちろん、当時は、「宣教基本方策・宣教基礎理論」「ミッシオ・デイ」などという言葉は知りませんでした。中学生時代（一九六五〜一九六七年）は、罪の悔い改めと回心を特に強調する聖会等に熱心に参加する信徒でした。

一九六八年の夏、礼拝時に「第二次大戦下における日本基督教団の責任についての告白」[1]が配られました。礼拝に出席した私たちはこれを「信仰告白」として読み上げたのです。この短い告白文は、日本が戦争中に何をしてきたのかをようやく勉強し始めた高校生の私に、涙をもって告白するものとなりました。

戦争中、日本基督教団は「戦争協力をさせられた」というよりは、「積極的に戦争協力をした」と言うべきことを行いました。たとえば、日本基督教団が設立して三年目の一九四三年十一月、第二回日本基督教団総会は「軍用機献納の決議」を行い、信徒に献金を募りました。その一年後の一九四四年十二月に発表された「軍用機献納献金中間報告」を見ると、七十二万三千九百七十二円の献金が集まったことがわかります。（当時の海軍の主力戦闘機であった零《ゼロ》戦の値段は、海軍の発注票によれば約十万円でした。）

「第二次大戦下における日本基督教団の責任についての告白」には以下のような言葉が記されてい

ます。

「まことにわたくしどもの祖国が罪を犯したとき、わたくしどもの教会もまたその罪におちいりました。わたくしどもは『見張り』の使命をないがしろにいたしました。心の深い痛みをもって、この罪を懺悔し、主にゆるしを願うとともに、世界の、ことにアジアの諸国、そこにある教会と兄弟姉妹、またわが国の同胞にこころからのゆるしを請う次第であります。」

この言葉は、教会はこの世と隔離されて存在するのではなく、教会が行ったことについては、神とこの世に責任があるのだと痛感させられました。

同時に、一九六八年秋には札幌地方裁判所で農林大臣がした行政処分の取り消しを求めて長沼ミサイル基地訴訟[2]公判の取り組みが始まりました。この裁判には、たくさんのキリスト者が原告側（長沼町民）を支援してこれに参加しました。

私は最初、「教会が政治的問題に取り組むと、この世の問題が教会に持ち込まれ、教会は教会でなくなる」と主張していました。しかし、教会の牧師や信徒たちに誘われて高校の下校途中に公判前夜のテント学習会に参加しているうちに、「教会が平和の問題に関心を持つことは大切なことなのではないか。この場所（札幌地裁の裁判）では、私たちのいのちと暮らしに関わることが真剣に考えられている」と思うようになり始めました。

「宣教基本方策・宣教基礎理論」「ミッシオ・デイ」は、私が神学的な勉強をした結果、選択されたものではありませんでした。しかし、私の中で中学・高校生時代に大きな信仰上の「パラダイム転換」が起こったことは確かであり、そこには選択とキリスト者としての決断があったように思うのです。

2　宣教基本方策（一九六一年）と宣教基礎理論（一九六三年）

戦後のキリスト教会の伝道の歩みは、海外からの厖大な資金を投入して始まったのですが、一九五〇年代の一瞬のキリスト教ブームの波が引いて、一九六〇年代には必ずしも伝道の効果があったと言える状態ではありませんでした。

さらに、日本社会の産業構造と人々の意識はこれまでにない急激な変化を遂げようとしており、日本基督教団には、教勢が進展しないことへの深刻な反省とともに新たな伝道方策の策定が求められていました。

一九六一年十月、日本基督教団は、「宣教基本方策」を可決しました。そして、その二年後の一九六三年にはこの宣教基本方策を解説する「宣教基本方策にもとづく宣教基礎理論」を発表しました。

その冒頭（序の二のイ）にはこれまでの伝道の成果を評価してこう書かれています。

「宣教百年の歴史を省みて、数々のすぐれた先人の努力と貢献がありました。しかし、全般的には、この世の歴史を動かす教会としての、十分な力を発揮できなかったうらみがあります。

第二次世界大戦後新発足してからも、次々と諸種の運動をくりかえしたにもかかわらず、世にある教会としての、根本的な姿勢の問題が徹底的に反省されないままで今日に至りました。」

日本基督教団において「世にある教会」との自覚がここでようやく生じたと言ってもよいと思います。

「日本基督教団史資料集」は、「宣教基本方策」を解説してこう書いています。

「この『宣教基本方策』は、教団が一九五〇年代に莫大な外国資金により伝道したにもかかわらず、福音が大衆に浸透しないし教団の教勢は伸びないという反省から出発し、日本の宣教第二世紀に向かう教団の基本方策を打ち出そうとした。それは、すべての人々への宣教の責任を果たす教会、この世に奉仕する教会の形成ということであった。そこで強調されたのは、自己中心的な殻を破り社会的責任を負う教会への『体質改善』と、地域社会に対して連帯的に働きかける『伝道圏伝道』ということであった。[3]」

宣教基本方策・宣教基礎理論の核は、「伝道圏伝道」と「教会の体質改善」の両輪でした。伝道圏伝道は、地域の問題に、そこにある教会が協力して取り組むことであり、教会の体質改善は、「社会問題という食べ物を食べても（取り込んでも）アレルギーを起こさない体質となること」（鈴木正久）と説明された。教会の姿勢はこの世に仕えることが大切であると強調されました。

もちろん、この「宣教基本方策」と「宣教基礎理論」は、空想的な机上の書き下ろしではありませんでした。この世に仕えようとするたくさんの方々の実践が明文化されたものでありました。たとえば、一九五〇年の第六回日本基督教団総会は「綜合伝道委員会」を設置しました。後にこの委員会は「職域伝道委員会」を設置します。伝道委員会には「農村伝道委員会」「婦人伝道委員会」「青年伝道委員会」に加えて「職域伝道委員会」の四専門委員会が置かれました。

職域伝道委員会の任務は、労働者を対象とする伝道でした。「宣教基本方策」と「宣教基礎理論」の策定前、職域伝道委員会の一九五〇年代の働きは、「労働聖日」の設定（一九五四年）、「働く人」の創刊（一九五八年）、職域センターの設置、労働大学の開校、各教区における「職域伝道協議会」など、この世に奉仕する姿勢を貫こうとしているものでした。

「宣教基本方策」と「宣教基礎理論」はこのような実践に基づいた教会のこの世に奉仕する姿勢を明文化・理論化したものであったと言えます。「宣教基本方策」と「宣教基礎理論」は、机上の空想的書き物ではなかったことがわかります。

3　神の宣教の神学　神→教会→世界から、神→世界→教会へ

◆神の宣教の神学

宣教基本方策・宣教基礎理論の神学的裏づけは、ミッシオ・デイ（Missio Dei, 神の宣教）の神学でした。ミッシオ・デイは、「神は教会がそれをする前にすでにこの世に宣教のわざを行っておられ

る」と神・世界・教会の三者の関係についての理解の大転換を教会に迫ります。[4]
デヴィッド・ボッシュによれば、カール・バルトが「宣教が神ご自身の活動であることを明瞭に語る最初の神学者[5]」でした。
そのバルトは、一九二二年に著した『ロマ書[6]』（第二版）の中で、すでに次のように述べています。

「彼ら（異邦人）が、われわれの『神の言葉』にかくも無頓着なのは、彼らが早くからわれわれなしにそれを聞いているからであり、早くから自分自身でそれを告知しているからである。世俗者や非聖者や無信仰の者が赤裸々の惨状にいながら、あるいはまた自由な明朗さの中に暮らしていながら、われわれの説教や牧会の対象にはならず、われわれの福音化運動や宣教や弁証や救済運動の対象とならず、またわれわれの『愛』の対象とならないのは、われわれが立ち上がって彼らを憐れむよりずっと先に彼らが神の憐憫によって捜し出され、すでに神の義の光の中に立ち、既に赦罪にあずかり、すでに復活の力と服従の力とを分有し、既に永遠を恐れ、また既に永遠に望みをかけ、既に実存的に神に身を投じているからである！」

バルトのこの考えは現在に至ってもなお反論の多いものですが、私はこの言葉に揺籃に陰を落とす死、墓の上に息づく生である神の真理、私たちが勝利するときに勝利するのではなく、敗北するときに敗北するのではない神の全くの自由な存在を教えられるのです。

◆**宣教の目的は、人間の自然的な生活に宗教的次元を付け加えることではない**

私が高校生のころ、「教会は、神を知らず、まだ救われていない人たちを救うために伝道をしている」と説明されていました。しかし、すでに洗礼を受けて教会にいた私は、自分は救われているのか疑問でした。まだ教会に来ていない学校の友だちは救われていないのか、ということも疑問でした。そのころ読んだ『現代における宣教と礼拝』（J・G・デーヴィス著、岸本羊一訳、日本基督教団出版局、一九六八年）は、その疑問によく答えてくれました。

『現代における宣教と礼拝』は、世界教会協議会（WCC）・宣教研究部の「教会の宣教的構造」に関する西ヨーロッパ研究グループの作業が背景となっています。

本書は、最初の章において礼拝と宣教との一致について考察し、次の章で宣教の意味を検討する作業へと導き、そこで得られた定義に基づいて不適当と思われる宣教理解の検討へと導きます。

この本は半世紀前に書かれたものですが、現在の私たちに重要な示唆を与えるものです。一章と二章の要点を記すと、以下のようになります。

一章　礼拝と宣教の一致

①これまで礼拝と宣教は、相互に全く異なった神学の領域とみなされ、それぞれに独立した小部屋に隔離されてきました。

②宣教に関心を示さない一方のグループは、宣教を一種の行動主義者としか考えません。あるいは、せいぜい礼拝のわざの副産物としか考えません。

③この時、キリスト者の集団は、宗教的演技を行うにすぎない集団となり、関心をこの世ではなく、自分の教会員にだけ集中し、社会全体に対しては、ほとんど責任を覚えない傾向に陥ります。

④他方、礼拝に全く関心を示さないグループは、礼拝を外向きの姿勢に対照的な祭儀的内向性としか考えず、この時、このグループは、自己賞賛と自己誇張とも言うべき歪を起こしてしまいます。

⑤しかし、礼拝と宣教の不一致は新約聖書において存在しません。なぜならば、新約聖書が報告するところによれば、礼拝はこの世の日常生活において起こるからです。

聖書に登場する人々は「宣教と礼拝を互いに反発しあう二領域とは見做さず、現実の全体性を放棄」（D・ボンヘッファー）してはいません。

二章　宣教の意味

本書は、これについても、聖書に根拠を見ています。

①旧約聖書と新約聖書の間にある宣教理解の大きな差異——旧約聖書によればイスラエルは神に選ばれた人々であって、異邦人は「選ばれた民」の模範にふれて、魅了されてイスラエル（特にシオン）に集まってきます。全世界に出かけていくという思想はありません。

②ところが、新約聖書は、旧約聖書にはない、全く新しいものをもたらしています。この新しいものとは、もろもろの国に向かって宣べ伝えることの委託、つまり、求心的ではなく、遠心的な宣教です。（マタイ福音書二八・一八）

③イエスによって、弟子たちは権威（マタイ福音書では王としての権威、マルコ福音書では解放者

としての権威、ルカ福音書では癒す者としての権威）を与えられ、そして伝道（ミッションズ）に出かけるよう命ぜられます。

④本書においては、ここではじめて宣教という言葉と伝道という言葉が区別されます。宣教（mission）とは、教会がそれに参与する神の御業です。伝道（missions）とは、この参与の時と所により、また、必要に応じてとられる特定のかたちです。

⑤さらに、「神の宣教に参与するとは、教会にとって、どのようなことを意味するのか」との設問があり、教会がなすべきことは、「受肉のかたちを再現することだ」と語り、奉仕について述べます。

⑥ここで記述される「奉仕」とは、しるしであって手段ではなく、他人を改宗させる手段でもなく、すでに存在している神の国のしるしです。

⑦本書は、「宣教の目的は、人間の自然的な生活に宗教的次元を付け加えることにあるのではなく、その自然的生活に生きる人間をして、人間という真の存在（人間らしく生きる人間）たらしめるところにある」と結論します。

神と出会い、キリストと出会う場所は、教会の礼拝だけではないということがわかります。私たちは、教会がする宣教において、自然的人間と出会うことによってキリストに出会っているのです。

「そうであるならば、私はどうであったのか」と問わなければなりません。神が、教会が働く前にすでにこの世に働いておられるのだとすれば、私は、この世のさまざまな場面に神の働きを見いだし、神の声を聴く必要があります。

教会がこの世に仕えるさまざまな活動について、教会は「奉仕（ディアコニア）」という言葉を用いてきました。「奉仕」が、教会のこの世に対する働きの場面であるとすれば、私はその場面において神の国のしるしを見いだしていく必要があります。

4　かすかなる声

◆佐藤正尋さんのこと

彼は一九五一年に生まれ、一歳の時に高熱を出し脳性麻痺となりました。三十歳の時に施設を出て札幌市内のアパートで自立の生活を始めます。最初は自立歩行もでき、料理を作ることもできました。後ろ向きに車いすを蹴ってマラソン大会に出場することもできていました。しかし、ある時に再び高熱を出し、さらに体の自由が利かなくなりました。自立歩行は困難となったのですが、多くのボランティアに助けられてアパートでの生活を続けることができました。佐藤さんの生活はほとんど二十四時間ボランティアの助けが必要でしたが、彼の呼びかけにたくさんの青年たちが応えてくれました。

私は、一九八九年に札幌の教会に牧師として赴任しました。佐藤正尋さんはその教会の会員として熱心に教会に通っていました。

彼が洗礼を受けた理由はこういう内容でした。

「教会には親切な人がたくさんいて、クリスチャンになったら教会の人がヘルパーをしてくれると思った。不純な動機かなあ。」

彼の「教会には親切な人がたくさんいて」という言葉に、私はこれまで教会がしてきた「親切な」活動の歴史を感じ、その歴史に感謝しました。

佐藤さんの毎日の火急の問題は、自分の生活を支えてくれるボランティアを募ることでした。一見何の宗教的次元を見いだせるような事柄ではありません。しかし、私はこれまでに学んだ宣教の理解から、佐藤正尋さんの洗礼動機は決して不純なものではなく、私自身は牧師として積極的にボランティアに参加すべきものと思われました。

しかし、たった月に一回ほどの「泊まり」と呼ばれていた夜の十時ごろから朝の九時ごろまでの生活介助ボランティアは、昼間の仕事で疲れ切って佐藤さんのところに行くものですから、彼が夜中に小便をしたくなり私を呼んでも、呼ばれたことに気がづかずに寝ていることがしばしばありました。私は自称他称の「史上最悪のボランティア」でした。泊まりのボランティアを終えて帰宅する車の中で「悪いことをしたな」といつも反省しました。夜中の佐藤さんの「おしっこ」の声は、神の声であったはずです。

◆私の弟のこと

私の末の弟、潔は一九六〇年に生まれました。いつも大きな声で童謡を歌っているような明るい性格の子でした。運動神経の良い、成績優秀な子どもであったようです。

ある時、母が言った、「この子の『勉強しなければならない』が口癖なのは、困ったものだ」との言葉は、彼の環境を言い表して象徴的な言葉でした。「勉強しなければならない」は、私の兄弟たちが受けている日常的圧力でした。弟は、親の期待に応えようと必死であったのだと思います。

彼は、高校二年生の時（一九七八年）に統合失調症を発病し、現在に至っています。高校に通うバスの中で乗客たちが自分の悪口を言っていると思い込むようになり、学校に行くことができなくなりました。最初は仮病を使って学校を休んでいたのですが、これはすぐにバレてしまいます。学校に行かなくなる。これは私の家にとってはきわめて重大な問題でした。

母は学校に行かせようと、弟を殴りました。ふだんの母の様子からは考えられないような行動です。すぐに悲観的になる父は一家心中を考えました。発病当時、私の家族は「地獄に落ちたかのような」気持ちとなりました。彼の現実が受け入れられなかったからです。「こんなはずではなかった」という言葉が繰り返されました。

弟の発病から二年経った春のある日、母が新聞を見て泣いています。紙面を見ると、それは弟の友だちの何人かの名前が掲載されている大学の合格者一覧でした。「こんなはずではなかった。」母はそう呟き、新聞を片づけました。もうすでに父と母は亡くなり、確かめることはできませんが、最後まで「こんなはずではなかった」と思っていたのか、それとも、弟のことを統合失調症のままで受け入れることができていたのかはわかりません。

私は「家族は一番の理解者」という言葉を聞くと恥ずかしくなります。たしかに弟のことはよく知っています。しかし、理解者であるかと問うと恥ずかしくなるのです。私自身が「こんなはずではなかった」といまだに思っているからです。彼にとって、家族は「この世で最も理解があり、同時に最も理解のない存在」なのだと思っています。

ヨハネ福音書九章に、イエスとその弟子たちが、生まれつき目の見えない人に出会い、弟子がイエスに「この人が生まれつき目が見えないのは、誰が罪を犯したからですか。本人ですか。それとも、両親ですか」(新共同訳)と尋ねる箇所があります。イエスは弟子に「本人が罪を犯したからでも、両親が罪を犯したからでもない」と答えます。現代の病気理解に照らして当たり前の話のようですが、「自分は弟に対してどうであったか」と問うと、「当たり前だ」とすましてはいられません。「ことごとく常識に反することを行う弟を罪人扱いしていなかったか」と問うと、反論ができないのです。

一九六〇年代の高度経済成長期に育った私は、早く、能率よく、正確に物事を行う、つまり、生産性のある人間こそ価値があると思い込んでいました。弟は病気によって、ことごとくそれに反する状態となりました。そうなると、私は弟を責めることになります。

弟は四十歳半ばまで、試験問題集を買って勉強を続けていました。弟自身がその年齢になるまで「あなたは生産性があるか」との期待に応えようとしていたことになります。

振り返ってみて、私はキリスト者として「この世に仕える」経過、「宣教において、その自然的生活に生きる人間をして、人間という真の存在(人間らしく生きる人間)たらしめ」「宣教において、自然的人間と出会うことによってキリストに出会うこと」は、まことに中途半端なものであったと言わざるを得ません。

隣人に対して不誠実であるのに、神に対して誠実であるなどと言うことは決してできません。「私は隣人に対して神に対して不誠実で中途半端であった」と佐藤正尋さんや弟との関係を振り返りながらそう思うのです。

5　「中途半端さ」について

私はなぜこのように不誠実で中途半端であったのか。第一の理由は、私が鈍感であったからだと思います。聞き漏らした「かすかなる声」がたくさんあったはずです。そして、聞いても、何もできなかった心残りの声がたくさんありました。私に与えられた時間と空間は限られていて、やったことのすべてが牧師として片手間なものであったと今になって思います。私の「中途半端さ」は、結局は、先のミッシオ・デイの神学に照らし、私の人間理解と宣教理解、キリスト者としての自覚の足りなさの問題なのではないかと思うのです。

マタイ福音書二〇章一～六節には、それまで協力して働いていたぶどう園の労働者たちが賃金をもらう段になって互いにいがみ合う様子が描かれています。ぶどうの収穫をした労働者（人間）は、朝早くから一日中働いた人がおり、一時間しか働かなかった人がいて、労働時間がさまざまであったのですが、雇い主（神）が労働者に払った賃金は同じだったからです。一時間しか働かなかった人が一日分の賃金をもらうのを見て、朝早くから一日中働いた人が雇い主に「あなたは、同じ扱いをなさった」と文句を言うのです。私の現実を思い知らされます。

この箇所は、「教会で誰が一番偉いのか」についての紀元後八〇年ごろの論争を契機として、「その働きの質量に拠るのではなく、すべての者が平等に生活に必要な富（賃金）を受け取るべきである」と宣言しているところと思われます。しかし、私は、その働きの質量、すなわち物事を早く・正確に・能率よく行うことのできる生産性によって人間の価値を測り、働きに応じて富を受け取るべきであると思い込んでいます。

ディートリヒ・ボンヘッファーは『共に生きる生活』（一九三八年）の中で、「奉仕（仕えること）」と「ひとりでいること」の項を立て、「ひとりでいることのできない者は、交わりを用心しなさい。交わりの中にいない者は、ひとりでいることを用心しなさい」と言い、「キリスト者の交わりは決して何か精神的療養所のようなものではない。自分自身から逃避して交わりに入ってくる者は、そこをおしゃべりと気晴らしの場所として誤って用いているのであり、しかもこのおしゃべりや気晴らしはなお精神的なことであるように見えるかもしれないのである」と言っています。

また、「仕えること（奉仕すること）」については次のように言います。

「最後になおひとつの極端なことが述べられなければならない。自分自身を賢いとは思わないこと。低い者と交わるということは、誇張なしに、また極めて冷静に見て、自分自身を〈最大の罪人〉と思うことである。そのような考えは、自然的な人間からの全面的な反抗を掻き立てるが、しかしまた、自意識の強いキリスト者の反抗を掻き立て、誇張しており、真実でないように思われるかもしれない。しかし、パウロは自分を特別の者、すなわち〈最大の罪人である〉（Ⅰテモテ一・一五）と言った。しかもまさに、彼が使徒としての奉仕について述べているところで、そう言っているのである。[7]」

私は、教会のこの世に仕える歩みについて、キリスト者としての働きを振り返る時に、強い罪人としての思いを自覚せざるを得ないのです。

注

1　「第二次大戦下における日本基督教団の責任についての告白」は、一九六七年のイースターに鈴木正久教団議長名によって発表された。

「わたくしどもは、一九六六年十月、第十四回教団総会において、教団創立二十五周年を記念いたしました。今やわたくしどもの真剣な課題は『明日の教団』であります。わたくしどもは、これを主題として、教団が日本及び世界の将来に対して負っている光栄ある責任について考え、また祈りました。

まさにこのときにおいてこそ、わたくしどもは、教団成立とそれにつづく戦時下に、教団の名において犯したあやまちを、今一度改めて自覚し、主のあわれみと隣人のゆるしを請い求めるものであります。

わが国の政府は、そのころ戦争遂行の必要から、諸宗教団体に統合と戦争への協力を、国策として要請いたしました。

明治初年の宣教開始以来、わが国のキリスト者の多くは、かねがね諸教派を解消して日本における一つの福音的教会を樹立したく願ってはおりましたが、当時の教会の指導者たちは、この政府の要請を契機に教会合同にふみきり、ここに教団が成立いたしました。

わたくしどもはこの教団の成立と存続において、わたくしどもの弱さとあやまちにもかかわらず働かれる歴史の主なる神の摂理を覚え、深い感謝とともにおそれと責任を痛感するものであります。

『世の光』『地の塩』である教会は、あの戦争に同調すべきではありませんでした。まさに国を愛する故にこそ、キリスト者の良心的判断によって、祖国の歩みに対し正しい判断をなすべきでありました。

しかるにわたくしどもは、教団の名において、あの戦争を是認し、支持し、その勝利のために祈り努めることを、内外にむかって声明いたしました。

まことにわたくしどもの祖国が罪を犯したとき、わたくしどもの教会もまたその罪におちいりました。わたくしどもは『見張り』の使命をないがしろにいたしました。心の深い痛みをもって、この罪を懺悔し、主にゆるしを願うとともに、世界の、ことにアジアの諸国、そこにある教会と兄弟姉妹、またわが国の同胞にこころからのゆるしを請う次第であります。

終戦から二十年余を経過し、わたくしどもの愛する祖国は、今日多くの問題をはらむ世界の中にあって、ふたたび憂慮すべき方向にむかっていることを恐れます。この時点においてわたくしどもは、教団がふたたびそのあやまちをくり返すことなく、日本と世界に負っている使命を正しく果たすことができるように、主の助けと導きを祈り求めつつ、明日にむかっての決意を表明するものであります。

一九六七年三月二十六日　復活主日 日本基督教団総会議長　鈴木正久」

2　「長沼ナイキ基地訴訟」
北海道夕張郡長沼町に航空自衛隊の「ナイキ地対空ミサイル基地」を建設するため、農林大臣が一九六九年、森林法に基づき国有保安林の指定を解除。これに対し反対住民が、基地に公益性はなく「自衛隊は違憲、保安林解除は違法」と主張して、処分の取消しを求めて行政訴訟を起こした。

3　『日本基督教団史資料集　第5編　日本基督教団の形成』第四巻、一九九八年、一七九頁

4　「この世で達成されるべき救いの使命（ミッション）を持っているのは、教会ではない。それは御父を通しての御子と聖霊との派遣（ミッション）によるのであり、そこに教会が含まれるのである。」（J・モルトマン）

5　デヴィッド・ボッシュ『宣教のパラダイム転換』一九九一年（邦訳・東京ミッション研究所、新教出版社、一九九九年）二三三頁

6　ローマ人への手紙九章三〇節～一〇章三節

7　『改訂新版　共に生きる生活』邦訳、森野善右衛門、新教出版社、二〇〇四年、一一八頁

おわりに

本書は、富坂キリスト教センター「社会事業の歴史・理念・実践〜ドイツ・ベーテル研究会」(二〇一一年四月〜二〇一四年三月)の研究成果をまとめたものです。

ドイツのベーテルを二年前に訪れましたが、そこでは古くからミッション・ディアコニーセンターが教会の働きとともに活動しており、ベーテル近郊には障がい者や高齢者が家族と当たり前に暮らし、社会に参与し、安心して生を全うできる支援ステーションとネットワークが展開されていました。その働きを担う専門家は、充実した内容の継続教育を受けることができます。仕える愛を基盤とする教会と事業の包括的な働きを目の当たりにした次第です。イエス・キリストは教会の内側だけでなく外側にも真の奉仕者として生きて働かれ、その愛は人間の挫折や失敗をも乗り越えて前進し続けるのでしょう。ベーテルのビジョン〈共同体の実現〉の根底には、神の前に創造された存在である一人ひとりの尊厳を大切にするキリスト信仰が息づいています。

富坂キリスト教センターは、十九世紀末のドイツ・スイス両教会のミッションによって始まりました。苦悩を抱えるこの世のニーズに傾聴し、隣人に仕えるミッション・センターでありたいと願うときに、ベーテルの理念や実践だけでなく、国内の施設をはじめとする現場からディアコニアの歴史、福祉の原点、人間の尊厳、将来の福祉のあり方とその可能性について検証すること、さらに伝道、教育、社会奉仕を包括するミッションの意味を今日的状況のなかで問うことも重要であると考えました。当研究会ではこのような問題意識を背景に、「現場での行き詰まりやドロドロしたところから神学は生まれるのではないか」との山本光一座長の問いに触発されて意見交換を重ねてきました。真実（と思われるもの）には必ずしも美しくないと思われる場合もあり、そこに注目することが大切であると考えたのです。

「社会事業の歴史・理念・実践〜ドイツ・ベーテル研究会」は、二〇一〇年に富坂キリスト教センター運営員会で立案され、法人理事会において決定されました。当研究会の歩みを、日付、主題、発題者（敬称略）とあわせて記します。

〈第一回〉二〇一一年五月九日　当センターの歴史と研究会の趣旨説明、メンバーの自己紹介、各自の研究課題を確認し合う

〈第二回〉二〇一一年九月三十日　「ドイツ・ベーテルについて」　橋本孝

〈第三回〉二〇一二年一月十六日　(1)「浦河べてるの家の歴史・理念・実践」　向谷地悦子
(2)「当事者研究について」　吉田めぐみ（浦河べてるの家職員）

〈第四回〉二〇一二年六月十一日　「今、ハンセン病諸問題から問いかけられていること」　難波幸矢

〈**第五回**〉　二〇一二年十月十五日　「今、いのちを考える～重症心身障がい者との関わりから～」
平田義
〈**第六回**〉　二〇一三年二月二十一日　「牧ノ原やまばと学園の歴史・理念・実践」　長沢道子
〈**第七回**〉　二〇一三年五月三十日～三十一日　(1)「教会という現場の行き詰まり」　山本光一
(2)　出版に関する確認と協議
〈**第八回**〉　二〇一三年九月十七日　「ディアコニアについて」　岡田仁
〈**第九回**〉　二〇一四年二月二十六日　(1)　座談会　テーマ「行き詰まりの先にあるもの」
(2)　いのちのことば社出版部との打ち合わせ

こうして、三年間にわたる共同研究の成果を世に問うことができたのは、ひとえに研究会のテーマ設定や人選にあたって当初から全責任を担い、会を豊かに導いてくださった山本光一座長をはじめ、研究会メンバーお一人おひとりのご尽力によるものです。真にありがとうございました。諸事情で平田義先生が座談会に出席できなかったことはたいへん残念でした。

私事で恐縮ですが、拙文の確認と指導をいただきました関田寛雄先生、神田健次先生に心より感謝を申し上げます。

また、所久雄代表理事をはじめ理事会、東海林勤評議員会議長をはじめ評議員会と監事、武田武長前富坂キリスト教センター運営委員長、秋山眞兄運営委員長と運営委員会、職員のご支援に対し、深く感謝いたします。

最後に、本書の出版を快く引き受けてくださったいのちのことば社、とくに忍耐と助言をもって編集実務を担当してくださった長沢俊夫さん、米本円香さん、碓井真衣さんにこの場を借りて厚く御礼を申し上げます。

二〇一四年七月三十日

基督教イースト・エイジャ・ミッション 富坂キリスト教センター 総主事
同センター「社会事業の歴史・理念・実践～ドイツ・ベーテル研究会」担当主事
岡田 仁

行き詰まりの先にあるもの

2014年9月10日　発行
2015年2月10日　再刷

著　者　山本光一・橋本　孝・長沢道子
難波幸矢・向谷地悦子・平田　義
岡田　仁

編　者　基督教イースト・エイジャ・ミッション
富坂キリスト教センター

印刷製本　シナノ印刷株式会社

発　行　いのちのことば社
〒164-0001 東京都中野区中野2-1-5
電話 03-5341-6922（編集）
03-5341-6920（営業）
FAX03-5341-6921
e-mail:support@wlpm.or.jp
http://www.wlpm.or.jp/

ISBN 978-4-264-03261-8